九寨鲁能胜地

在 路 上

——鲁能生态优先、绿色发展的探索与未来

On the Way

——Luneng's Road of Ecological Priority - Green Development

鲁能绿色发展研究院

科学出版社

北 京

内 容 简 介

本书是鲁能集团"生态优先、绿色发展"发展战略的思考和研究成果。全书共分为三篇十七章，全面论述生态优先、绿色发展的背景和意义，明确鲁能在生态绿色发展中应当关注的重点，并以实际案例分析和总结，指出未来鲁能的生态优先、绿色发展之路应当如何走。

第一篇共三章，从为什么要绿色发展、为何绿色发展必须坚持生态优先，以及生物多样性丧失的原因、危机等角度探讨和阐述生态优先、绿色发展理念的重要理论背景；第二篇共七章，明确指出了栖息地保护、物种管理、生态恢复、生态农业、生态旅游、绿色能源、绿色建筑等与鲁能坚持生态优先、绿色发展应关注的几个重点方面；第三篇共七章，结合鲁能的项目案例研究，总结了鲁能在项目科学规划、生态保护和恢复、美丽乡村建设、绿色能源和绿色建筑建设，以及绿色社区发展等方面所做的工作和经验以及未来积极探索的方向。

本书适合从事地产建设、能源开发等的大型企业，以及相关方向的科研单位学习和参考，适合国内从事应用生态学、城市生态学、保护生物学等领域的相关专业科技工作者参考，适合国内大中型图书馆采购馆藏。

图书在版编目（CIP）数据

在路上：鲁能生态优先、绿色发展的探索与未来 / 鲁能绿色发展研究院编.
—北京：科学出版社，2017.9

ISBN 978-7-03-052850-6

Ⅰ.①在… Ⅱ.①刘… Ⅲ.①国有企业－企业发展战略－研究－山东
Ⅳ.①F279.241

中国版本图书馆CIP数据核字（2017）第110709号

责任编辑：马　俊／责任校对：张凤琴
责任印制：肖　兴／封面设计：北京图阅盛世文化传媒有限公司

科 学 出 版 社 出版

北京东黄城根北街16号
邮政编码：100717
http://www.sciencep.com

北京利丰雅高长城印刷有限公司 印刷

科学出版社发行　各地新华书店经销

*

2017年9月第 一 版　开本：787×1092　1/16
2017年9月第一次印刷　印张：16 1/2
字数：537 000

定价：260.00元
（如有印装质量问题，我社负责调换）

本书由鲁能绿色发展研究院编制

主　编　刘　宇，鲁能集团董事长、党委书记
副主编　解　焱，中国科学院动物研究所副研究员，全球保护地友好体系课题组组长
　　　　　蓝　海，鲁能集团副总经理、党委委员

参加编写和指导的领域专家

可持续发展政策　　叶文虎，北京大学中国持续发展研究中心主任
　　　　　　　　　田德欣，全球保护地友好体系课题组副组长、秘书长
生态保护　　　　　马敬能，全球环境基金中国湿地项目首席科学家（鸟类和保护地专家）
　　　　　　　　　杰夫·麦克尼利，世界自然保护联盟前首席科学家（生物多样性保护专家）
生态旅游　　　　　吴承照，同济大学教授（生态旅游专家和绿色建筑专家）
生态农业　　　　　刘国栋，北京华夏健业生态农业研究院院长
　　　　　　　　　袁　勇，四川简阳市生态农业技术专家（生态农业技术专家）
绿色能源　　　　　贾晓栋，芬兰 GreenStream 集团（绿色能源专家）

其他参加编写的作者

拱子凌　王　鑫　黄梦奇　王　琦　杨纬和

图片作者

图片大部分由相应写作部分的专家和作者提供，以提供图片多少排序
马敬能　解　焱　贾晓栋　拱子凌　袁　勇　刘国栋　王　琦

其他图片作者
吕顺清（图 12-3）　李雪依（图 5-7，图 5-8）　杨海明（开篇、图 14-9）
李东明（图 12-18）　曾浩林（图 12-22）　John T.（图 12-3）
黄敦元（图 5-3）　李　理（图 4-3）

序言
是时候了

（一）

《在路上》这本书的名字起得非常好！

人类社会永远行进在变化、发展的路上。因为人类永远在追求更加有保障、更加健康、更加幸福的生活。这才是"发展"的根本要义。而这，又是一个永不止息、永无止境的过程。

（二）

这本书是在探索一个大型企业集团如何践行绿色发展的历程。

"绿色发展"，是一个很不好理解、很难准确把握的词。

何谓"绿色发展"？

应该说，人类在地球上存在了多少年，就已"发展"了多少年，怎么今天又要提出个"绿色发展"的概念？而且要被大家广为接受？

我以为，这意味着人们对以前的发展方式或模式产生了严重的怀疑，甚至否定。因而迫切希望有一个新的、更恰当的发展方式出现。于是对这个可能出现的新方式、新模式冠以"绿色发展"的名称，以示与以往的发展方式不同。其实，除了绿色发展外，最近几十年中出现过一系列类似的名称，比如，可持续发展、循环发展、低碳发展等，像走马灯似地令人眼花缭乱，但其实都是想区别于以往的发展方式或模式。

（三）

我想，我们能不能不再走马灯似的新名词"辈出"，而把一个提法干到底，干它个十年、百年、千年呢？我以为现在是时候了。而能否这样做的关键在于要真正弄清楚一个名词的真实含意，而且践行下去。这也可以称为是"不忘初心"吧。

我在这里把以往的发展方式或模式统称为传统模式，而把可持续发展、绿色发展等统称为新模式。两者的根本区别在于，传统模式不承认自然环境也在进行生产活动。自然环境也是生产力，而且是最基本、最基础、最重要的生产力。

因此，传统模式从来不管也不去研究在保护自然环境前提下，创造物质的和经济财富的技术方法和运行秩序，因此其必然后果就是以牺牲自然环境为代价去攫取经济和物质的增长。

时至今日，地球的自然环境已被人类破坏得千疮百孔、面目全非，它对人类生存、经济发展的支撑能力在迅速下降，有些地方甚至已不适合人类居住。

面对这种情况，人们曾沿袭惯性思维，即所谓"水来土掩，兵来将挡"，以为单靠技术进步去治理被损害、被污染的自然环境，就可以解决问题。但是，几十年过去了，投入了巨大的人力、财力，结果是污染越来越严重、生态环境也被破坏得愈来愈严重。

原因是什么呢？恐怕根本的原因在于旧的发展的路子不对、方式（模式）不对。令人欣慰的是，现在越来越多的人认识到了这个问题。

（四）

所谓发展的路子不对、方式不对，我指的是在传统发展方式中，不能正确地、妥善地对待自然环境，片面地理解"以人为本"，把"以人为本"等同于"以人为中心"，而以为世界上的一切都是以人的意志为转移、以人的爱好为标准，而不是强调人负有维护、爱护、尊重、敬畏自然环境的责任。从来不去寻找在"自然承载力"允许范围内谋求健康的经济发展和不断改善人的生存生活水准的方法。错误地以为只要发展经济，就得牺牲环境。除此之外，别无它法。

其实，人类如果不想和自然环境一同灭亡的话，就一定要寻求另一条路子。这条路就是"保护环境、发展经济"，这条路就是十八大以来提出的"生态优先、绿色发展"之路。

（五）

我欣慰地看到，鲁能集团作为一家大型国企，在这一方面做出了勇敢的探索，该书的许多例子就是这一探索的脚印。

我更欣喜地看到，作为社会发展主力的大型企业和作为先进思想倡导者的学者正在通力合作。当然，我更希望各级政府官员和公众也能参加到这一合作中来，携手协力，使我们的经济能健康发展，使我们的国家和社会，乃至使整个人类走上一条新的健康发展之路。

不揣冒昧，信手涂鸦，然皆为肺腑之言，是为序。

叶文虎

北京大学中国持续发展研究中心主任

2017 年 4 月 4 日

目　录

序言　是时候了

第一篇　为什么要生态优先、绿色发展

第二篇　坚持生态优先、绿色发展，鲁能关注的重点

松江蟹与华渌虫

江村林中

潮汐"碳足迹" 海南铜鼓岭

杨海明

20150428.

第一篇
为什么要生态优先、绿色发展

海南文昌鲁能胜地红树林印象

　　古老神话中有一种名叫乌洛波洛斯 (Ouroboros) 的蛇形怪兽，可以吞食自己不停生长的尾巴而长生不死。古埃及与古希腊常以一对互吞尾巴的蛇纹形图腾来表现 Ouroboros，象征不断改变形式但永不消失的一切物质与精神的统合，也隐喻着毁灭与再生的循环。由于 Ouroboros 可完全不靠外界食物而常存，富有神秘、轮回、生生不息的气氛，因此一些西洋炼金术或早期基督教神秘教派，常以 Ouroboros 为其图腾标志。人类如果能像 Ouroboros 一样，不消耗外界食物资源而自我生生不息的话，世界上就能减少绝大部分的资源掠夺与社会争端，也就不会导致今天的地球环境危机了。

　　这是一个神话，但是却表达了人类自古以来对可持续发展的渴望，即以能够满足现代人的需要和愿望，又不降低后代人满足他们的需求和愿望的能力的方式，来利用自然、人类和经济资源。但是事实上，从 1950 年以来，由于人口和经济爆炸，工业化发展模式已经导致了全球性的环境危机。

1478 年，中世纪拜占庭式的希腊炼金术手稿中的乌洛波洛斯

第一章
为什么要绿色发展

第一节　人口爆炸和工业文明发展导致的前所未有的危机

全球 GDP 在 1900 年之前的四个世纪中增长了 5 倍,然后在 20 世纪增长了 20 多倍(Krausmann *et al.*, 2009)。如果本世纪世界经济每年增长 3%,将使人类足迹再增加 20 倍,而 4% 的增速将导致 50 倍的增加。后者增速将意味着本世纪末实体经济将是 1900 年的 1000 倍。难怪一些研究人员认为我们正在进入一个全新的地质时代——人类世(Nakicenovic *et al.*, 2016)! 据 WWF(世界自然基金会)的计算,我们正在使用全球资源的速度比全球资源可得到补充的速度快 1.5 倍。

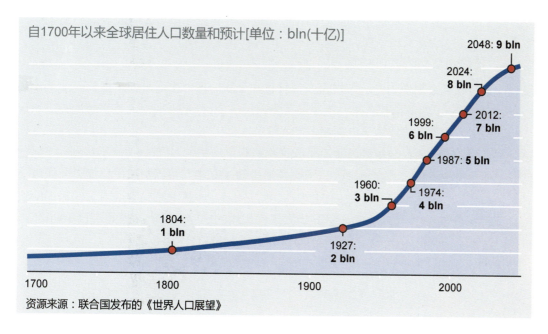

自1700年以来全球居住人口数量和预计[单位：bln(十亿)]

2048: **9 bln**

2024: **8 bln**

1999: **2012:**
6 bln **7 bln**

1987: **5 bln**

1960: 1974:
3 bln **4 bln**

1804: **1 bln**

1927: **2 bln**

1700　1800　1900　2000

资源来源：联合国发布的《世界人口展望》

图 1-1 世界人口的增长

自 1950 年后,世界人口迅速增加,2050 年左右预计将达到 100 亿

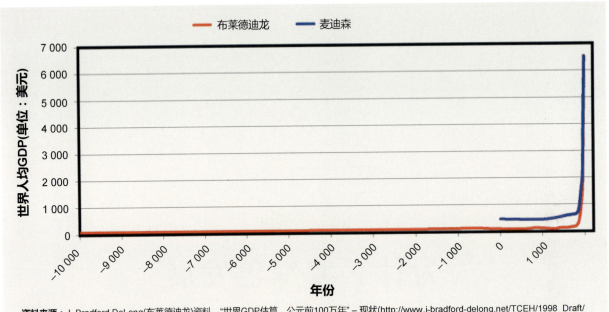

资料来源：J. Bradford DeLong(布莱德迪龙)资料，"世界GDP估算，公元前100万年" – 现状(http://www.j-bradford-delong.net/TCEH/1998_Draft/World_GDP/Estimating_World_GDP.html)。2008年3月5日评估，Angus Maddison(麦迪森)，"世界经济轮廓，公元1年至2030年：宏观经济史论文。"，纽约：牛津大学出版社，2007. 382

©2008. Michael W. Kruse

图 1-2　世界人均 GDP 自 1950 年左右极其迅速地增加

公元前 10 000 年至公元 2003 年（按 1990 年国际美元计价）

　　自然栖息地正在以前所未有的速度遭到破坏，导致物种灭绝率达到自然灭绝水平的 100 倍，大量废弃物正在导致危害：上层大气的碳和其他化学物质正在造成气候变化；塑料和杂物进入海洋，导致海洋生态系统崩溃；氮和磷进入当地和国际水域，夺取其他生物体所需的氧气，破坏整个生态系统；金属和矿物正在贬值且最终埋入垃圾填埋场。

　　这些力量威胁破坏着过去约 10 000 年（全新世）一直对人类进步极有帮助的物理系统。在此期间，每年温度变化在 1℃ 以内、季节正常交替、降水量稳定，使得农业得以发展并最终提供文明演变的必要条件。自农业革命起，全新的人类文化、经济和城市出现，带来了当今的现代技术文明。

　　这个过程的一个关键部分开始于 19 世纪，当时因化石燃料能源、蒸汽机、电力和内燃机被用于工业制造，第二次工业革命得以发展。它引发了大规模生产、大规模人口转移和全新的城市生活时代。这种工业革命在 19 世纪和 20 世纪的大部分时间推动了经济增长。第三次工业革命出现于 20 世纪末期，受数字技术、生物技术和电子计算的刺激，经济生产力和大众传播进一步加速。

　　人口数量随着这些发展而发生变化，在全新世的数千年间缓慢但稳定增长，人口在 1500 年达到约 5 亿，到 1800 年达到约 10 亿。工业革命的好处尤其在于使人口增长在过去约 150 年间得以加速（比如，为城市卫生系统、抗生素、接种疫苗、新医疗技术和工业化农业的到来提供了支持）。利用氮气制造人工肥料的哈伯制氨法和新的农业机械自 20 世纪初起改变了农作物产量并导致了大规模的农业集约化。因此，自 1800 年，全球人口已增加了 6 倍多，达到了今天的约 74 亿，预计到 2050 年将达到 90 亿～ 100 亿。

　　可悲的是，提升的技术和正在加速的发展并未带来更多的和平或更多的人类福祉，却带来更多的人口。我们已创造了一个拥挤不堪的世界，曾经充足的基础资源正在日益短缺，而获得这些基础资源的竞争变得更加激烈。

专栏1 全球性环境危机状况

Johan Rockstrom 和 Nebojsa Nakicnovic 的研究认为，自前全新世以前至少 300 万年间，从未出现当今的温室气体水平。即使我们成功实现了将温度升幅控制在 1.5 ～ 2℃的巴黎气候协定目标，这将超过全新世的平衡。地球正在以大规模灭绝的速度丧失其生物多样性，因此 70% 的遗传多样性目前已灭绝；亚马孙河流域的现有森林砍伐速度可能导致区域降水量到 2050 年下降 8%，导致森林成为大草原，给地球大气循环系统带来更广泛的影响。其中一些更加严重的影响包括：

- 因每年吸收约 25% 的人为温室气体污染，海洋的化学变化比大约 3 亿年中的任何时候都快，这导致由于海洋酸化和升温给珊瑚和鱼类带来的前所未有的影响；
- 变暖的海洋也正在向大气中排放更多的能量和水分，带来更多的暴风雨；
- 极地和冰川、冰原正在以惊人的速度消失，可能给更广阔的水域和气候系统带来灾难性的连锁效应；北极区目前是地球上变暖速度最快的区域；因此导致的北极较暖空气和较暖水域影响到有助于调节地球气候循环系统的海湾和洋流的可预测性；
- 人造肥料虽然在提高农业生产力方面取得了巨大成功，但无疑对氮气循环已经造成约 25 亿年来最大且最迅速的影响。肥料产生的氮和磷酸盐污染已冲入我们的海洋里，影响鱼类生存并造成其他诸多影响，其中的影响之一便是全球海洋的 10% 变成了所谓的"死区"；
- 因抽水和不受控制的污染，我们的全球水体循环已遭受严重影响，到 2030 年，淡水资源相对于全球经济发展所需而言，很可能短缺达 40%。

资料来源：Nakicenovic *et al.*, 2016

这些全球性危机的一个最严重后果是生物多样性的迅速丧失。而生物多样性是维持我们所知世界的关键所在。

生物的多样性——现称为生物多样性，是维持我们所知世界的关键所在。它让生命能够抵抗极端事件，过去一千年我们看到世界经历的气候和天气的巨大变化。因为生命适应并填补生态空缺，生物多样性就是健康，"单一同质化意味着脆弱"。

—— 爱德华·威尔逊《生物的多样性》

第二节　各种危机导致生物多样性迅速丧失

一、什么是生物多样性

世界上所有的生命形式综合到一起，被统称为"生物多样性(biodiversity)"。生物多样性的含义还包括了遗传、物种、生态系统和景观层面上的多样性。大家最容易理解的就是物种。据2011年Mora等的最新统计，估计全世界生物总数在870万种左右，上下误差100万种，其中120万种已经被描述。包括：动物777万种（12% 被描述），植物30 万种（70% 被描述），真菌61 万种（7% 被描述），原生动物4 万种（22% 被描述），藻类3 万种（50%被描述）。从**图 1-3**中可以看出，动物的种类在所有物种种数中占了近89%。其中，动物最大的类群是昆虫。

这些物种组成了生态系统，不同地方有不同的物种组成，从而形成了不同的生态系统。气候、光照、温度、降水量等物理因素，在很大程度上决定了一个地区的生态系统类型。例如，炎热、湿润的地方拥有大量的热带雨林，寒冷但有一定降雨的地方可能是草地。如**图 1-4**所示，平均年降水量和平均年均温基本上决定了生态系统的基本类型。

但是，不同的地方（如大洲）虽然具有类似的降水量和平均温度，生态系统因而也类似，但是其中所包含的物种则不同（例如，中国的温带森林和美洲的温带森林在外表上很类似，但是其中的物种组成并不相同）。这是因为地理隔离形成了不同的物种。19 世纪中叶，达尔文基于他在加拉帕戈斯群岛考察期间的发现，发表了进化论，大量的化石记录也在支持这个影响人类的重大发现。进化论分析了不同地区的物种有很大的不同的重要原因是地理隔离。生物的遗传物质在不断地变异，地理隔离则有效地在不同的地理区域间保留下不同的变异，最后发展为不同的物种。例如，在太平洋上，许多像链珠一样连在一起的加拉帕戈斯群岛，这些小岛被海洋隔开，其中的环境和物种组成都非常相似，但是达尔文发现每个岛上的达尔文雀都是独特的。大陆上，高山、河流、距离等都是有效的隔离。因此，大范围的物种组成由地理和隔离状态决定。

但在地区一级的水平上，栖息地景观的多样性与物种的组成有关。例如，美国黄石公园的火山和火使公园中的景观出现多样化，不同年龄结构的栖息地斑块相互交叉，为多种动植物提供了它们需要的多种栖息地，因此能够养育更多种类的物种。在栖息地水平，任何一块栖息地都处于不断的演替中，不是一成不变的。例如，北方的森林到了一定的年龄（例如，加拿大的北方森林70 ～ 100 年时），就容易发生火灾，烧掉后再从草地、灌木、幼年林逐渐发展到成年林、老年林，然后再发生大火。在这样的周期性或其他许多非周期性的演替过程中，物种的组成和数量都会发生很大的变化。火是干扰方式之一，还有很多其他的干扰方式，如飓风、洪水、大批动物迁移等。这些干扰都会在一定程度上改变栖息地的条件，从而影响其中的物种组成。一定程度的干扰，会增加物种的多样性，但如果干扰太严重，可能会导致栖息地

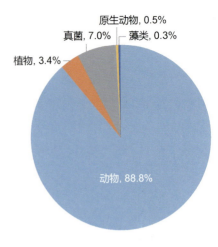

图 1-3　全球的物种类群比例估计

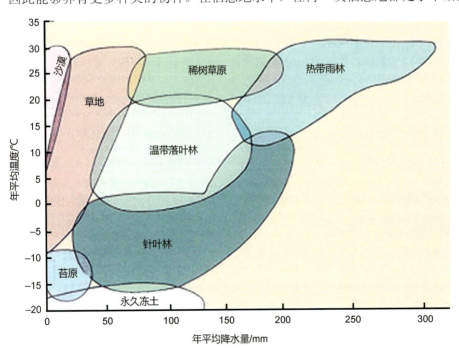

图 1-4　生态系统与平均降水量和平均温度之间的相关性 (Enger and Smith, 1995)

的严重改变，而降低物种多样性。

物种之间的相互关系也密切地影响物种的存在。例如，专一性的传粉动物是一些植物的唯一传粉者，如果这些传粉动物消失则自然会导致一些植物在这块栖息地上消失。食肉动物的存在能够控制食草动物的数量，如果没有了食肉动物，食草动物的过度发展会导致植被受破坏，因而导致许多物种在这块栖息地上灭绝。

人类现在也在决定着物种的多样性。人类造成的大部分影响是使生态系统偏离自然的状态。栖息地的破坏和破碎化导致了目前最严重的物种灭绝。大量单一化的种植方式，如种植林、农田等，导致了严重的多样性丧失。污染、外来入侵种的引入等也是物种多样性减少的重要因素。我们的保护行为通常是在尽量减少由于人类因素导致的影响。

二、地球上的物种在迅速丧失

栖息地丧失和破碎化、野生资源被过度利用和外来入侵种等威胁因素，长期以来导致全球生物多样性处于快速的衰退之中。全球生物多样性在过去的 40 年及今后继续迅速下降的趋势，已经严重威胁到人类自身的生存。这一严峻的巨大危机已经显现，但远未得到国际社会的足够重视。2015 年 WWF 发布的地球生命力报告指出，全球陆生脊椎动物的种群在过去 40 年下降了约 50%，淡水生态系统生命力指数下降了 76%。同期世界自然保护联盟（IUCN）发布的红色名录、中国环境保护部和中国科学院联合发布的《中国生物多样性红色名录》报告，同样揭示了生物多样性迅速下降的趋势。照过去 40 年下降的速度，地球生命力将在 50 年左右的时间被耗尽。

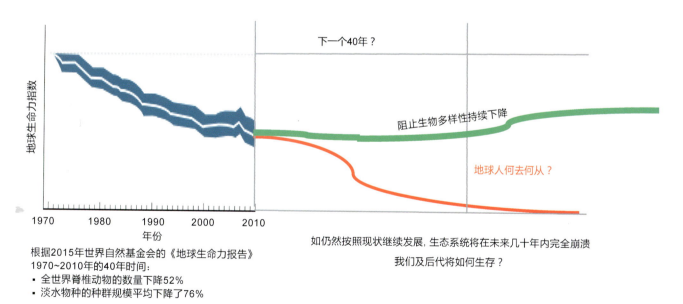

根据2015年世界自然基金会的《地球生命力报告》
1970~2010的40年时间：
- 全世界脊椎动物的数量下降52%
- 淡水物种的种群规模平均下降了76%

图 1-5 全球生物多样性下降趋势

物种受到威胁的严重程度有多种表达方式，比如中国国家重点保护野生动物名录、国际濒危动植物种国际贸易公约（CITES）的附录、红色名录的濒危等级等。各种不同的体系有不同的确定濒危等级的标准。目前在世界范围普遍接受、适用于所有门类的系统是 IUCN 红色名录濒危等级标准（汪松和解焱，2004）。IUCN 根据这一标准体系（**图 1-6**），对大量物种进行了濒危等级的评估，对部分门类进行了全面的评估，例

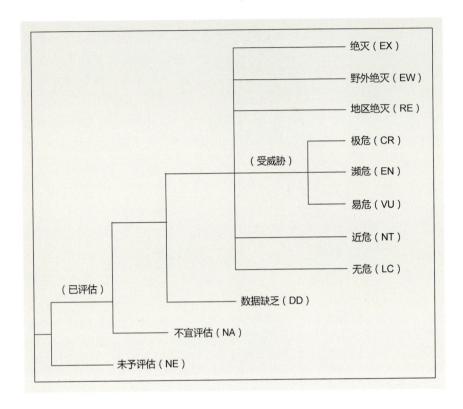

图 1-6　IUCN 红色名录濒危等级体系

如已经完成了全球所有脊椎动物的评估。

中国在中国环境与发展国际合作委员会生物多样性工作组的启动下，采用 2001 年《IUCN 物种红色名录濒危等级标准》以及地区应用指南，于 2004 年完成了对中国范围内（含港、澳、台）10 217 种动植物（其中动物 5809 种，植物 4408 种）的濒危程度的评估。评估结果显示，中国目前无脊椎动物受威胁的比例近 35%；脊椎动物受威胁的比例近 36%；裸子植物近 70%；被子植物近 87%。特别是植物的濒危物种比例远远超出了过去的估计。《中国生物多样性红色名录 —— 高等植物卷》和《中国生物多样性红色名录 —— 脊椎动物卷》分别于 2013 年 9 月和 2015 年 5 月正式对外发布，最终评估了高等植物 34 450 种：灭绝 52 种，受威胁 10.9%；脊椎动物 4357 种：灭绝 17 种，受威胁 21.4%。其中裸子植物受威胁率高达 51%，两栖动物 43.1%。

根据 2006 年的 IUCN 红色名录，中国有 11 种（包括白鱀豚、双峰驼、普氏原羚和麋鹿等）哺乳动物被列为全球极度濒危，23 种（包括大熊猫、2 种长臂猿、2 种金丝猴、老虎、雪豹和亚洲象等）濒危。白鱀豚则在 2006 年的调查中被证实为功能性灭绝。

自 80 年代以来，国家大大加强了对自然的保护力度，自然保护区在过去 30 年中增加了 10 倍，大熊猫、朱鹮、藏羚羊、海南坡鹿等国家重点保护野生动物的濒危状况得到改善，但其他一些物种，尤其是经济利用价值较高的物种（如鹿、麝、熊、穿山甲，特别是龟类、蛇类、淡水水生动物等）的资源量呈下降趋势。一些单一种群物种，如黔金丝猴、海南长臂猿、普氏原羚、河狸、好几种龟类等面临绝迹的危险，很多植物在野外残余的数量可以论株进行计算，包括盐桦、普陀鹅耳枥、峨眉拟单性木兰等。

表 1-1 中国和世界红色名录评估结果的比较 (2006)

门类	中国				世界			
	已描述的物种数	评估的物种数	受威胁物种占已描述的比例/%	受威胁物种占评估的比例/%	已描述的物种数	评估的物种数	受威胁物种占已描述的比例/%	受威胁物种占评估的比例/%
软体动物					70 000	2 163	1.39	45
腹足纲	2 935	375	5.1	40.3				
双壳纲	1 187	19	0.9	57.9				
节肢动物								
昆虫纲鳞翅目蝶类	2 023	281	4.2	30.2	甲壳类 40 000	537	1.15	85
六足亚门	10 000	1 302	1.7	57.3	昆虫 950 000	1 192	0.07	52
昆虫纲鞘翅目	15 000	20	0.1	75.0				
脊索动物								
软骨鱼类	217	117	51.2	94.9	鱼类 29 300	2 914	4.00	40
硬骨鱼类	3 271 种和亚种	597	15.8	86.6				
两栖类	321	全部	39.9	39.9	5 918	5 918	31.00	31
爬行类	407	全部	27.0	27.0	8 240	664	4.00	51
鸟类	1 330	全部	7.4	7.4	9 934	9 934	12.00	12
哺乳类	580	全部	39.7	39.7	5 416	4 856	20.00	23

资料来源：汪松和解焱，2004；IUCN, 2006

表 1-2 《中国物种红色名录》中全部评估的野生动物门类的濒危状况

门类	总数	受威胁（极危、濒危和易危）比例 /%	近危比例 /%
珊瑚纲 石珊瑚目 造礁石珊瑚	254	100.00	0
昆虫纲 鳞翅目 蝴蝶类	1 302	12.80	20.10
两栖纲	407	39.88	19.63
爬行纲	321	27.52	15.30
鸟纲	1 330	7.36	7.36
哺乳纲	580	39.82	10.69

资料来源：汪松和解焱，2004

    造成濒危的原因大多是人为的资源开发活动，如天然林砍伐与自然植被的破坏、草原的开垦与过度放牧、湿地的围垦与海洋渔业过度捕捞、工业废物与农用化学品的污染等，使森林、草原、荒漠、湿地、海洋等自然生态系统及农田生态系统受到极大损害。由于栖息生境的日益缩小和破碎，加上人为捕猎、偷猎、捕捞等活动，特别是非法捕猎和采挖活动，使大量野生动植物的生存受到威胁。根据IUCN红色名录的总结，对鸟类、兽类和植物的威胁因素依次为：栖息地丧失／衰退、开发利用直接丧失、外来入侵种、间接丧失、物种内因素（如繁殖率低下、扩散能力低等生物学因素）、自然灾害、污染等。

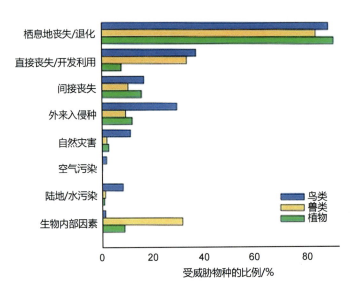

图 1-7　IUCN 红色名录总结的针对鸟类、兽类和植物的威胁因素（IUCN, 2006）

　　总而言之，这些变化大大降低和削弱了重要野生动物的栖息地的面积、连接性和质量，导致许多物种的数量和种群生存力显著下降，并使得很大一部分的物种被列为濒危物种。

第二章
为什么绿色发展需要生态优先

每一个人——无论富裕还是贫穷，在城市还是农村——都完全依赖于生物多样性所提供的无价服务，这包括从清洁的水到食物，从风暴防御到文化特征……。

——杰夫·麦克尼利

昆虫和那些在陆地上的节肢动物是如此之重要。一旦它们都消失了，那人类也没有几个月的寿命了。同时，大多数的两栖动物、爬行动物、鸟类和哺乳动物也会随之灭绝。接着会是花卉植物，然后是森林和其他陆地植物……大地将重新回到古生代状态……基本上没有什么动物存在。

——爱德华·威尔逊《生物的多样性》

第一节 生态系统服务功能

三十多年前，世界掀起了研究生物多样性价值的热潮。1997 年，美国的 Costanza 等将全球生态系统服务分为 17 类，并计算出全球生态系统每年能够产生的服务价值。1997 年，全球生态系统服务的价值为 33 万亿美元，这是 1997 年全球 GNP 的 1.8 倍 (Costanza *et al.*, 1997)。2000 年，陈仲心等运用 Costanza 等 (1997) 的划分标准和经济参数，评估中国的生态系统服务功能的总价值为 7.783 448 万亿元 / 年，为 1994 年的 GDP 的 1.73 倍。生态系统服务价值必须要周期性地进行评估，因为自然资本不是一个静止不变的资源，生态系统服务价值会根据栖息地质量和数量而发生改变。使用同样的方法应用更新的数据，2011 年的全球生态系统服务价值每年达到了 125 万亿美元，而 GDP 在 1997 年为 46.3 万亿美元，2011 年为 75.2 万亿美元 (Costanza *et al.*, 2014)。

专栏2　生态系统服务

生态系统服务就是人类从自然，也就是从生态系统的功能，获得的效益。

生态系统服务总体可分为以下四大类：

- 供给服务　饮用水、木材、燃料、鱼类、野味、药材、纤维等。
- 调节服务　授粉、降解、净水、防止侵蚀、防洪、碳存储、气候调节等。
- 文化服务　习俗、信仰、灵感和娱乐等。
- 支持服务　光合作用、养分循环、土壤形成和水循环等。

但是，经济学家的这些估值并不会将这些服务转变为商品，也不会自动给企业带来利润。事实上，许多这些价值在传统市场上很难呈现，以不可交易的公共财产或公共资源的形式存在。其中的一些为**直接市场价值**，比如，提供农作物或鱼类。其他拥有难以从经济角度进行量化的**间接使用价值**，因为它们不是市场的一部分；比如，通过保护水源延长了水库使用寿命，或者人们通过在自己家中观看野生动物电影而不是参观保护地的方式得到的乐趣。直接市场价格和间接价值都可以且应该得到绿色经济的认可。

一、供给服务

生态系统向人类提供农作物、鱼类、木材、竹子、藤条、药用植物、淡水、草料、野味和许多其他物品。由农田、商业和自给性渔业以及森林采集等提供的供给服务是中国经济和文化的重要组成部分。生产这些产品的景观很多不是"受保护的"，但应以可持续和不会对临近土地生态服务功能造成损坏的方式进行管理。

从自然中收获的野生产品通常在非正式市场上进行交易或者直接被消费，难以从经济角度对它们进行评估，因此未能得到决策者的更多关注。许多野生产品的收获是非法的。即使如此，受保护景观提供的供给服务仍然是很大的，下文介绍了几个案例。

景观向农村人提供野生食物。许多种类的野生植物可供人类食用，尽管我们很难了解这些物种的状态和趋势。海洋渔业和淡水捕捞业是非常典型和重要的价值。美国每年生产大约价值1亿美元的鹿肉，新西兰的养鹿业收入已超过了传统的牛羊肉的生产。

景观保护珍贵的遗传资源。农作物的野生祖先在受保护的景观中得以继续存活并发展，给植物学家提供机会利用这些物种的遗传生物多样性来帮助农作物适应环境的变化。这些野生物种的基因对于植物育种者来说极其重要。

鉴于中国原始的和生物丰富的森林都面临威胁，受保护的景观保护了珍贵树木的遗传生物多样性，对于林业来说也是有价值的。因此，景观是将经济林作为绿色经济的一部分进行保护和最终恢复的必要基础。

保护景观还养育了许多具有经济重要性的野花和坚果，且可以有限度地采集其中一些作为育种品种，而不破坏可持续性。

野生动物也是一种珍贵的遗传资源，它们的保护通常依赖于当地人。这证明了当地人需被纳入景观管理。这种方法的有效性已在中国得到了证明（Tuanmu *et al.*, 2016）。

景观可提供药用植物。许多种类的植物含有的生物活性有机化合物，能够应用于药物治疗，其中许多植物被采集，被当地使用及在国内和国际市场销售（Chivian and Bernstein, 2008）。许多药用植物可在保护地内被找到，其中一些只能生长在保护地内其最适合的栖息地内或者甚至只能在这些地方生长。在农村和一些植物药仍得到广泛使用的城市，以及在探索药用植物治疗疾病（包括疟疾和癌症等）方法的研究人员中，很清楚药用植物有利于人类健康。在全球化和气候变化的情况下，人类健康面临着新的威胁，景观在保护药用植物中的作用可能变得至关重要，这是它们的有效管理是绿色经济一部分的另一原因。

景观养育着有利于人类健康的微生物。景观也给有助于抗生素研发的微生物提供栖息地。有数据显示，在自 1981 年以来研发的用于对抗细菌感染、病毒和寄生物的新药中，约 75% 来自于天然产品（CBD and WHO, 2015），其中许多在富含具有潜在药用价值的物种景观中繁荣生长。

二、调节服务

自然景观提供了许多具有调节生态系统功能的公共产品，因此对所有人都有用。只要景观不受到破坏，就可以持续地发挥调节作用。其中一些公共产品可以量化，比如在中国已经开发的碳交易市场。

景观有助于提高适应极端自然事件的能力。山区、河道沿线和海岸线上的景观也有助于提高适应极端自然事件（当其危害人类利益时，就变为灾难）的能力。景观不仅可防止极端自然事件成为灾难，而且可减缓对人类造成的影响。通过保持土地被成熟植被覆盖，受保护的景观可以防止在暴雨、海岸边的风暴潮和地震（以及伴之而来的滑坡）时可能造成的影响。森林覆盖的景观还可起到防风墙的作用，保护村庄免受强大季风的影响。健康的景观可以在暴雨后帮助恢复泛滥平原，并提供必要的应急资源。

湿地景观，比如许多国际重要湿地，能够应对洪水泛滥。洪水泛滥是一个自然过程，有助于向下游的农田提供营养物质并使鱼类能够迁徙和繁殖。在景观内扩大湿地，可以提高湿地的效应，有助于湿地向提供饮用水的地下水和含水层进行补水。

景观对调节水源至关重要。水源保护和提供淡水可能是受保护景观提供的最有价值的生态系统服务之一。向农田提供灌溉、向乡村提供饮用水及向城市提供电力的许多淡水来自于受保护景观，这种受保护景观与低地相比拥有更多的降水量，因为许多受保护景观位于能够挡住云雾形成降雨的丘陵区或山区。保护地在向城市提供饮用水方面的价值尤其巨大（Dudley and Stolton, 2003）。

景观能够减缓气候变化并有助于适应气候变化。未来，受保护景观所带来的主要经济效益很有可能来自对气候变化的减缓和适应。受保护景观在这个气候快速变化的时代至关重要，最近研究表明，古老的森林，甚至长达 800 年的森林，继续以不断增加的速度在树木和土壤中积累碳，这种作用超过通常作为气候变化减缓措施的新种的森林（Stephenson et al., 2014; Luyssaert, 2008; Pan et al., 2011）。更重要的是，如果古老森林遭到破坏，由古老森林储存的大量碳将可能返回到大气中。

景观，尤其是含有湿地的景观有助于净化水。几乎所有国家，包括中国，都正在遭受水污染侵害，包括有毒细菌、来自农田的径流、污水废物和工业废物。因水生生物有助于降低水中的有机污染物和致病污染物，改善水质，因此，受保护景观具有水净化和废物处理的生态系统服务功能（Kadlec and Wallace, 2008）。

景观中的生态系统能够调节疾病传播。由景观支持的不同生态系统还有助于防止可能破坏农业或影响人类健康的害虫暴发。比如，保护性景观中的动物群落中，蚊子类型的多样化，能够防止任何一个物种处于主导地位，因此有助于限制疟疾和其他蚊媒疾病的传播（Laporta, 2013）。食虫动物，如蝙蝠和鸟类，捕食大量啃食农作物和传播疾病的昆虫，蛇、猫头鹰和多种其他物种捕食携带和传播疾病的老鼠（van Liere and McNeely, 2005）。

三、文化服务

2005 年，千年生态系统评估的创新之一是承认文化多样性和生物多样性之间的密切联系。农村人与其生活所在的景观密切相关，他们在具有挑战性的生态系统中成功生存繁衍。他们与土地之间的关系往往带有神圣色彩，许多景观因此把传统神圣的自然遗址纳入其边界范围内，在保护森林的同时，有助于保护传统文化的丰富性 (Liu *et al.*, 2002)。

对中国人民来说，中国野生动物具有重要的标志性、文化价值和精神价值。野生动物已经深深融入艺术、文化中。许多野生动物被当做图腾，老虎、老鹰等强壮威猛的动物，歌声委婉的鸣禽，美丽长寿的鹤类和龟类等，长期以来出现在各种各样的戏曲、电影、诗篇、书法、绘画、手工艺品、居家装饰等中。作为帝王和帝后象征的龙和凤虽然是想象中的动物，却分别来自动物原型 —— 扬子鳄和原鸡，或者是由多种动物的身体部分组合而成。

野生动物也深深地根植于中国的饮食文化，龟类、蛇类、灵长类、鹿类、虎等大量野生动物或其各个部分作为食物或者滋补成分已经融入中国的饮食中。这一方面体现了中国人民对野生动物的依赖，但是也使得野生动物面临重要威胁。

景观有助于生成关于自然资源及其管理的知识。保持受人类影响少的景观为研究人员提供了重要机会。在中国，景观内就大量物种的研究达到了国际水平，这些文献的广泛发表具有全球效益 (Wei and Lou, 2011)。这些研究发现提供了重要信息，可被参观者用于提高其在保护地停留期间的乐趣，可被景观管理人员用于监测野生动物管理、参观者、栖息地管理、偷猎者的影响等。

因保护地通常是生物多样性最丰富的地方，它们可以成为科学家们寻找的向社会提供更多价值的研究基地。他们的研究可以通过大众媒体为公众宣传提供支持，用于编制流行的自然类电视节目和社交媒体宣传，提升受保护景观对公众的吸引力。这种支持是绿色经济的必要组成部分。

景观有助于保存当地知识。在保护景观内居住的人们通常保留着珍贵的传统生态知识。这类知识的重要性已在《生物多样性公约》(*Convention on Biological Diversity*, CBD) 中得到认可，比如已经被囊括在 CBD 第 8j、10c、17(2) 和 18(4) 款中，以及在公约的传统知识特设开放工作组已经编制的许多指南中。因为中国的许多景观区也是少数民族的聚集地，政府正在努力地把森林和高地居民的传统知识纳入景观管理方法之中。因此，保护性景观还有助于保护这类知识。有研究表明，传统生态知识有利于应对快速变化时代的适应性管理 (Berkes, 2007)。

景观帮助人们找到精神安宁。保护性景观的另外一种超出货币价格的重要文化价值，是大自然带给许多人的幸福感。研究发现，参观保护地可提高幸福感，与大自然互动的儿童更加快乐，更容易在社会中均衡发展 (Louv, 2005)。这些健康益处对成年人同样重要，这引发了一场被称为"健康公园，健康人类"的国际运动 (Maller *et al.*, 2009)。核心信息是：接触大自然对人类健康和幸福来说必不可少。通过提供接触自然的机会，景观在个人和社区层面改善和维持着人类的健康和幸福。

其他研究表明，当人们靠近水时，人们的幸福感会提高，这有助于解释景观内瀑布盛行的原因 (Nichols, 2014)。中国的大多数大型瀑布都位于保护地，它们通常对游客最具吸引力。

景观为旅游业提供吸引力。目前，保护性景观的最重要收入来源是旅游业，全球旅游业每年吸引了 80 亿游客，向保护地所在地带来约 6000 亿美元的效益 (Balmford *et al.*, 2015)。这些景观给当地人提供了商业机会，给他们提供了值钱的文化价值。当地人可以提供餐饮、纪念品、住宿和导游服务。一些较大的保护地已经吸引了对周围景观旅游业的大量投资。从在像长白山这样的地方出现的许多私营旅游企业来看，这个行业已经具有巨大的经济影响，随着更多的城市居民利用假期游览保护地，这个行业将更加壮大。

生态旅游已经是世界旅游活动中非常重要的组成部分。从旅游发展的角度看，生态旅游是近年世界旅游业中增长最快的部分，年增长率达到25%～30%，生态旅游俨然已成为世界性旅游的潮流。中国的生态旅游是主要依托于自然保护区、森林公园、风景名胜区等发展起来的。中国14个5A级风景区2010年旅游收入总计为481亿元，游客量达到8211万人次。

面积不大的哥斯达黎加日益发展为世界生态旅游地，1995年大概有80万外国人到哥斯达黎加，1999年达到103万，2012年达到创历史的234万，收入24亿美元（占当年GDP的5.3%）。在斐济，2010年观鲨潜水者的直接税收就达到590万美元（Vianna *et al.*, 2011）。

景观支持国家安全。许多受保护景观位于国际边境沿线，因此有助于避免土地争端冲突或至少起到缓冲作用。亚洲开发银行正设法在大湄公河区域支持更多这样的跨境景观，比如，在云南和琅南塔（老挝）交界及广西和高平（越南）交界地区。中国与包括印度、不丹、尼泊尔、巴基斯坦、蒙古国、俄罗斯和朝鲜在内的其他邻居之间也拥有跨境景观，其中许多可以通过保护而有助于绿色经济的发展。许多地方都可以保护这类跨境景观，以促进和平和合作（Sandwith *et al.*, 2001）。

受保护景观是给下一代保护的传奇。对于孩子们来说，在电视、脸书（Facebook）和其他媒体上观看自然节目是非常美好的事。但是，在自然景观中，孩子们可触摸树皮，感受花卉的纹理，呼吸清新的空气，看到夜空繁星满天，嗅闻野生大象，品尝猴子从树上扔下的水果，观看鹿群和鸟类的多样性，听到清晨时的鸟鸣和长臂猿的唱歌，在壮丽的瀑布旁边享受一顿野餐，以及其他许多东西。这将使孩子们和与之永远相伴的独特大自然之间建立起感情纽带。

四、支持服务

这些服务产生包括由支持性基本生态系统功能给人们提供的效益。

景观支持高水平的初级生产。所有生态系统都包含初级生产者，初级生产者通过其有机体的光合作用生成新的有机物质，尤其是将太阳能、二氧化碳和水转化为葡萄糖并最终转化为植物组织。尽管自然系统已经在转换太阳能方面展现了其重要价值，但大量科学研究正在设法提高光合作用的生产力和效率（Evans and von Caemmerer, 2011）。最高的初级生产效率发生在成熟生态系统中，尤其是热带雨林中。这些成熟的生态系统一般都出现在受保护的景观中，生物多样性在维持商业森林生产力方面的价值预计达到1660亿～4900亿美元/年（Liang *et al.*, 2016）。

景观有助于营养循环。因植物种类的多样性补充及较高的净初级生产力，陆地保护景观有助于形成富含营养的土壤（Bardgett and van der Putten, 2007）。当营养被雨水携带至下游的冲击区时，它们既有利于景观中的物种又有助于农田和种植园。这些土壤是由保护景观中复杂的细菌、真菌、线虫、节肢动物、蚯蚓和自然形成（在不施用化学肥料，也没有农作物不断地消耗营养的情况下）的许多其他生态菌落共同作用形成的（Moreira *et al.*, 2008）。在目前维持生产力高的土壤越来越重要的时代，保护性景观提供了对资源生产必不可少的土壤形成服务。

景观支持水循环。由于水对于几乎所有生物过程和大多数经济生产必不可少，即使其通常被视为是"免费的"，但这种支持服务也是极具价值的。水循环过程众所周知，但值得在此简略总结：水始终处于不断运动之中，遵循蒸发、冷凝、降水、渗透（被土壤吸收）、径流成河（有时导致洪水）和地下水流的物理过程。这个循环的特征是伴随能量交换的，比如蒸发可以降低环境温度。蒸发还净化水，因此降水通常是干净的。径流具有巨大的能量，能够将通常以土壤形式存在的矿物质运送到下游，帮助补充农民田地中的营养并最终将营养送入河流和海洋。水流也导致土壤侵蚀和沉淀，改变着地质特征。该简短描述表明了水循环的重要性，因人口增加，水循环已严重受到人类的影响，随着气候变暖，水循环会加速（Huntington, 2006）。因此，景观对于维持水循环中的某种平衡，尤其在支持农作物灌溉方面是必不可少的（Gilmour and Kwiecińskii, 2007）。

在被保护的景观（尤其是《拉姆萨国际湿地公约》认定的国际重要湿地）中，常由湿地提供的水净化服务尤其重要。湿地可从农田中过滤掉多达 80% 的硝酸盐污染，湿地拥有的许多物种在吸收各种污染物（包括对人类健康有害的重金属）方面尤其有效（MEA, 2005）。

专栏 3　生物多样性如何帮助实现湿地的功能

我们通过许多方式从景观的生物多样性中受益：

- 获得很多可再生资源，如鱼类、甲壳类、贝类、木材、薪材、篱笆杆、动物饲料、可食植物、菌类和蜂蜜等；
- 高的生物多样性能够改善湿地功能的效率和健康，可以大大地增加其以土壤形成、养分循环、水储存和净化、碳固定、防洪、防风暴的形式提供的生态系统服务的内容；
- 生物多样性增加生态系统的抵抗力，使生态系统能够适应时间的变化，并在灾害事件后恢复；
- 生物多样性以美丽的景区和娱乐区、活的野外实验室和鼓舞人心的遗产等形式提供诸多益处；
- 生物多样性充当着环境健康的指示器及危险变化的早期预警系统。

第二节　大自然是我们人类的财富

过去数十年间，政府已经在努力通过环境（和生态）经济学和自然资本的研究成果来帮助政府（政府间）决策和政策制定，试图帮助决策者重新审视人们如何"评价"环境商品和服务，以及环境资本的股票和流动和我们如何给环境外部效应"定价"。这些努力已经让人们逐步理解决策时候面对的环境问题和潜在权衡。但是，环境经济学和自然资本方法仍然很少引发能够带来更大规模变革的主流政治和经济决策的系统性反思。

在以人类为中心的角度看待生态系统功能的情况下，对待生态服务功能就具有了明确的经济维度。如果有效的生态系统管理能够产生经济效益，那么，提供效益的人应该得到补偿，尤其是如果他们在提供效益时产生了费用的时候。

目前，用于生态系统服务付费的资金巨大。2007 年，所有涉及生态系统服务支付和市场的年度支付在全球达到约 770 亿美元，且一些人预计到 2020 年，这种支付将达到 3000 亿美元（Carroll and Jenkins, 2008）。中国政府将它视为刺激国家农村生态系统发展的工具，并正在为此投入数十亿美元（Bennett, 2009）。

大自然是我们人类的财富，我们需要从商业的角度考虑对大自然的投资，从而来获取对人类的经济回报。这是大自然保护协会（The Nature Conservancy, TNC）的 CEO 马克·特瑟克所著的《大自然的财富》一书的中心思想。十几年前就已经开始了给自然标价的研究，汇集了全球相关著名专家和科研成果的《千年生态系统评估》中也强调了自然的价值及目前退化的状况。世界上有非常多的案例说明，遵循自然规律，大自然可以为我们人类提供更好的经济收入。《大自然的财富》认为，目前全球正在发生一场由自然资本引领的商业模式革命。

第三章
生物多样性丧失的原因

第一节　生境丧失和破碎化

生境破碎化是指大片生境，通常由于农业、伐木、采矿、筑路和其他类似破坏，变成孤立的小块（通常面积小）。世界各地，大量的森林遭到砍伐、农业开垦、破碎化、火灾、污染和外来入侵物种的影响。大量新的人工种植林无法给乡土物种提供补偿性栖息地。很多草地被过度放牧、围栏、开垦为农田，荒漠化正在蔓延。

生境的丧失导致野生动物大块连续的栖息地，被分割成多个片断，这种破碎化导致了以下情况。

①破碎化的生境具有更长的边缘与人类环境接壤，人类、杂草和家养动物（如家猫、家狗和山羊等）能够更容易地进入森林，不仅导致边缘区生境的退化，还大大增加对生境内部地区的侵扰。

②有些动物需要轮流利用不同区域的食物资源，有些需要多种生境以满足不同生活时期或者日常生活的不同需要。例如，草食动物需要不断地迁徙以获得足够的资源，并避免对某一块区域资源的过度利用。但是当生境被隔离后，动物只能留在原地，不仅因为过度利用导致生境退化，还会因为资源匮乏而降低繁殖或导致死亡。

③各个片断之间野生动物种群无法正常迁移和交流，长期下去，这些隔离的小种群的遗传水平会下降，出现近交衰退等一系列问题，最后的结果可能是地区性的种群灭绝。野生动物扩散能力的降低，也会对植物扩散产生影响，因为动物的活动会帮助植物传播种子和花粉。植物状况受到影响，自然会反过来作用于野生动物。

一、农业发展带来的生态危害

千年生态系统评估发现，在过去的 50 年中，地球生态系统变化的最重要和直接的驱动因素一直是森林和草地转变成为其他土地用途，主要是农业用地。在受评估的 14 个陆地生物群落的 9 个中，20% ～ 50% 的土地面积已被转换成为耕地，热带地区的转化率最高。最近，全球环境基金（GEF, 2014）发现，全球热带森林退化面积的近 80% 是由 3 种商品 —— 大豆、牛肉和棕榈油导致的。值得注意的是，这些商品都是主要的出口商品，许多土地利用方式改变的主要原因来自全球巨大的需求，而不是当地需求。

从全球层面来看，这种趋势没有任何放慢的迹象；恰恰相反，土地正在以过去 50 年中最快，且可能是有史以来最快的速度被转化成为农田（Grassini *et al.*, 2013）。一些研究预测，人口不断增长和经济繁荣将使未来粮食需求在下一个 35 年增加至少 70%，可能高达 110%（Bruinsma, 2009）。许多研究预计当今繁荣的经济体，尤其是中国、印度和巴西，将继续增加其对更高质量食品（包括更多肉类和乳制品，这要求喂养更多的牲畜）的人均需求。为了减少全球 9 亿营养不良的人数，将需要更多食物，以及更好的分销网络、改良的市场、更高质量的存储设施、较少的废物等。可能被转化用于农作物（包括生物燃料）、放牧和城镇化的土地，可能会对自然生态系统的功能造成严重威胁（Laurence *et al.*, 2014; Pouzols *et al.*, 2014）。

想要生物资源继续在可接受的范围内支持人类福祉，必须找到新方法来满足人类和与人类共享地球的其他物种的需要。绿色发展将既要求有效的食品生产，又要求保护许多支持农业的生态系统服务。

二、围海造地

IUCN 在《世界自然保护联盟对东亚及东南亚潮间带栖息地，特别是黄海（含渤海）的状况分析》报告中警告，东亚 — 澳大利西亚迁飞路线沿线潮间带栖息地的变化和退化，已导致利用该迁飞路线的水鸟种群数量减少；其中，两种鸻鹬类，即大滨鹬（*Calidris tenuirostris*）和大杓鹬（*Numenius madagascariensis*）近来被从以往的"无危"升级至"濒危"。1950 ～ 2000 年，中国的潮间带面积大约减少了 378 800hm²，年均下降 2.2%。更为糟糕的是，2009 年，中国政府批准了一项调整和加快工业发展的计划，将钢铁、石化、造船、火电、核电和其他重工业迁至东部沿海地区。中国工业的这种发展规划，将给东亚 — 澳大利西亚迁飞路线中国区段的水鸟栖息地带来更大的生态压力，并可能导致其状况进一步恶化。

亚洲潮间带受到破坏，使之成为全球生物多样性丧失最快的地区之一。最明显的证据来自于依赖于这些栖息地的大量全球受威胁物种鸟类（特别是水鸟）的丧失，其中，全球受威胁物种最多的是鸻鹬类，其次是雁鸭类、琵鹭、鹤类、海鸟和鸬鹚等。

这些生物多样性的丧失不仅导致这些引人入胜的自然遗产的严重丧失，也对上亿人类的生命、健康、安全和福祉造成威胁，可能带来数万亿美元的土地和财产损失，也将对人类所严重依赖的海洋健康状况构成威胁。

尽管潮间带及其沙洲、泥滩、海滩和红树林提供着大量的重要生态服务，但人类在投资者的鼓动下仅仅关注于短期经济项目，着眼于短期发展目标，而对这些重要生态服务视而不见。尽管所涉及的开发总面积较小，但这些区域极其脆弱，并在快速消失。部分国家丧失的河口滩涂面积已达到其河口滩涂总面积的 50% ～ 75%。

三、污染

一方面，中国的工农业和建筑行业的发展，使得成百上千万的人口脱贫；另一方面，也造成了严重的污染，并由此带来了巨大的代价。

A. 3 亿人每天饮用的是遭到污染的水源；

B. 每年 1.9 亿人患有水相关的疾病；

C. 目前，中国 1/3 的河段、75% 的主要湖泊和 25% 的沿海水域正遭受"严重污染"；

D. 每年接近 3 万儿童死于因水污染导致的腹泻；

E. 近年来由政府公布的一份报告表明，农业污染物中的化学需氧量（水中的有机复合物的主要监测指标）排放量占全国化学需氧量排放总量的 43.7%，农业源中的总磷、总氮排放分别占全国总磷和总氮排放总量的 67% 和 57%；

F. 污染已导致 168 处被评估的滨海湿地中 27% 的滨海湿地水质降为 IV 或 V 类，表明这些湿地的水质对水生生物有害，不适于开展水产养殖和水上休闲运动项目；

G. 污染还扩散到海上。现在每年夏天，中国东部沿海都会出现水华现象，导致水生生物的栖息地遭到堵塞，氧含量减少。部分藻华和浮游生物的大量繁殖甚至会带来毒害。海洋化学成分的变化，是导致金枪鱼大量死亡的原因之一；

H. 塑料垃圾也对海滩的健康状况带来危害，海洋中的塑料颗粒物质现正对鱼类、海鸟和海洋哺乳动物造成严重的危害；

I. 轮船漏油事件也不时对海洋生命和海滩带来破坏。随着南海成为世界最为繁忙的海上航线，随时存在轮船严重漏油的风险，但我们应对这种潜在漏油事件的能力仍然非常有限。

四、建坝和引水

中国已在大部分的大江大河上修筑了大型水坝和更多小型水坝。建坝活动以及越来越多的引水和内陆水资源的利用，已显著改变了淡水量、季节性规律和入海泥沙量。这些给海岸线带来了根本性的变化。目前东部沿海地区的泥沙沉积量减少，同时这种泥沙中沙和泥的比例超过了三峡大坝运营前的水平。

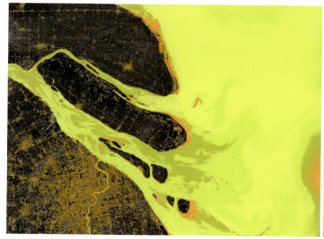

图 3-1　三峡大坝运营前（左）和运营后（右）沿海水域泥沙沉积大大减少 (Dai and Lu, 2014)

第二节　资源过度利用

世界范围内几乎所有的大型哺乳动物都遭到过严重的过度捕猎导致的数量下降的情况，例如鲸类、鹿类、犀牛、野牛类、麝、熊、狼、藏羚羊等。野生虎的数量从 100 年前的 10 万头急剧下降至今天的不足 5000 头；人迹罕见的亚马孙河流域中，野生动物的种群数量在重度捕猎的区域平均降低了 81%；穿山甲更是正从整个亚洲的野外分布地上消失。由于过度捕获和利用，很多看似保护完好的森林中，野生动物的数量极为稀少，这样的森林被称为"空森林"或"绿色沙漠"。

受不可持续的狩猎和捕鱼活动的影响，中国的许多野生动物种群数量已降至极低的水平。不断加大的采集压力（无论是合法还是非法的），仍对许多地区现存的野生动物种群构成威胁。不断增长的中药材贸易的需求、食用野生动物的饮食习惯，以及部分珍稀物种的贸易，进一步增加了这种压力。淡水和海洋物种的过度捕捞状况仍未得到控制。所有水路均设置有细网和捕捉工具；电鱼这种破坏性的捕捞方式，已成为一个日益严重的威胁因素。尽管枪支的使用总体得到良好的控制，但采用捕捉器具、网和有毒诱饵猎杀鸟类（包括许多受保护水鸟）的现象仍很普遍。

在中国，雾网可以很容易地购买到，农民用雾网来保护农田，渔民用它来保护鱼塘，偷猎者用它来捕猎野鸟，而机场则用它来防止飞鸟撞击。在迁飞路线沿海地区，每年有数百万只鸟因此而丧生，内陆农田和森林用雾网捕鸟的情况也非常普遍。部分农民甚至通过撒放有毒的谷物来杀死在其农作物中取食的雁鸭类水鸟。

现代捕捞技术经常在捕捞某些目标鱼类时候，会毁灭性地误捕很多其他物种，比如海底拖网，所经之处一网打尽，就像为了摘取一筐苹果把整个农场都一扫而光。现在在公海上已经禁止使用拖网捕鱼，但是小型的却同样致命的刺网还在近海使用。在捕捞目标物种的过程中，无辜的鸟类、海龟、海豚、鲸、鲨鱼和很多非目标物种往往也被株连。在太平洋东部，在捕捞金枪鱼的过程中，成千上万的海豚被口袋式围网捕获致死。美国通过法律规定和对渔船管理，将海豚的死亡数字从1970年的每年20万头减少到每年2万头，但是其他地方的海豚死亡率仍然很高。每捕获10磅（1磅 ≈0.454 kg）墨西哥湾虾，就会有80～90磅的"垃圾鱼"——鳐目鱼、鳗鱼、川鲽、鲳科鱼、鲑鱼、蝙蝠科鱼等也被捞上来。这还不包括成吨的植物和被认为够不上"副产品"的动物，如海星、海胆、螃蟹、海带、海绵、珊瑚。捕虾在大西洋海域被认为是对海龟最大的威胁。美国的渔民被要求使用安有"海龟排队装置"的捕虾网，有助于减少海龟的死亡率，但是要达到"不伤害海龟"的目标还很渺茫。

一方面，天然淡水区域和海洋渔场已明显被过度捕捞；另一方面，海鲜食品及具有高经济价值的鱼、蟹、虾类的繁荣发展，已导致大面积的滨海和内陆湿地被围垦为各种形式的鱼塘或养鱼网箱，使得迁徙鸟类可用的开放式天然栖息地大量减少。在中国、洪都拉斯、厄瓜多尔、尼加拉瓜及其他中南美洲国家，海边的红树林被开垦成一块块养虾场。经济鱼类的生产者想尽各种办法对付那些从其鱼塘中偷食鱼类的鸬鹚、苍鹭、白鹭和红嘴鸥等水鸟。

第三节　外来物种入侵

外来物种（又称非本地物种或国外种）是由于人为引入其正常的过去或现在分布范围之外的物种，包括这些物种的可生存并随后繁殖的任何部分、配子、种子、卵或繁殖体。许多外来物种（如橡胶树）对农民来说非常有用且在中国引入非常普遍，但一些外来物种（如水葫芦）对本地物种或生态系统造成了威胁，变成外来入侵种。

外来入侵种是非本地物种，其生存和蔓延威胁到景观、生态系统、生境或物种，造成了经济危害或环境危害。

中国的外来入侵种问题随着增长的国际贸易量日益加重，正在影响几乎所有的自然区域以及农田、河流和城市。《生物多样性公约》（第8条）呼吁缔约国"防止引入、控制或消灭威胁生态系统、生境或物种的外来物种"。千年生态系统评估 (MEA, 2015) 将外来物种视为与生境变化、气候变化、过度开发和污染一起直接导致生态系统变化的5种主要驱动因素之一。这个问题非常严重，欧洲议会因此于2014年4月通过立法，采取措施防止外来入侵物种进入欧盟，并控制入侵物种对已经进入区域的生态和经济破坏。

贸易、旅游增加和气候变化越来越严重地影响保护地内（更普遍的是在景观内）的生态系统，预计未来几年外来入侵种问题将加重（Masters and Norgrove, 2010）。一项全球研究发现，已经有 13 168 种植物通过人类活动在其原本生存的区域之外建立起野外种群，往往导致生态系统的功能及其提供的服务发生根本变化（van Kleunen et al., 2015）。外来入侵物种影响的表现形式包括损坏生态系统功能、影响生态系统结构、破坏物种群落或生境（de Poorter et al., 2007）。外来入侵物种还通过破坏生态系统服务、生物多样性可持续利用，或者通过破坏文化和遗产价值，直接或间接地影响生计和扶贫。

水生入侵物种成为日益严重的问题，因为许多水生入侵物种是重要的水产养殖物种，养殖过程中逃逸到河流和水库中，威胁本地物种。湄公河下游流域，至少有 17 种被引入的水生物种成为了入侵物种或者似乎正在成为入侵物种，包括尼罗罗非鱼、福寿螺和一些来自印度的卷须鲮（Cirrhinus cirrhosus）。已经提出了控制这些入侵物种的政策，但行动依然不足。保护地及其附近的水库可能成为逐步解决水生生态系统潜在严重问题的有用之地。

外来入侵物种也在微妙地影响几乎所有的海洋区域，尤其是在交换压舱水的港口，运动海钓渔船常常将其活饵倾倒至船外，将新物种引入海湾。有效缓解海洋生境中入侵物种问题的办法包括，在水产养殖中不使用非本地物种（逃逸后会导致新物种建立起种群，危害当地物种）、设计和实施关于商业船舶和游乐船舶压舱水交换的规定等。

据统计，目前入侵我国的外来物种有 400 多种，其中危害较大的有 100 余种。在 IUCN 公布的全球 100 种最具威胁的外来物种中，我国就有 50 余种。2001 ~ 2003 年年底，科技部和环保总局的研究课题估计，每年我国的外来生物入侵所带来的损失为 144.8 亿美元，相当于中国 GDP 的 1.36%。在云南各地，导致本地鱼类濒危的外来鱼类、围湖造田、水利工程、酷渔滥捕四大致危因素中，外来鱼类是导致土著鱼类种群数量急剧下降或濒危的最严重因素。

在我们对已经引进的外来入侵物种束手无策的时候，我们还在以空前的速度和数量引入更多的物种。台湾每年花费 600 万美元释放 2 亿个动物（从昆虫到猴子），现在台湾已经发现 75 种外来鸟类建立种群。香港 2004 年的研究发现，在香港已经有 19 种鸟是因为人类释放而在香港建立种群。也有由于宗教信仰在全国各地放生大量动物的案例，例如在湖北鄂州梁子湖放生的螺类已经造成当地水产渔业养殖的经济损失。另外，最经常被放生的还有被列入世界 100 种最危险外来入侵种的巴西龟。在台湾，巴西龟的野外数量增长如此地快，在局部地区已经超过了当地土著龟的数量。越来越多生物天敌被用于病虫害的控制，但对引入天敌的控制，防止入侵的管理却没有跟上。这些事件在全国范围内频频上演，对我国的生态和生物多样性都会造成极其严重的负面影响。

第四节　全球气候变暖

一、观察到和预计的气候变化情况

引起气候变化的原因是大气中温室气体的增加。大气的 99% 由氮气（78%）和氧气（21%）组成。它们对气候调节基本没有直接的作用。剩下的 1% 左右的大气中有小部分，包括二氧化碳、甲烷、一氧化二氮、臭氧、水蒸气、卤烃等被称为温室气体，能够使地球保持温暖。太阳辐射穿过大气，大部分被地表吸收，并使之升温。一部分被大气和地表反射。同时，地表发射红外线，一部分穿过大气层，一部分被温室气体分子吸收，再发射。

这一过程使地球表面和接近地表的大气保持温暖。如果没有温室气体，地球会比现在低30℃。

政府间气候变化专门委员会（Intergovernmental Panel on Climate Change, IPCC）表示，气候变化是指可通过气候的平均值变化和（或）其特征的可变性予以确定（如使用统计测验）的，且持续较长一段时间（一般数十年或者更长）的气候状态的变化。气候变化可能是由于自然的内部过程或外部强迫导致的，包括太阳活

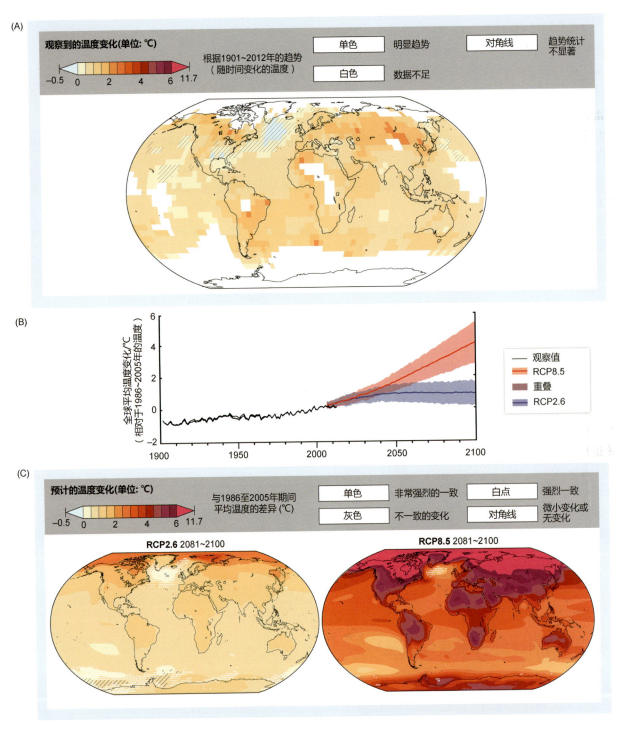

图 3-2　观察及预计的全球温度变化

迄今观察到的温度变化，以及在持续高排放和雄心勃勃减排的两种不同情景下预计的未来温度趋势

动周期的调整、火山喷发，以及由于人类活动导致的大气成分或土地利用的变化。

IPCC 第 5 次评估报告（Field *et al.*, 2014）指出，人类正在干扰气候系统且气候变化对人类和自然系统构成了威胁。

二、观察到的气候变化导致的影响、脆弱性和暴露

最近几十年，气候变化已对所有大洲和海洋的自然和人类生态系统造成了影响。气候变化对自然系统影响的证据是最有力和最全面的。部分对人类系统的影响也归因于气候变化，气候变化导致的主要或次要影响，能够与其他如社会和经济因素变化导致的影响区分开来。在许多地区，即使在存在诸如污染或土地利用变化等强大混合的因素情况下，气候变化对自然和人类系统的影响也已经被发现。**图 3-3** 显示了全球观察到的影响，阐释了这里提及的更广泛影响趋势。IPCC 第五次报告中观察到的影响，不论其原因是什么，都普遍与人类和自然系统对观察到的气候变化做出的反应有关。大多数已经报道的气候变化影响是因为变暖和（或）降水模式变化，也有因海洋酸化导致影响的新证据。还有少量研究把物理和生物系统变化与人为造成的气候变化联系起来。

最近，气候相关的，如热浪、干旱、洪水、飓风和野火等极端情况的影响表明，一些生态系统和许多人类系统在面对当前气候变化时非常脆弱（置信度非常高）。

这类与气候相关的极端情况的影响，包括生态系统改变、食品生产和水供应遭到破坏、基础设施和居住地受损、发病率和死亡率增加，以及与精神健康和人类福祉有关的其他后果。对于正在全面发展的国家来说，这些影响与一些部门面对当前的气候变化严重缺乏准备有关。

专栏 4 全球跨地区经历的极端天气和气候事件的影响

- 在非洲，包括干旱和洪水在内的极端天气和气候事件已对社会经济、自然资源、生态系统和人类健康等造成严重影响。比如，莫桑比克的赞比西河发生的洪水使 90 000 人无家可归，且沿着赞比西河谷，约 100 万人生活在受洪水影响的地区，暂时的流离失所正成为永久特征。

- 澳大利亚和新西兰 2011 年发生的洪水对基础设施和居住地造成了严重影响，导致昆士兰地区死亡人数达到 35 人。2009 年的维多利亚热浪增加了热量相关的疾病发病率，导致 300 多人死亡，而严重的丛林大火破坏了 2000 多栋建筑并导致 173 人死亡。澳大利亚东南部和新西兰多数地区出现的大面积干旱(2007 ～ 2009 年) 导致了巨大经济损失（比如，2007 ～ 2008 年，澳大利亚南部 Murray-Darling 流域的地区 GDP 比预计值低约 5.7%；2007 ～ 2009 年，新西兰的直接损失和非农产量损失约 36 亿新西兰元）。

- 在欧洲，极端天气事件目前已对多个经济行业造成影响，且带来了不利的社会和健康影响 (高置信度)。

- 在北美洲，大多数经济行业和人类系统已经受到包括飓风、洪水和强烈降雨在内的极端天气的影响，并对此作出了响应 (高置信度)。极端热浪期间导致发病率和死亡率增加，影响因年龄、所在地点和社会经济因素不同而不同 (高置信度)。沿海极端暴风雨已导致过高的死亡率和发病率，尤其是美国东海岸沿线以及墨西哥和美国的海湾沿岸。许多北美洲地区的基础设施目前已难以抵抗极端天气事件 (中等置信度)，老化的水资源和运输基础设施尤其脆弱 (高置信度)。

- 在北极地区，极端天气事件已对居民的健康造成直接和间接不利影响 (高置信度)。

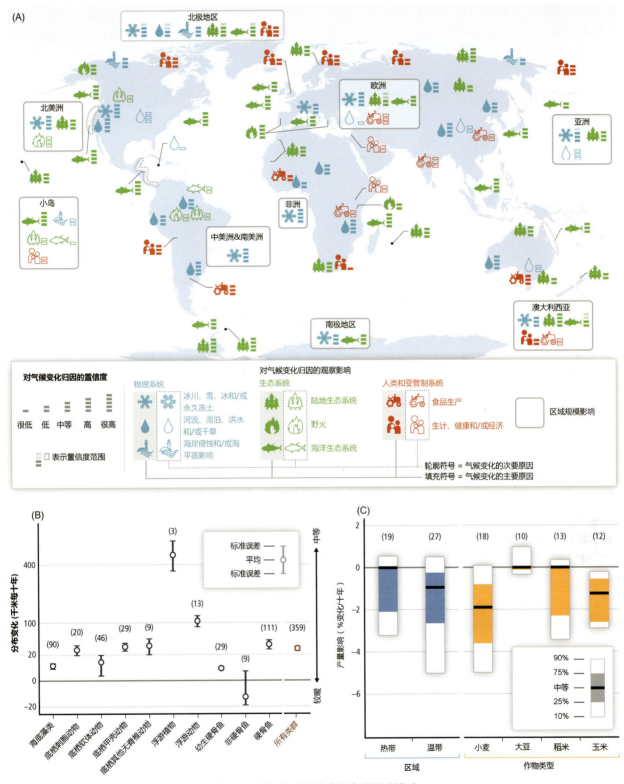

图 3-3　因气候变化造成的全球影响模式

(A) 根据 IPCC 第四次报告以来的研究，得出的最近几十年因气候变化造成的全球影响模式。这些影响是在大地理尺度上显示的。符号表示了影响的种类、气候变化对观察到的影响的（主要或次要）相对贡献以及结论的置信度。(B) 根据 1900 ~ 2010 年观测结果，海洋物种类群分布的平均变化率（千米每十年）。分布变化与全球变暖正相关（流动进入先前更冷的水域，一般向极地移动）。分析使用的答复数据数量标注在每个类别的括号内。(C) 观测到的气候变化对温带和热带地区 4 种主要农作物 1960 ~ 2013 年产量造成的影响估计汇总，分析使用的数据点数量标注在每个类别的括号内

三、气候变化对生物多样性的影响

目前已有清楚的迹象表明生物多样性开始在对全球气候变化作出反应。生物多样性对全球气候变化的反应包括：物种的地理分布改变、生理发生改变、生活周期发生改变、迁徙习性和栖息地发生改变、生存能力降低。一些生物多样性丰富区已经受到影响：哥斯达黎加的鸟类濒临威胁、坦桑尼亚和印度尼西亚的蚊子向海拔高处扩展、加利福尼亚的蝴蝶栖息地在丧失、不能耐受霜冻的植物上升到新的海拔高度、英国彩龟后代的性别比例受到 7 月平均温度升高的影响。气候变化最显著的指示物之一是珊瑚礁，目前珊瑚正在发生大规模白化现象，1998 年情况最严重，估计导致世界上 16% 的珊瑚死亡（Pearce, 2002）。

2004 年，《科学》（Science）杂志上发表的文章指出，气候变化在影响着高山生态系统（Krajick, 2004）。在高山地区，植物和动物在很狭小的角落里生存。与温带种不同，它们应对变化的适应能力较差，而它们定居的生态"孤岛"随着全球变暖正一步步地在减小。随着气候变暖，更多的低海拔物种会向上入侵，它们可能会使顶部生存的生物被淘汰。蝴蝶种群、生长缓慢的高山植物和水生物种都会受牵连，尤其是小型哺乳动物鼠兔正面临着绝灭的危险，因为它们的适应能力有限。然而，并不是所有的变化都是不利的，例如，在秘鲁的安第斯山脉 Quelccaya 冰层，研究者报道，54 种高山植物、23 种地衣和世界上已知生存在最高海拔的两栖动物已经开始在冰川融化的地方定居了。

气候变化将导致中国主要生态区的重新分布，要求水鸟重新调整其分布、迁徙方式和季节性特征。海平面将上升，从而危及许多滨海栖息地。气候变化现已导致更多极端气候事件，如旱灾、洪灾、炎热和寒流的增多。过去 30 年里，到达中国的台风频率和强度也增加了一倍。这些变化可能意味着，部分自然保护地无法保护其成立时旨在保护的物种。必须更加重视不同保护地之间的连接性，以便野生物种可

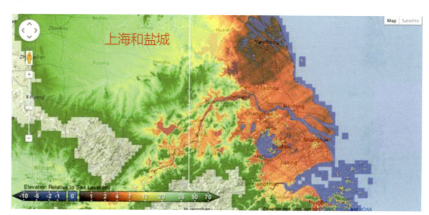

图 3-4 中国东部地区的海拔分布图

蓝色地区在海平面上升 1m 后很可能消失，而红色地区在海平面上升 5m 后将会消失

以更好地适应气候变化。气候变化会对迁徙水鸟的栖息地状况和可获取的食物季节性特征造成影响，导致水鸟的迁徙时间与其停歇地可获取食物的状况之间不匹配。

四、气候变化和生物入侵

全球气候变化也是一个促进外来入侵种扩散和建立的重要因素。气候变化预计会大大利于物种入侵，特别是在人类或其他因素干扰的栖息地入侵极有可能成功。当 CO_2 增加时，在森林空隙，幼苗可以长得更快，因此热带森林的更新率上升。更频繁的森林大火或其他干扰很可能破坏森林树冠层，这会增加外来物种入侵的可能性。

因此，气候变化会为外来物种创造新的机会，破坏当地的动植物区系。例如，如果当地植被中的优势种不再适应其栖息地的环境状况，哪些物种将会代替它们？很可能外来物种发现这些"新"栖息地特别有吸引力，而且外来物种越来越多的出现以及当地物种种群的下降将会极大地改变演替格局、生态系统功能和资源分布。

因此，全球变化的概念需要考虑入侵物种的行为和分布。入侵物种将来极有可能获得比现在更多的机会。

五、气候变化和野生动物疾病

很多野生动植物病原体对温度、降雨量和湿度非常敏感，这些因素的共同作用可能会影响到生物多样性。气候变暖可以增加病原体生长率和存活率、疾病的传染性，以及寄主的易受感染性。定向的气候变暖对于疾病的最明显的影响与病原体（如里夫特裂谷热病毒、登革热病毒等）传播的地理范围有关。除了气候变化之外的其他因素（如土地使用的变化、植被状况、污染和抗药性品种的增加）也都可能导致这些病原体的扩散。但是，很多与气候变暖有关的机制和疾病传播支持了这一假设：气候变暖有利于疾病的进一步扩散（Harvell et al., 2002）。

多世代循环的病原体的世代数量和其他病原体的季节性增长在气候变化的条件下可能通过两种机制增加：更长的生长季节和病原体生长速度加快。气候变化最有可能影响在陆地动物身上传染的病原体的自由生长阶段、媒介阶段或带菌者阶段。最近几十年，在空气之中传播带细菌（病毒）者病原体的病，如疟疾、非洲锥体虫病、莱姆疾病、依靠扁虱传播的脑炎、黄热病和登革热的发病率已经增加，其发病的地理分布范围也已经增加了（Lindgren et al., 2000）。

Patz 等（1998）认为，最近几十年气候变暖导致了带菌者和疾病在纬度上的转移，这个假说得到了实验室研究和实地研究的支持。这些研究表明：① 节肢动物带菌者和寄生虫在低于临界温度的时候死亡或无法生长；② 随着温度升高，带菌者的繁殖速度、数量增长和咬伤动物的次数也增加了（可以达到极限）；③ 随着温度升高，寄生虫的生长速度加快，传染期加长。另一个支持气候与空气传播带菌者的疾病之间有密切联系的证据是与厄尔尼诺事件有关的更加暖和、更加湿润的环境与疟疾、登革热、里夫特裂谷热之间的联系，部分原因涉及其他生物物理学和流行病学因素（Linthicum et al., 1999）。

Harvell et al.（2002）的研究也显示，陆生野生动物体内的 Helmith 寄生虫将虫卵或自由生长阶段的虫体释放到环境中或利用无脊椎动物胁迫寄主。Helmith 寄生虫容易在其生命周期的几个阶段受到气温和湿度变化的影响。

随着气候的变暖，尽管绝大部分寄主 - 寄生虫系统将会经历更加频繁或更加严重的疾病影响，但也有一部分病原体可能随着气温升高而减少，使寄主远离疾病。比如，壶菌引起的家畜流行病的地理分布目前受到环境要求的限制，这种疾病要求有凉爽的、潮湿的、高海拔的条件，因此，这种病原体可能是几种随着气候变暖而减少疾病扩散的病原体之一（Harvell et al., 2002）。

厄尔尼诺 - 南方涛动（El Nino-Southern Oscillation）的变化已经明显影响到了海洋和陆地病原体发病，包括珊瑚虫病、牡蛎病原体、作物病原体、里夫特裂谷热和人类霍乱。为了提高我们预测野外物种传染病的能力，我们应该将多种气候变化因素对疾病的单独影响和交互式影响区别开来。气候变暖以几种不同的方式已经并且将要改变疾病的严重性或流行性。在温带，冬季将会更短、气温将会更温和，这就增加了疾病的传播率。在热带海洋，夏季更加炎热，可能使寄主在热度的压力下更加容易受到影响。两栖动物壶菌、鱼类冷水病和昆虫真菌病原体等几种类型的疾病随着温度的升高，其流行的严重性则将会降低（Harvell et al., 2002）。

显而易见，全球变暖已经成为全球范围的重大问题。它需要政府、行业、社团和个人共同努力来应对这个十分紧迫而涉及范围又十分广泛的工作。

第二篇

坚持生态优先、
绿色发展

鲁能关注的重点

鲁能文昌山海天小澳湾

2015 年应当是地球历史上值得纪念的一年，这一年人类重新设定了地球的运行轨道，从退化开始向可持续转变。世界各国领导人通过了 2030 年可持续发展议程，该议程涵盖 17 个可持续发展目标（包括了 169 项具体目标，简称联合国可持续发展目标）。

气候变化导致的生物多样性问题受到全球关注，节能减排成为全球性的重要任务。全球也达成巴黎协定，承诺通过"国家自主贡献"将由于二氧化碳和其他温室气体的排放导致的气候变化控制在 1.5℃。

2015 年，习近平总书记在气候变化巴黎大会上向全世界承诺，中国在"国家自主贡献"中提出，将于 2030 年左右使二氧化碳排放达到峰值并争取尽早实现，2030 年单位国内生产总值二氧化碳排放比 2005 年下降 60%～65%，非化石能源占一次能源消费比例达到 20% 左右，森林蓄积量比 2005 年增加 45 亿 m³ 左右。

全球还有许多相关的国际公约，比如《生物多样性公约》（该公约推动了大量保护生物多样性的行动，包括正在中国实施的各个省级的生物多样性战略和行动计划）、《世界遗产公约》（中国拥有 35 项文化遗产、11 项自然遗产及 4 项自然和文化双遗产，世界遗产地数量位列全球第二）、《关于特别是作为水禽栖息地的国际重要湿地公约》（即《国际重要湿地公约》，又称《拉姆塞尔公约》，在这个公约中，中国共有 49 个湿地被列入国际重要湿地名录，总面积 400 万 hm²）和《濒危野生动植物种国际贸易公约》（该公约对于减少国际贸易导致的非法狩猎发挥了重要作用）。

中国一直以来积极参与这些国际协定，在这些国际重要事务上履行大国的义务。同时，中国也积极执行着涉及与更加广泛的土地利用相关的国家法律法规，如《自然保护区条例》和《野生动物保护法》等。中国在生物多样性保护上显示了坚定不移的信念和脚踏实地的行动。

但是，目前中国的生物多样性保护工作基本上局限于专门从事保护的部门（环保部的生态保护司、国家林业局的野生动植物保护司、农业部的水生野生动物保护办公室和草原处等），而和生物多样性状况最直接相关的却是经济发展相关的部门，如从事农业、工业、交通、贸易、中医药、进出口、水资源管理等的部门。这些部门的决策和行动直接对生物多样性造成影响。这些部门是最应该在其制订规划和实施计划中考虑生物多样性保护问题的，但往往事与愿违，保护工作得不到优先落实，这导致了缺乏政策来鼓励对生物多样性有利的经济发展技术和措施进行研究。经济的发展不一定总是以生物多样性的丧失为代价，很多工程开发如果采取适当的措施可以大大降低对生物多样性的影响。比如，择伐对生物多样性的影响往往不是因为砍伐本身，而是因为砍伐后深入森林的道路有利于人类的进入，导致偷猎、采集和干扰大大增加，最后导致生物多样性的严重破坏，因此在这种情况下，如果能够及时关闭道路（甚至毁掉道路），可以大大有利于生物多样性的维持。

因此，如何让经济发展部门能够更多地考虑生物多样性的保护是目前最紧急的工作，在战略环评和环境影响评价中充分地加入对生物多样性的影响的评估，将可以部分实现这样的目的。经济发展部门和企业应当更多地寻求生物多样性保护专家的指导和帮助，可以避免很多对生物多样性的影响，实现企业的环保社会责任。

鲁能集团成立于 2002 年 12 月，为国家电网公司全资子公司。企业定位为"泛产业地产发展商和清洁能源投资运营商"。

鲁能泛产业地产立足"生态、健康、运动、娱乐、科技"五大发展维度，推出商业地产（品牌：鲁能城、美丽汇）、文旅地产（品牌：鲁能胜地）、体育地产（品牌：鲁能泰山 7 号）、美丽乡村（品牌：鲁能领秀庄园）、鲁能民生绿色家园（品牌：鲁能领秀城、鲁能星城）产品线，积极开展健康地产（品牌：鲁能泰山 9 号）、科技地产（品牌：鲁能硅谷）产品线研发工作，着力构筑具有鲁能特质的差异化竞争优势，已经在全国 23 个城市发展起来。

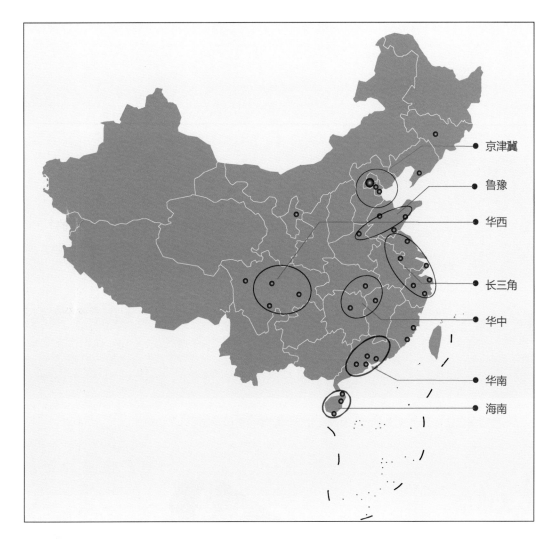

京津冀

鲁豫

华西

长三角

华中

华南

海南

鲁能地产布局

鲁能清洁能源以全球能源互联网思维为理论指导，围绕国家电网公司特高压网架建设计划，加快发展陆上风电项目，积极发展光伏发电项目。目前，公司在内蒙古、河北、甘肃、新疆、江苏等地区运营风电、光伏发电项目，总装机容量 117.5 万 kW；在山东菏泽运营彭庄、郭屯两个煤矿，年产能 350 万 t。

鲁能公司成立以来，为国家创造财富，累计纳税约 243 亿元，累计捐助社会公益事业 2 亿余元，创造就业岗位 10 万余个。公司连续多年被中国企业联合会、中国企业家协会评为"最具影响力企业""最具成长性企业""最佳诚信企业"。"鲁能"商标连续多年被评为"中国十大公众认知商标"，2004 年被国家工商总局认定为"中国驰名商标"，并获得 2009 年度"中国最具市场竞争力服务商标 60 强"和 2009 年度"中国品牌社会责任贡献奖"。2010 年被山东省政府记集体一等功，2014 年被评为"AAA 级信用企业""重合同守信用企业"，"2014 年度中国责任品牌地产"，2015 年荣获"第四届全国文明单位"称号。

2016 年，住宅地产完成开工面积 612 万 m²，销售面积 475 万 m²，实现销售额 646 亿元，增长 220%，增幅居地产百强首位；排名较上年晋升 23 位，居行业第 18 位、地产央企第 5 位。商旅地产完成开工面积 63 万 m²，增长 10.9%；竣工面积 84 万 m²，增长 653%。清洁能源发电量 14.5 亿 kW·h，增长 15%。

鲁能公司于 2016 年 4 月 22 日（地球日）提出了"生态优先、绿色发展"的发展理念，并在公司各个项目地积极开展起来。涉及鲁能传统的能源行业快速转向清洁能源，地产建筑和运营过程中逐步推行绿色建筑，

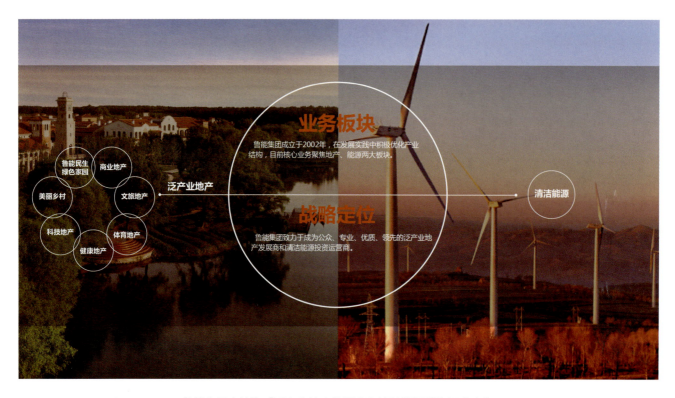

鲁能集团定位为"泛产业地产发展商和清洁能源投资运营商"

理念指引——**5**大维度

健康

娱乐

科技

运动

生态

鲁能集团泛产业
地产发展的 5 大
维度

而生态优先在鲁能集团的发展战略中占据越来越重要地位，特别是与鲁能胜地和美丽乡村紧密相关。

- 鲁能胜地（文旅），围绕生态共生、和谐相处、可持续发展的目标，坚持以人为本、生态为根、文化为魂、参与互动的原则。
- 领秀庄园（美丽乡村），集国家农业公园、会员制庄园、有机农场、农业主题休闲于一体，促进农业产业升级，为都市人群提供回归自然的微度假生活，让人们看得见山、望得见水、留得住乡愁。

在胜地和美丽乡村的所有项目地都全面涉及自然生态和当地物种的保护、退化生态环境的恢复、生态农业、生态旅游等方面。

第二篇围绕鲁能集团在"生态优先、绿色发展"前进道路上，已经和即将涉及的栖息地保护、物种管理、生态恢复、生态农业、生态旅游、绿色能源、绿色建筑等几个方面，对相关的国内外发展状况、未来趋势、政策和关键技术等进行全面的介绍，给鲁能"生态优先、绿色发展"提供参考和比较。

第四章
栖息地保护

第一节　生态系统方法

　　鲁能胜地和美丽乡村（通常为几十平方千米面积的地方），在发展住宅地产、商业地产的同时，可以将生态旅游和生态农业融合在一起，这样的地方都根据"生态优先、绿色发展"战略，首先需要围绕每个项目地的生态保护目标，确保项目地维持和恢复其应有的生态服务功能。

　　从提升项目地整体生态系统服务功能、给地产发展提供更加可持续能力的角度，管理这样的项目地，首先需要遵循生态系统管理方法的原则。《生物多样性公约》的生态系统方法原则及附带的用户手册，目的就在于保护大型景观（SCBD, 2004）。

专栏5　生态系统方法的原则

　　原则1：土地、水和生物资源的管理目标是一个社会选择问题。

　　原则2：应将生态系统管理权下放到最低的适当层面。

　　原则3：考虑生态系统管理活动对相邻和其他生态系统（实际和潜在）的影响。

　　原则4：认识到潜在的利益，从经济背景下管理生态系统。这项工作涉及消除对生物多样性有着不利影响的任何市场扭曲现象；调整奖励措施以促进生物多样性保护和可持续利用；只要可行，尽量在特定生态系统范围内计算成本和效益。

　　原则5：生态系统方法的优先目标是保护生态系统的结构和功能以维持生态系统服务。

　　原则6：在生态系统的功能限度内管理生态系统。

　　原则7：应在适当的时空范围内应用生态系统方法。

　　原则8：生态系统过程的特征具有不同的时间尺度，应当设定长期生态系统管理目标。

　　原则9：承认生态系统的某些变化是不可避免的。

原则10：在应用生态系统方法的过程中，寻求生物多样性保护和生物资源的可持续利用之间的适当平衡。

原则11：管理生态系统时，考虑所有形式的相关信息，包括科学知识、乡土知识、创新做法和实践。

原则12：应用生态系统方法时，应让所有相关的社会部门和学科参与进来。

原则13：遵循预防原则。逐步缓慢开发，以确保发展始终处于安全限度范围内。

注：上述原则1～原则12由《生物多样性公约》制定，原则13由本书作者添加。

管理良好的受保护项目地与周边土地之间的生态链接，能够让这些地方为当地及更广范围的人民提供更多重要的生态系统服务功能（Miller et al., 2012）。在开展这样的项目地管理的时候，普遍存在以下管理方面的问题。

开展项目地管理时普遍存在的管理问题

(1) 项目地缺乏清晰的生态管理目标；

(2) 缺乏基线数据，没有对管理或对外部威胁对生物多样性的影响进行监测；

(3) 缺乏连通性，未将项目地纳入更大的景观；

(4) 用道路和围栏来进行管理，而不是采用生态系统管理方法；

(5) 在项目地中心划定核心区，而不是根据生态标准来确定核心区；

(6) 大型办公地远离项目地，而不是位于管理所在的现场；

(7) 使用不适合的生态补偿系统，而不是使用能够真正支持项目地目标的有效系统；

(8) 在错误的地方种植错误的树木，而不是鼓励自然再生；

(9) 建立不必要的救护、繁殖中心和博物馆，而不是专门针对项目地具体情况设计游客信息展示方式。

因此，在项目计划开发以前，需要开展生态状况的评估，制定生态保护的计划，这个过程中最重要的工作包括以下内容。

开展生态状况评估、制定生态保护计划的主要内容

(1) 确定对生态系统存在的威胁及其驱动因素；

(2) 确定管理方面存在的障碍；

(3) 设计一系列措施、计划，消除这些障碍；

(4) 监控这些措施、计划的执行情况；

(5) 监测项目地受到的影响；

(6) 相应地改变管理措施；

(7) 在安全方面出现错误，应遵循预防原则。

针对问题等，最安全的管理措施包括以下内容。

最安全的管理措施

(1) 使受保护的规模和连通性最大化；

(2) 停止或控制狩猎和采集；

(3) 使栖息地多样性最大化；

(4) 最大限度减少外来入侵种；

(5) 将敏感地方划分出来，免受危害；　　　　　　(6) 在利用或开发审批方面采用预防原则；

(7) 以书面形式记录下所有决定；　　　　　　　　(8) 需要时聘请专家小组并给他们明确的工作职责。

第二节　建立自然保护地

自然保护地是为实现特定保护目标而被指定、监管和管理的特定地理范围。目前广泛使用 IUCN 的定义：自然保护地是"一个通过法律或其他有效手段予以承认、命名和管理的，具有明确边界的地理空间，以便长

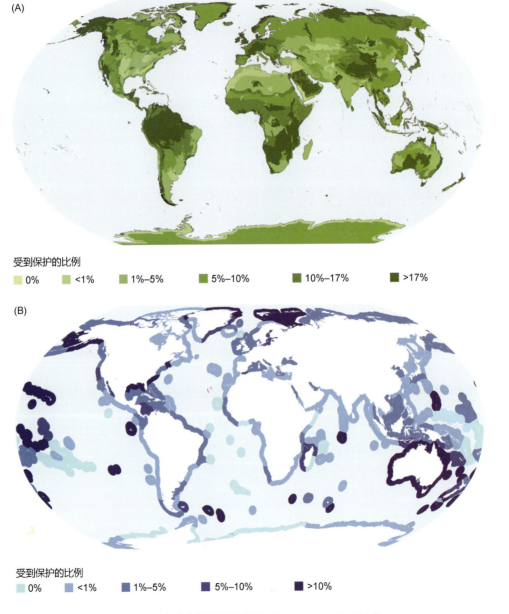

(A)

受到保护的比例

■ 0%　■ <1%　■ 1%–5%　■ 5%–10%　■ 10%–17%　■ >17%

(B)

受到保护的比例

■ 0%　■ <1%　■ 1%–5%　■ 5%–10%　■ >10%

图 4-1　全球自然保护地现状 (Watson *et al.*, 2014)

期保护提供相关生态系统服务和文化价值的大自然"。IUCN 为海洋保护地提供了不同的定义：海洋保护地是"在潮间带或潮下带陆架区域，包括其上覆盖的水体及相关动植物群落、历史及文化属性，通过法律或其他有效手段划定范围，以保护其中部分或全部的环境"（Dudley, 2013）。这些定义也可适用于被保护的地点，如果这些地点得到有效管理并有助于保护景观时。

2010 年，《生物多样性公约》的近 200 个缔约国达成了 2010—2020 年战略计划，包括关于自然保护地的爱知目标 11 在内的一系列目标。爱知目标 11 要求：到 2020 年，至少全球陆地和内陆水域的 17% 以及沿海和海洋区域的 10%，尤其是生物多样性和生态系统服务功能重要的区域须得到保护，建立起得到有效、公平管理的，具有生态代表性和连通性的自然保护地体系，并采取其他有效的区域保护措施，将其融入更大的陆地和海洋景观保护之中。

中国第一个自然保护地建立于 1956 年，经过 60 年的发展，中国已建立起了自然保护地体系（**表 4-1**）。

类型	总数量 / 个	国家级数量 / 个	第一批建立时间（年）
自然保护区	2740	446	1956
风景名胜区	962	225	1982
森林公园	3234	826	1982
地质公园	485	240	2001
湿地公园	979	705（含试点）	2005
水利风景区	2500	719	2001
沙漠公园	55	55（含试点）	2013
海洋公园	33	33	2011

表 4-1 我国自然保护地基本情况

注：资料来源于《全国生态旅游发展规划（2016—2025 年）》。

到 2017 年 2 月，全国共有 2740 处自然保护区，总面积为 1 470 300km²，约占陆地面积的 14.8%，其中有 446 处国家级自然保护区，面积 964 900km²。

IUCN 根据保护地的主要管理目标，把保护地管理分为 6 类（**表 4-2**）。针对 IUCN 制定的这 6 类保护地，根据保护和利用的不同目的，可采用不同的管理方法和要求，有利于解决保护地体系存在的各种问题，特别是缓解保护与发展之间冲突的压力（IUCN, 1994）。

类别代码	类别名称	主要目标
类别 Ia	严格自然保护区	主要用于科研的保护地
类别 Ib	原野保护地	主要用于保护自然荒野面貌的保护地
类别 II	国家公园	主要用于生态系统保护及娱乐活动的保护地
类别 III	自然纪念物	主要用于保护独特的自然特性的保护地
类别 IV	栖息地 / 物种管理区	主要用于通过积极干预进行保护的保护地
类别 V	陆地 / 海洋景观保护地	主要用于陆地 / 海洋景观保护及娱乐的保护地
类别 VI	资源保护地	主要用于自然生态系统持续性利用的保护地

表 4-2 IUCN 保护地管理类别

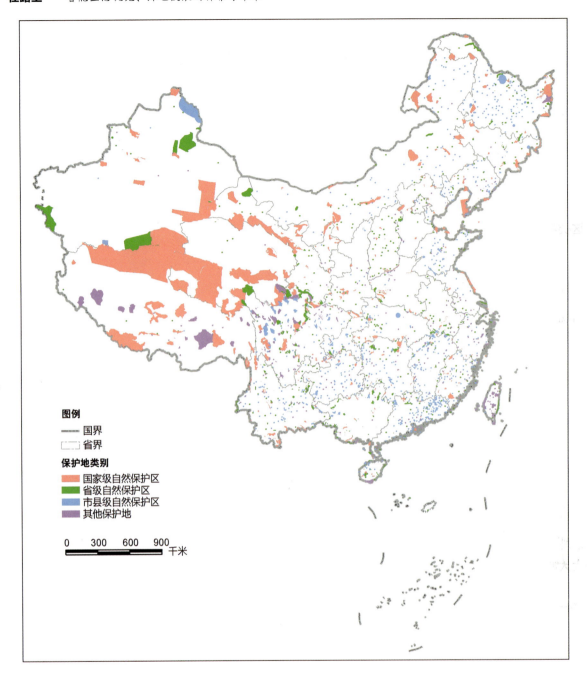

图 4-2 中国的自然保护地

在已有的大量不同类型的自然保护地之外，一种新的保护地形式在中国开始推行，那就是社会公益保护地（civil protected areas），即有社会力量（包括公益组织、企业、当地社区、私人等）参与建立和管理的自然保护地，在鲁能胜地和美丽乡村项目地，可以划出那些生物多样性最重要的区域，以社会公益保护地的形式，建立鲁能的自然保护地。这一类保护地往往是 IUCN 自然保护地管理类别中的类别 V 或者类别 VI，即可以用于娱乐或者自然资源可持续利用的保护地。

第三节　建立生态系统的连通性

保护走廊是为了解决栖息地破碎化这一严重问题的方法。破碎化是指将一个景观内的栖息地、生态系统或土地利用类型分割成较小的斑块，因而降低了当地物种的有效种群规模。绿色经济需要在景观层面上实现生态系统的保护，这意味着景观内的保护地需要用土地利用方式能够兼容的方法，如与由企业保护的地区进行连通。

这种连通性区域通常被称为"保护走廊"，通常认为这是一个特定生境类型的，与相邻土地不同的，连接两个自然保护地的条状地带。这类走廊具有重要的生态功能，包括增加重要物种的有效种群规模，维持如大象这类物种的历史迁徙路线在更大景观中的完整性。一条走廊也可以是包括一系列断开的小片生境，起到垫脚石一样的作用，具有类似的连通功能。

连通性是物种管理的必要措施，确保单个湿地或森林中的组成物种种群，能够在遗传上保持与各自物种的其他种群之间的基因交流。如果没有这种连通性，被隔离的小种群将因为近交衰退而导致种群逐步萎缩，一旦出现任何随机或灭绝性灾害时，很容易地区性灭绝，而且很难恢复。

许多物种需要在不同的森林、湿地、草地或其他栖息地类型之间进行季节性迁徙。这种迁徙小规模的可以像青蛙从周围森林里出来，在池塘中交配产卵；或者大规模的像海洋鱼类，如鲑鱼或鳗鱼，需要进入冷的淡水中，到上游河道里产卵繁殖。

专栏6　栖息地破碎化对大熊猫的影响

大熊猫栖息地的分割，导致大熊猫难以抵御气候变化、自然灾害和人为干扰，包括正常的周期性环境变化，如每隔 $60 \sim 70$ 年的竹子大面积开花。竹子大面积开花是竹子这种物种维持其长期生存的策略，因为依赖竹子，特别是竹笋为生的物种很多，旺盛的竹林养育了各种大量的动物物种。动物数量过多最终会抑制竹子的生长。大面积的竹子开花和枯死，导致这些动物个体死亡和转移到其他地方，从而会大大减少当地物种的数量。但在一个地方不会是所有的竹子都同时开花，因而总会有一定数量的个体保存下来。竹子通过有性繁殖使自己的遗传多样性得到复壮，因此，当地食竹子动物数量的急剧减少为竹子的旺盛生长提供了条件。几十万年来，大熊猫适应了竹子大面积开花的正常生态周期。在正常状况下，某地竹子大面积开花反而有利于促进大熊猫迁移和种群之间的交流，有效防止近交衰退，并淘汰老弱病残个体，促进了大熊猫种群的繁衍。但是，栖息地的分割和减少却使大熊猫在当地竹林大面积开花时，没有地方可以迁移而导致大量死亡，使这种周期性自然过程变成了可能导致大熊猫绝灭的灾难性事件。被分割的栖息地面积越小，这种危险性越大。

许多迁徙水鸟，它们每年从其北极繁殖区飞到亚热带冬季采食越冬区，甚至更远的到澳大利亚和新西兰。这些物种在途中需要停歇地，在所谓的"迁飞路线"途中补充食物或者休息。

这些候鸟迁徙途中的垫脚石的丧失，给迁徙物种生存带来了巨大压力，使得在剩余地点候鸟过度拥挤，也使候鸟不得不在日益稀少、路途遥远的中转站之间飞行更长的距离。

大坝、围堰和其他障碍物对于需要在水道的上下游之间进行迁徙的物种来说构成了严重障碍，虽然如果把水库管理好可以帮助缓解这个问题。

　　一些项目地管理人员认为需要在每个保护地周围设置栅栏，将人和家养动物挡在外面，使野生动物可以更好地在里面生活。可能有些情况下确实需要设置围栏，但一般来说，设置围栏的观念是过去老旧的隔离自然保护地观念。现代的观念是，保护地管理必须要纳入更广的景观范围进行规划。野生动物需要更大的景观，享受连通带来的好处。栅栏很贵，需要经常维护，也会对野生动物造成伤害。栅栏可能有利于阻止人或家养动物进入保护地的敏感地带，但是，用栅栏把人类排除在外的想法通常没有什么帮助。最昂贵的栅栏可以因为一根杆被锯掉而变得毫无用途。

图 4-3　围栏阻断了野生动物的迁移

　　保护需要不止于保护地的边界，被保护的地方不应被其周围的人类社区视为专用封闭区域。保护地起到安全港湾的作用，鸟类、鱼类和其他动物等可在此休息、进食或繁殖，但它们大多数并不会被限制在保护地边界以内活动，而经常会冒险到附近的保护地、农田、草地、其他湿地，甚至到城区去觅食。

第四节　保护湿地

　　《国际重要湿地公约》（《拉姆塞尔公约》）中将湿地定义为：天然或人工、长久或暂时性的沼泽地、泥炭地或水域地带，拥有静止或流动的淡水、半咸水或咸水，包括低潮时水深不超过 6m 的水域。公约还指出，湿地还可包括与湿地毗邻的河岸和海岸地区，以及位于湿地内的岛屿或低潮时水深超过 6m 的海洋水体。中国目前有 49 个国际重要湿地。

　　以下是中国的主要湿地类型。

（一）湖泊

　　湖泊是在洼地中形成的大型水体，通常由来自一个或多个流域的河流或溪流供水，通常通过其他河流或溪流排水，直到最后进入大海（也有一些湖泊只有内部排水系统，如青海湖）。

　　中国境内湖泊众多，从高海拔地区到沿海低地，特征千差万别。一些高原湖泊有各种盐度。湖泊养育了各种各样水生动植物，在不同河流流域中有不同的特有物种。许多珍稀和特有物种在中国的分布范围非常狭窄，如果我们希望保护大多数水生物种，大量湖泊需要得到保护。

（二）水库

　　水库是因各种不同水文原因（蓄水、防洪、灌溉、发电等）而修建的人工湖泊。许多水库成为对生物多样性非常有用的地方，常常被用于多种目的。考虑到这些水库是非天然的，可以通过一些工程或种植特殊植被、引入多种当地野生动物和其他管理措施，管理者有更多空间来改善其生物多样性功能。

（三）池塘和河沟

人造池塘和河沟属于小型湿地，有时可能是临时的，容易被植被填满。因此，它们需要定期维护和清理，才能保持其原始功能。即使是天然池塘也会随时间而发生变化，因为它们会逐步被沉积物和野草填满。管理者必须决定如何最好地实现湿地目标，是允许自然演替过程继续改变湿地，还是按照某些预想状态的需要来管理植被和水流。

（四）海岸生境

中国的海岸线很长，构成了虽然狭窄但对很多生物多样性来说十分重要的生境。泥滩、沙滩、悬崖、砾石海滩、沿海沼泽和红树林均含有种类非常不同但丰富的软体动物、甲壳动物、鱼类和植物。它们是涉禽和其他鸟类的重要觅食地，对于每年从北方的繁殖区到热带越冬区之间的迁徙的鸟类来说，是十分重要的中转站。许多种类的海鸥和涉禽沿着海岸线筑巢，像海豹这样的海洋哺乳动物也沿海岸繁殖。

海岸生境生产许多人类所需的食物，为鱼塘提供场地养殖鱼类和甲壳动物。海岸植物帮助固定被内陆大河带下的冲击泥沙。这些被植物拦截的冲积物逐渐积累，形成适于农业的新的肥沃土地，甚至形成沿海城市（如上海和厦门）。

（五）海洋生境

中国的海洋范围从北部的寒温带海域、半封闭的渤海海域、东部海域，一直到西沙和南沙群岛的热带珊瑚礁。

北部海域给海豹等海洋哺乳动物、多种海鸥和其他鸟类提供生境，而水下生活着大量金枪鱼、鲭鱼、鱿鱼和鲈鱼等。南方五颜六色的珊瑚礁花园里，生活着五颜六色的鱼类、奇怪的软体动物、海豚、鲨鱼和海龟等。

中国的海洋为人类提供了大量的鱼类、软体动物、螃蟹、虾和海参。许多昂贵的菜品依赖于这些动物的持续供应，如鲍鱼、苏眉鱼和海马等。

（六）保护河流集水区

湿地依赖其水源，包括降水、溪流和河流、地下水位和潮汐。这些水源的保护需要涉及其上游数百千米的溪流和河流流域，也需要让足够的水能够通过大坝、分水渠和水井等人造障碍物。中国已经制定了很多关于保护和改善水域功能的政策。在宏观层面上，环保部确定了重点生态功能区，主要是因为它们在保护水源中的作用。各级政府也正在制定生态红线规划，在红线范围内，为了维持其生态系统服务，尤其是水源保护功能，开发的范围和类型都受到限制。同时，中国的大部分区域属于禁伐区，国家林业局也正在开展天然林保护和植树造林工程，目的都是为改善水源地状况。

专栏7　森林保护对水源的作用

树木在改善水源保护功能方面发挥着巨大作用。森林有利于形成土壤，土壤和树根的渗透性使得土地表面更易于雨水渗透，保证更多水分能够储存到水源地海绵体中，更少的水冲刷入洪水泛滥的河流。枯枝落叶和森林下层植被可以保护脆弱土壤免于被破坏而被降水冲走。因此，上游的森林以多种方式对湿地发挥作用：

- 通过提高土壤渗透力，可以在丰水期减少洪水，在枯水期增加水量；
- 通过促进土壤形成和保护土壤，可以改善水源的质量和清洁度，保证水源经过过滤，更加干净和健康；
- 枯枝落叶的分解增加溪流和湖泊营养，给许多食物链提供食物基础；
- 保护上游水道免受阳光照射，确保水更凉爽、含氧量更高。

湿地管理者必须了解并理解湿地的水来源，推动保护上游水源地的森林，考虑由于物理筑坝、从湿地系统排水或抽水，以及进入湿地系统的污水或泥沙淤积等因素引起的对水源的威胁。

中国许多地方缺水。甚至在海南，这个被称为常绿湿地森林生态系统的地方，人类的用水速度也超过供应量，水库水面和地下水位正在不断降低。在大量的用户群体中，湿地管理者只是其中一个渴望使用同样有限水源的用户。当地政府必须利用常识和公平来决定谁获得多少水，湿地管理者需要有足够强大的论据来支持需要充足生态水量的理由。确保生态水量的关键，通常在于国土资源和发改委的地方机构制定和实施综合的土地利用规划。

第五节　建设过程中最小化生态破坏

道路、运河、架线塔、输电线、风电厂、太阳能电厂、矿山、铁道和许多其他形式的基础设施都可对生物多样性造成负面影响。但是基础设施建设和运营的良好管理可以最大限度地降低负面影响，这可称为绿色施工。还可能投资保护类似栖息地，来抵消由于施工对栖息地带来的负面影响。

在一个项目地的一些开发计划强度太大，将因为过多的活动、建设、游客数量、噪声和一般干扰，降低该区域的自然价值和美丽度。

中国山区的道路施工常常涉及破坏高一侧山体，并将碎石倾倒到低一侧的斜坡上（**图4-4**）。高一侧这边将长久成为水土侵蚀的来源，而低一侧的斜坡上的植被需要几十年才可能恢复。

过多的游客，造成的噪声、垃圾等的产生以及所需的额外设施建设，将吓跑残余的野生动物，给脆弱的栖息地带来更多的破坏。

图4-4　中国的山区道路施工对山体和植被产生影响

第五章
物 种 管 理

第一节　确定生态系统关键物种

很多物种对生态系统和湿地环境的作用相对更大。但如果不注意并采取一定的保护措施，我们很容易失去这些物种及其免费给我们带来的效益。有用物种可以分为以下常见的几类。

A. 虫鼠害防治物种 —— 猛禽、以昆虫为食的动物、蛇类、两栖类、鱼类

B. 传粉物种 —— 蜜蜂、蝴蝶、蛾类、甲虫类、蝙蝠

C. 保护性和挡风物种 —— 林带、林地、邻近森林

D. 帮助土壤形成的生物 —— 蚯蚓、分解者、真菌等

E. 野生食物 —— 蕨类植物、蘑菇、水果、可食叶等

F. 药用物种 —— 人参、虫草、夏枯草等

G. 特殊用途植物 —— 纤维、竹子、染料用植物，用于包装、烹饪和茅草屋顶的树叶等

H. 林地物种 —— 薪材来源、蘑菇、药用植物、墓地植物等

I. 土壤增肥物种 —— 固氮豆类等

J. 家养物种的野生近缘物种 —— 小麦、大米、鸭子、丛林鸡等

一、净化水的服务

水净化功能是湿地和其他重要生境最重要的生态功能之一。净化媒介为泥土中的多种细菌及其他微生物，但很大一部分净化是通过水螅、软体动物、蠕虫等滤食生物完成的。其他软体动物和一些鱼类也会食用很大一部分会以其他方式覆盖和污染湿地的藻类。陆地生态系统也具有重要的净水功能，起到作用的包括森林、地表植被、枯枝落叶、打洞的动物、土壤动物和微生物等。

图 5-1　一些关键物种——传粉者和昆虫捕食者对生态系统健康非常重要

专栏 8　青藏高原的鼠兔对水源保护具有重要作用

　　青藏高原上有一类常见的动物——鼠兔，它们长得像老鼠，但实际上却属于兔形目。鼠兔在青藏高原上大量存在，被作为一类害兽遭到大量屠杀。实际上，鼠兔主要在洞里生存，它的洞为鸟类和其他的野生动物提供了生存的环境；同时，鼠兔是很多捕食性的鸟类的天然食物，大量的食肉动物甚至是熊，都吃鼠兔，鼠兔的存在养活了很多其他生物。

图 5-2　青藏高原鼠兔对水源保护具有重要作用

　　另外，鼠兔不仅仅作为食物链的成员非常重要，在水保持方面也发挥着重要作用。鼠兔的洞穴具有重要的储水功能，有科研人员做过研究，把一吨水倾倒在鼠兔非常少的地表，水很快就随着地表流走了。但是，有健康鼠兔种群存在的地方，一吨水下去，基本上在地表没有径流，全部渗透到了地下，这些水在未来干旱的时候，可以为下游或者其他地方提供水分。

二、传粉媒介

物种之间的关系是生态系统自我更新最重要的基础，很多野生动物在为植物传花授粉，同时控制病虫害，分解枯枝落叶，把营养返回到土壤。这些过程都是生态系统维持下去非常重要的基础。以传花授粉为例，世界75%的主要作物和80%的开花植物都依赖于动物传粉，传粉动物15%是家养蜜蜂，80%是其他的野生蜜蜂或其他的动物。如果排除蜜蜂类，当地传粉者一年对美国农业贡献的价值可以达到41亿美元，在全球这个价值达到540亿美元。

应当定期进行监测，确定传粉媒介物种的种群得到适当维持，如果物种开始衰减和消失，那么就需要确定问题的原因并扭转这种趋势。

农业中杀虫剂的广泛使用被怀疑为很多这类物种全球种群缩减的主要原因。

图 5-3　油茶地蜂对油茶花粉如痴如醉，
是油茶花期主要传粉昆虫

虽然欧洲为大多数传粉媒介物种建立了大量的自然保护地、提供了良好的栖息地和健康的蜜源植物，但据报道，蜜蜂、蛾类、蝶类及多个其他物种仍发生了令人担忧的衰减。洞穴的破坏和住宅屋顶结构标准的提高是蝙蝠大量损失的原因之一。

一些地区的传粉动物过于稀少，以至于无法充分给农业中的蔬菜和水果作物传粉。现在农业有时候减产，不仅仅是因为土地肥沃程度降低，也因为生物多样性降低了。

专栏9　促进传粉动物种群数量的方法

全世界有25 000种蜜蜂，所有的传粉动物超过了40 000种，包括太阳鸟、捕蛛鸟、蝙蝠、蛾类、蝶类、苍蝇、甲虫类等。有很多促进传粉媒介的方法可以帮助增加它们在自然界的数量：

A. 促进蜜蜂在项目地筑巢；

B. 种植受蜜蜂青睐的花蜜型灌木以促进传粉动物野生种群增长；

C. 与当地农民达成协议，降低对杀虫剂的依赖；

D. 种植特定蝴蝶和蛾类的宿主植物；

E. 在空心树、洞穴等中设置蝙蝠巢箱供蝙蝠栖息繁衍。

三、种子传播

各类种子植物需要通过多种不同的种子传播机制来传播种子、开拓新的栖息地并保证生态系统的丰富性。例如，包括红树林植物在内的一些植物的种子撒到海里，依靠潮汐作用在潮间带移动。柳属、杨属等的树木利用风力传播种子；很多其他植物的种子上有小钩，可以附着在路过动物的皮毛或人的裤子上，从而靠动物或人无意中传播；栎树（栎属、石栎属）或栗树（栗属）等能长出食用坚果的树木通过松鼠或松鸦埋藏、储藏或撒落果实，帮助这些物种的传播；有甜果的树木和灌木需要吸引果食鸟类或哺乳动物将果实带到高处或吃下果实后由粪便排出。

果树与果食动物之间的这种相互配合是天然造林和森林空缺填充的重要途径，而且能带来大量的植物物种和果食动物，从而极大地提高生态系统的多样性和吸引力。

如果没有食果的鸽子、椋鸟、拟啄木鸟、八哥、成群的小绣眼鸟（绣眼鸟属）和各种松鼠，无花果树、山楂、花楸、柿子、野生李子、马缨丹和多种集群灌木（悬钩子属、接骨木属等）等植物会很快消失。

彩色的啄花鸟以槲寄生（栎寄生属）的黏稠水果为食。一些种子会被它们的嘴喙钩住，它们有时会把特别黏稠的种子从嘴喙甩到树枝上，这种习惯可以使种子转移到其他地方生根。槲寄生的花也会吸引美丽的小太阳鸟。

由于蝙蝠在夜晚最活跃，因此蝙蝠在维持花卉多样性方面的作用往往被忽视，但它们对于玉蕊属红树植物及其他树木的羽状花卉传粉非常重要。大型蝙蝠喜食水果，它们采摘大果后运到方便的地方慢慢享用。榄仁属的芒果、一些大无花果和番木瓜几乎完全靠蝙蝠传播种子。高度依赖蝙蝠的植物往往生有悬垂的水果，这些水果很容易被颠倒摄食的动物取到！

悬伸于水道之上的一些果树（如野生无花果树）依靠鲶鱼食用掉落的水果从而将种子传播到上游岸边。

第二节　圈养和重引入

中国不断地失去一些重要而有价值的物种。白鱀豚最近宣告功能性灭绝，而巨型软壳龟 —— 斑鳖，在全球只剩下三只。中华鲟或许在野外已经灭绝，而极度濒危物种还包括江豚、几种鲟类和大型澜沧江鲶鱼等。

虽然大部分物种和所有生态系统功能都通过就地保护和栖息地健康恢复得到了很好的保护，但也有一些已经或行将灭绝的野生物种只能通过圈养繁殖和重引入加以挽救。当然也有过度投资和过度依赖维持圈养种群的实例，其中包括老虎、大熊猫等。

现在，一些鱼类因为无法从成年摄食区域到其传统的上游育种河流，而导致区域灭绝。这种情况就需要引入并实施圈养繁殖和重引入技术。

一、重引入

重引入是试图在某个地区内引入曾生存于该地区但已在该地区灭绝的物种。

由于湿地长期处于动态变化之中，因而面临着本地物种快速周转的问题。当遇到极端天气或水被引走的时候，湿地会失去一些物种。在自然界中，物种可以通过快速迁移，转移到合适的栖息地或者开拓新的栖息地。但是这一点往往在中国不再成立，因为中国的大多数湿地都碎片化了，与整个水系的连接不畅。因此，需要建立一些人工辅助场所，通过监测、控制和（如需要）重引入政策来维持或实现最多样化、最合适的生物群落。

重引入鱼类、植物和一些昆虫较为容易，但对于一些脆弱的鸟类和哺乳动物而言可能非常困难。

IUCN 物种生存委员会有专家组负责重引入，定期出版相关方法和指南（IUCN/SSC, 2013）。

当然也要避免把重引入当做要求增加建筑、人员和设施预算的借口，很多情况下是不需要做重引入的，开展重引入工作应该充分证明其必要性。

重引入有以下两种方式。

第一种是迁移，即在一处捕捉个体并在另一处释放。为了恢复被人为分隔的种群之间的联系或为已灭绝本地种群补充种源时，可以采用这种方法。例如，以前完全连通的湿地现在被水坝、围堰或污染水体分隔，导致很多物种无法生存，可用迁移方式重引入。

在进行迁移时，务必尽量缩短鸟类或哺乳类动物的圈养时间。只需要简单地确认它们身体健康而且能在新家照顾好自己就行了。应当将动物放在箱子或宽松的布袋中以减小它们的精神压力，以免它们在挣扎过程中伤害自己，而且它们因此看不见人类、狗、汽车等，避免引起惊慌。

第二种重引入方式是圈养动物释放，或者是受伤被救的野生动物在圈养康复后被释放。除非是为了特意将物种重引入一个新的地点，否则一般应当尽可能地在接近动物被发现救起的地方释放。

二、补充种源

人工引入鱼类种源可以提高湿地的休闲和商业价值。可以购买人工繁育的鱼苗投放到湿地，这可以增加有商业价值或受游客青睐的游钓鱼种的数量。可以用这种方式重引入稀缺或局部灭绝的当地原本自然存在物种。如果成年鱼类通往上游繁育场所的天然通道被下游的堤坝或其他设施人为阻断，这种做法就必不可少了。

必须注意，不要引入可能对本地生物群落有害的物种。需要从本地物种清单中选择需要繁育和引入种源的合适物种。

第三节　管理野生动物

一、控制食草动物

食草动物的密度和类型决定了草本植物的高度和密度，应当尽可能维持在最佳的自然水平。食草动物太多会使草地退化，管理者需要想办法减轻放牧压力。如果由于狩猎导致天然食草动物密度过低，草地往往会被灌木和乔木侵占，这种情况下，管理者可以通过允许放养一些家畜来提高食草动物数量。

二、管理顶级捕食者

食物链中的掠食动物抑制了猎物的丰富度，使下一个营养级免于被掠食（如果紧邻的营养级是食草动物，则为植食动物），这样就形成了营养层级。例如，如果湖泊内大型食鱼性的鱼类丰富度升高，那么其猎物（以浮游动物为食的鱼类）的丰富度就会降低，大型浮游动物的丰富度就会升高，而浮游植物的生物量会减少。这个理论激发了生态学很多领域的新研究。营养层级对于我们了解去除掉食物网中顶端掠食动物后，比如人类通过狩猎和捕捞活动的效果非常重要。

三、减少外来或不受欢迎的掠食性鱼类

由于几乎所有水道都受到人类的严重干扰，性质发生了很大的变化而且相互联系被破坏，再加上很多外来物种在很多农村地区定居，因此，很多湖泊及其他湿地的鱼类群体很可能严重偏离自然平衡。人类可能需要进行干预。如果需要更多的垂钓鱼类（如鲑鱼），那么可能需要去除一些以幼鱼为食的掠食性鱼类（如梭子鱼），一个办法是依靠电力捕鱼（需要注意有控制地使用，以免对非目标物种造成伤害）。操作人员背着

小型发电机或者放在船上，将正负极相隔约一米放入水中。鱼类被吸引到负极后可以用金属丝网将它们捕捉并捞起。操作人员随后可以选择去除哪些鱼类、留下哪些鱼类。

四、吸引鸟类

提供合适的栖息地。种植可结果、开花、供栖息和筑巢的树木可以吸引鸟类。保护措施对鸟类的效果立竿见影。只要不在该区域内狩猎、结网或大声喧哗，就能吸引更多鸟类进入该区域。在有湖泊的湿地中，鸟类认为岛屿更安全，因此会选择小岛栖息和筑巢。

（一）使用鸟巢

有孔小巢箱	有孔大巢箱	前开式巢箱	超大巢箱
山雀	雨燕	鸲	红隼
麻雀	椋鸟	鹡鸰	灰林鸮
鸲	啄木鸟	斑鹟	斑鸠
红尾鸲	小鸮	鸳鸯	寒鸦

表 5-1　不同鸟类的首选巢箱类型

（二）材料

巢箱的内部不能过冷或过热，而且巢箱必须经久耐用。

* 巢箱应当由木材制成。金属和塑料不合适，因为它们可能会导致巢箱内部过热或形成冷凝水积聚，从而将鸡蛋和小鸡弄湿。
* 所用木材类型并不重要，但硬木（如栎木和榉木）比软木（如松木）耐用。
* 更重要的是木材厚度应当至少达到15mm，以便充分隔热并防止翘曲。
* 用钉子将巢箱固定在一起而不是用胶水（用镀锌或不锈钢钉以防锈），因为这样有利于排水。
* 在每个巢箱的底部钻几个孔，以保证进入其中的雨水能快速排出。

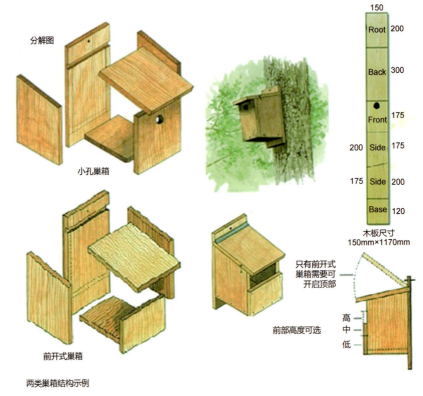

分解图

小孔巢箱

前开式巢箱

两类巢箱结构示例

木板尺寸
150mm×1170mm

	150
Root	200
Back	300
Front	175
Side	175
Side	200
Base	120

只有前开式巢箱需要可开启顶部

前部高度可选

高　中　低

图 5-4　两种巢箱结构示意图
开始修建巢箱前，请先研究巢箱的示意图、尺寸、材料建议和开孔尺寸

- 切勿在巢箱前部安装栖木，因为可能会方便掠食动物进入。

（三）洞口大小

不同物种适合不同的开孔尺寸：
- 25mm 或以上，适合蓝山雀、煤山雀和沼泽山雀；
- 28mm 或以上，适合大山雀和树麻雀；
- 32mm，适合家麻雀。

（四）易于检查和清理

巢箱应当设计得易于检查和清理。

在巢箱顶部安装一个容易抬起但不会落下的防水铰链。汽车内胎或丁基橡胶是理想的防水材料。沿巢箱宽度方向将橡胶切开，然后沿巢箱背面用钉子将橡胶固定在顶部。

提供筑巢平台可以吸引一些体型很大的鸟类。例如，中国高原草地上设置了供以啮齿动物为食的猛禽筑巢的平台，中国东北地区采用木质平台供白鹳繁育。

（五）鸟类喂食器

鸟类喂食器可在欠收季节为鸟类和一些哺乳动物提供额外的食物，在旱季供水可以帮助野生动物度过艰难时期，也肯定会让游客或研究者更容易观察到它们。因此，可以在游客中心、自助餐厅等场所附近设置喂食器。

不同的物种需要不同类型的食物，可以采用、建造或向专业厂商订购多种样式的喂食器。

一般情况下，如果鸟类很容易受猫或自然掠食动物掠食，那么最好将食物和水放在离地面较高的地方。如果松鼠经常侵占为鸟类设计的喂食器，那么可能需要将喂食器放在防松鼠笼中。

以下各图是一些标准型鸟类喂食器。

图 5-5　鸟类喂食器和洗澡盆

五、吸引昆虫

（一）吸引蝴蝶

蝴蝶对农田和湿地有益，也是水果和豆类的良好传粉媒介，能够增添乡村的美观及祥和气氛，它们的持续健康是环境良好的征兆。没有蝴蝶则表明土地中使用了过量的杀虫剂。

蝴蝶在湿地和旷野的很多野生植物上产卵，但只要确保那些稀有或者特别有吸引力的物种有合适的宿主植物就能增加它们的数量。可以吸引成年蝴蝶到特别诱人的花朵上摄食。饲养蝴蝶时需要针对目标物种种植适当的宿主植物。大多数物种都对产卵植物有很高的特异性，但这些方面已经有很多信息，可以在网上搜索蝴蝶宿主植物下载相关详细资料。

图 5-6　正在交配的蝴蝶

下面列出了主要的宿主植物属及利用它们的主要蝴蝶种类。

热带：

柑橘属 —— 几种燕尾蝶

马兜铃属（藤蔓）—— 多种鸟翼蝶（裳凤蝶属和曙凤蝶属）

决明属 —— 西番莲蝶

棕榈属 —— 多种弄蝶

夹竹桃属 —— 几种天蛾

温带：

荨麻属 —— 多种蛱蝶

蓟属 —— 部分蛱蝶

野胡萝卜属 —— 常见燕尾蝶

柳属 —— 柳紫闪蛱蝶

巢菜属 —— 多种灰蝶

樱桃属 —— 多种蝴蝶

女贞属 —— 天蛾

除通过种植幼虫宿主植物来吸引蝴蝶外，成年蝴蝶还会被花卉及其他诱饵吸引。相比其他花卉，某些花卉能更有效地吸引艳丽的蝴蝶到观赏区和人们驻留时间最多的地方。

吸引力很高的植物包括温带的大叶醉鱼草及热带的木槿和马缨丹。马缨丹必须严加控制，因为它可能会变成入侵性外来杂草。

图 5-7　孵出一天和四龄的中华虎凤蝶幼虫

图 5-8　中华虎凤蝶成蝶和其寄主植物杜衡

可以用其他类型的诱饵来吸引一些漂亮的蝴蝶。紫色闪蛱蝶和螯蛱蝶会被动物（灵猫）粪便或腐肉吸引。另一些螯蛱蝶、蛱蝶和燕尾蝶会被动物尿液或腐烂的水果（香蕉）吸引。很多热带蝴蝶会被水洼或地面的高矿物质水吸引。粉蝶、绿凤蝶和燕尾青凤蝶甚至包括鸟翼蝶（裳凤蝶）都会定期去这些地方。

六、用生物防治控制害虫

国际水稻研究所致力于维护稻米景观中的生物多样性，尤其是恢复掠食动物和拟寄生动物的多样性，从而增强生态系统与虫害入侵和调控有关的功能。

稻米是短期作物，以它为食的食草动物通常都是 r- 策略的物种，即寿命周期较短、尺寸较小、经常迁移且产卵较多的物种。雌虫进入新稻田时会大量产卵；如果没有多样性的掠食动物和拟寄生动物，那么虫卵的存活率会高达 90% ～ 100%，从而最终造成很大的损害。但如果稻田的生物多样性很丰富，那么侵入害虫的大多数虫卵很难存活，存活率通常低于 5%，造成的损害会较小。破坏生物多样性的因素包括农药施用、极端单一的作物种植和低的遗传变异水平。

国际水稻研究所的"稻米飞虱防治计划"旨在鼓励农民提高花卉多样性以增加掠食动物的资源供应，从而恢复当地的生物多样性。相关详细资料和实例详见该计划的博客（http://ricehoppers.net/)。

有五只雏鸟的一对仓鸮在一个繁殖季节内至少会吃掉 3000 只鼠类。它们并非领域性鸟类，可以使用多个巢箱，在一个区域内可以有几十只仓鸮——一个完整的种群。一项研究中，48 只巢箱中的仓鸮在八周时间内吃掉了至少 17 000 只鼠类。算上如果没有仓鸮控制情况下，这几周内本应出生的更多老鼠，那么可以说仓鸮把鼠害消弭于无形之中。

专栏 10　生物控制有害生物的实用方法

A. 保留天然植被并为主要猛禽物种设置巢箱；

B. 保护洞穴和屋顶中蝙蝠的栖所；

C. 容许燕子和雨燕在谷仓和屋顶中筑巢；

D. 将蛇类（大多无毒且不会主动攻击人类）视为农业生产的朋友而非敌人；

E. 保护蜻蜓、青蛙等的湿地栖息地；

F. 为伯劳、猛禽、椋鸟、卷尾鸟等设置方便的栖木；

G. 限制农田使用杀虫剂。

七、迁徙物种的特殊需要

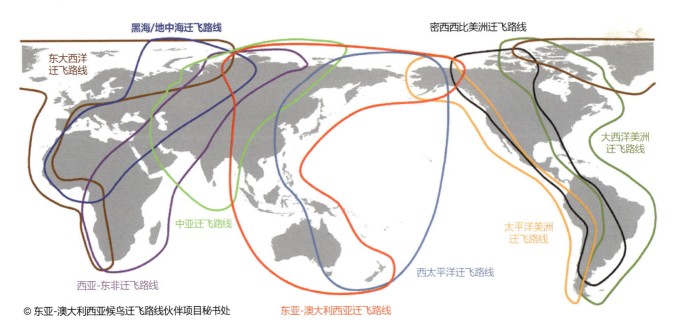

图 5-9　全球九条水鸟迁徙路线图

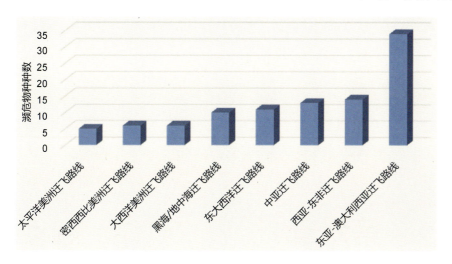

图 5-10　各迁飞路线濒危物种数量的柱状图

图 5-11　内蒙古达里诺尔湖的迁徙鱼类

每年，利用我国东亚－澳大利西亚迁飞路线上的湿地进行繁育、停歇和越冬的迁徙水鸟种类达到 250 种，占东亚－澳大利西亚迁飞路线水鸟种数（349 种）的 72%，个体数量达到数百万只，其中许多水鸟也在长江流域越冬。

许多鱼类、兽类和其他一些动物也需要长途迁徙。保护工作需要考虑迁徙物种的栖息地保护和物种管理的相关问题。

八、拒绝野生动物消费

消费带来买卖，买卖导致杀害。从滋补身体的野味和中药，到用于装饰衣物的皮毛，从新奇的旅游纪念品，到置于笼中玩赏的宠物，因人们各种各样消费需求而驱动的野生动物贸易导致了对野生动植物的捕杀和采集，正严重威胁着我国乃至其他各国的生物多样性。

以上因素同样也威胁着像鲁能这样拥有丰富生物多样性的地方。然而，野生动植物贸易的源头在于对野生动植物的消费需求，只有减少消费才能从根本上控制贸易。项目地工作人员绝对不食用也不购买濒危野生动植物，同时带动来此旅游的游客坚决不购买野生动植物作为旅游纪念品，看见不法行为及时向有关部门（通常是当地的林业部门和工商部门）汇报，保障项目地成为野生动物丰富的旅游目的地。

第六章
生 态 恢 复

生态系统涉及许多生态过程和功能，需要项目地管理者和系统规划者关注。其中特别重要的是**生态演替**，简单地说，生态演替就是随着时间的推移生态群落中的物种结构发生变化的过程。树木在被废弃的农田中成长就是一个例子。

有效管理景观的一种重要方法是改善生态系统。应用于**景观**时，"改善"系指应用管理技术改善景观内的**栖息地**，通常是指将景观恢复到遭受人类破坏之前的状态，比如恢复因农业而被竭伐的土地。改善可以包括创建水坑、舔盐地、丰富栖息地类型、有计划的焚烧，以及其他为了改善特定物种的栖息地条件而专门实施的管理干预措施。农业景观中的栖息地也可以得到改善，比如有些地方恢复天然植被，或允许长期休耕。

专栏11 绿色沙漠

当我们从高空向下俯瞰，大片的绿色成为我们绿化成功的骄傲，可当我们仔细研究这些大片的人造森林，我们不得不担心"绿色沙漠"正在用另一种方式破坏我们的环境，占领其他生物的空间却没有带给人类更好的生态服务。

天然林通常由很多物种和不同年龄和高度的树木组成，为野生动物提供了种类多样的生态空间，植被恢复力强，适应性强，能有效利用光线，不同深度的根系使得土壤有更好的渗透性等。

这种多样性确保了病虫害无法扩散到整个森林；阔叶树比例高，减少了火灾几率。

自然传粉昆虫、种子传播者和分解者的多样性，保证健康、平衡和更加肥沃的土壤。

相反的，人造林往往主要由一个或两个物种组成，这些物种往往是林农容易种植和管理的植物。此外，在自然界中不同物种沿不同高程，在最适合的微生境中自然选择生长地点，而人工林则非常同质化和低效率。

探索大自然的不可预测性的乐趣，即不能确定在下一个角落你可能会发现什么。但是，当树都是一样的，并成行成列排列的时候，这种乐趣就完全没有了。

人造林与天然林相比，对野生动物吸引力更小，用处较少，在提供生态系统服务方面效率较低，而且更容易发生火灾、虫害和疾病。

只要可能，都应该通过自然更新而不是种树来恢复森林。

如果我们过分偏离植被恢复的自然规律，就会形成大片的"绿色沙漠"。

为了避免这种情况，有必要研究适合当地环境的生态系统，寻找自然生长在当地生态系统中的树木、灌木和草，并利用天然植被的自然恢复过程，自然恢复最退化的环境。

图 6-1　绿色沙漠

单一化的树林地表缺乏植被覆盖，生物多样性很低，导致维护成本高、火灾风险大、虫害严重等问题，能够给人类提供的生态服务功能低下

人工辅助的重点应放在给干燥环境提供水源，给缺乏天然种子来源的地方提供适宜的树苗和种子，防止火灾、过度放牧和采集植物和枯枝落叶等；有意识地清除外来入侵物种，给本地物种提供自我恢复的空间和养分；不要种植成行成列的同年龄树木，因为这样长大的树林不会在树木间形成天然竞争，因此不能成为自然分散和丰富的林冠层次。同一高度的树冠很容易阻挡大部分的阳光，阻碍树冠层下其他健康植物的生长；不要清除森林中的植物凋落物，但可以设法加快它们的分解，因为它们是土壤养分循环的重要部分。

第一节　恢复退化的生态系统

目前，中国正面临由于许多关键生态系统几十年退化导致的生态系统服务功能丧失的问题。森林被砍伐、清除、焚烧，转变成农田，分割成破碎的小斑块。因薪柴采集的压力、家畜放牧和森林火灾，森林的自然恢复速度很慢。

以下介绍了一些方法，可帮助项目地管理者、林务人员和农民更好地照顾和帮助恢复其景观周围的自然生态系统，帮助国家改善生态环境。

一、植被恢复原则

封山育林是自然恢复的典型方法之一。所谓"自然恢复"就是无需（或尽可能不需）人工协助，只（或主要）依赖自然演替的力量来恢复已退化的生态系统。实践证明，封闭森林或草原，使这些地区不受人类活动的影响，同时防止火灾及杂草入侵，就能加强更新。这种方法可以缩短实现森林覆盖所需的时间，保护珍稀物种和增加森林的稳定性，投资少、效益高。在水土保持、控制和改善微气候、保护生物多样性及维持大气平衡等方面，自然恢复的森林更具有现有模式的人工林所无法匹及的生态作用与功能。利用现存的植被斑块，加强自然恢复的方法适合于管理现存的良好生态系统的边沿退化地带，或退化程度尚未达到十分严重的地方。在封闭条件下，中国南部森林可在 8 ～ 10 年后恢复，中国北部和西南高山区则要 10 ～ 15 年。

除了自然恢复外，我们还可以采用"生态恢复"的方法。即通过人工方法，按照自然规律，恢复天然的生态系统。生态恢复的含义远远超出以稳定水土流失地域为目的的植树种草，也不仅仅是种植多样的当地植物，生态恢复是试图重新创造（构造、缔造）、引导或加速自然演化的过程。人类没有能力去恢复真正"天然的"生态系统，但是我们可以帮助自然，如集合一个地区植被恢复所需的基本的动植物物种，提供基本的条件，然后令其自然演化，最终实现恢复。因此，生态恢复的目标不是要种植尽可能多的物种，而是要创造良好的条件促进一系列生物群落最终发展成为由当地物种组成的完整生态系统。自然恢复方法的成本最小，将形成可自我维持的零管理森林。

帮助自然定植的方法　如果森林非常退化，并且土壤种子库已经削弱和正在减少，可能需要种植一些先锋物种来启动森林的定植过程。如果可能的话，这些先锋物种最好是固氮树木，可以改善贫瘠的土壤。它们应该有足够的树阴来阻止茂盛的杂草和爬藤植物的生长，为吸引鸟类如白头翁、八哥和鸽子等的小型果实植物提供遮荫，来到这里的这些动物的粪便又会带来许多新的植物种子。

另外，需要研究原始森林由什么树种组成，确保要恢复的地方每一个树种都至少有一些植株，用顺应自然选择的方法，以各自适宜的方式进行繁衍。

有些物种可能需要人类的帮助才能建立，因为其原有的种子传播动物已经不存在了。猴子、长臂猿和大型食果鸟类等动物帮助散布果实较大的树种，但这些动物由于狩猎，在大部分地方都已经灭绝了，因此需要人类来扮演种子传播者的角色。

植被恢复需要一个过程，首先应确保恢复合适的土地框架、土壤结构和水文，然后尽可能少地人为干预，让自然演替过程顺利进行。这样更多的工作是除草而不是种植。

虽然大型景观恢复的目标是增加森林覆盖率和尽可能自然地恢复，但是建筑物、酒店或旅游休息点周边的小面积区域，可以人为地增加有吸引力的植物或能够吸引特定物种的植物。同样，应当使用本地植物来实现这些目标，不过管理者可以使这些植物的频率高于自然状况的水平，以增加景观吸引力。

二、提倡当地物种，控制外来物种引入

大部分有意引入的物种都是为了利用其所具有的某种功能，其实很多这些功能当地物种同样具有，只是没有得到很好的开发利用。从农作物、花卉、水产养殖等来看都是如此。国家应该制定鼓励政策促进当地物种的使用，加强针对当地物种的科学研究，为利用当地物种提供科学基础。除非证明引入对人类健康和环境是安全的，而且需要证明被引入地没有具有相同作用的当地物种，这时才能够考虑引入。例如，我国具有极为丰富的草地物种资源，但是目前的投资方向却是实验国外的现成草种是否在我国的环境能够良好生长，这种现象导致了大量外来草种被引入我国的各种生态系统中。水产养殖也存在类似的严重问题。大量的外来鱼类、无脊椎动物等被作为食物引入我国广泛饲养，这些外来物种因为是水域生活，所以可能导致的入侵问题更加严重。

物种的引入仍然只是对被列入名录的物种实施进口禁令。但是能够被列入名录中的物种毕竟是十分有限的。在目前全球化时代，外来的物种越来越繁多，有许多过去完全没有引入的物种，现在可能突然成为时尚，

如巴西龟、多种昆虫和名目繁多的花卉园艺种类，以及越来越多的水产养殖品种等。名录制在这种情况下完全不能适应将潜在外来入侵种拒绝在国门之外的需要。因此，必须要尽快建立引入物种的入侵风险评估制度，根据这个制度来评估引入的物种。需要有一个专家委员会负责建立和更新这个制度，并负责对难以确定入侵风险的物种进行评估，将危险性大的物种拒绝在国门之外。

放生是将处于被困状态的野生动物放归到自然的生态环境中。不适当的放生存在很多弊端。一项研究显示，在放生的鸟类中，有6%是外来的；多数鱼类、龟鳖类更是在国外捕获用来圈养的物种，而这些物种有可能具有入侵性。在湖北鄂州梁子湖，放生的螺类已经造成当地水产渔业养殖的经济损失。另外最经常放生的还有被列入世界100种最危险的外来入侵种的巴西龟。台湾每年花费600万美元释放2亿只动物（从昆虫到猴子），现在台湾已经发现75种外来鸟类建立种群。在台湾，巴西龟的野外数量增长极快，其数量在局部地区已经超过了当地土著龟的数量。很显然，具有文化含义的"做善事"并未考虑到对本土生态体系产生的有害影响。原因是人们没有外来入侵种的概念，也不了解外来入侵种带来的危害。

专栏12　香港的零碳天地林地

香港零碳建筑的开放区域支持建立了香港首个城市本地物种林地，所有植物种类均为本地物种。该林地栽种了40多种220棵本地树木和种类繁多的本地灌木，占地2000m²，占整个零碳建筑区的13%。

本地物种的多样性提高了生物多样性，通过提供食物和栖所，吸引本地野生动物进入城市。该林地创造了一个置于城市建筑区的高质量生态系统，有益于野生动物和人类。

选择城市本地林地中的物种有4个基本标准：①物种组成的多样性；②树木生长的大小和形态的多样性；③适合本地野生动物的食物和栖所；④适合作为观赏花卉或水果。

种植模式是随机的，以便最好地模仿天然林地，其中小型树木分散在中等树木和大树之间，成熟时候能够创造密集的树冠层。选择了一些具有观赏特性的树木，来提高美观度。

该林地不仅提供了宜人的自然芳香和新鲜氧气，还去除了气态的和颗粒的空气污染物，提高了空气质量。

来源：http://www.cic.hk/eng/main/zcb/ZCB_experience/urban_native_woodland/

三、将陡坡农业恢复为森林

在陡坡上耕种会导致国家最宝贵的资源之一——肥沃的土壤流失。中国的土壤流失每年达到数十亿吨，这对依赖于其生产力的生态系统和人类来说都是重大损失。在陡坡上耕种会导致土壤吸水的海绵功能丧失，在强降雨时起到排水沟作用的河床淤积，因而极大地增加了中国每年因洪灾导致的损失。

因此，中国政府一直在实施退耕还林计划，鼓励农民将超过25°坡度的农田恢复为林地。帮助农民寻找种植所需幼苗，补偿退耕还林的农田（有时以粮食的形式）。

农民也可能因各种其他原因重建森林植被。树木繁茂的地区会增添村庄的吸引力和改善生活环境，提供宜人的树荫和避风港，改善水土保持条件（减少浇灌需求），并鼓励能够控制当地害虫生长的野生动物。

在决定种植什么树木时，项目地管理者应避免种植太多的同一物种，因为单一植被在风景上缺乏吸引力，

图 6-2   四川陡坡上的耕地是水土流失和水污染的重要原因，急需恢复植被

生态价值不高，不能吸引野生动物，能提供的环境服务不多，且更容易遭受害虫、疾病和明火的破坏。

专栏 13   减少农场水土流失的方法

A. 修建梯田；

B. 修建物理性或活植物性（如竹子）的堤坝，降低流下山丘的水流量；

C. 在易受侵蚀的溪沟修建节制坝；

D. 尽快在地表破坏处覆盖上植被；

E. 通过种植树木（农林间作）提高土壤的渗水性；

F. 在休耕期鼓励种植繁盛的绿肥作物；

G. 种植防风林。

还应避免种植成片同年龄的树木。这会导致树冠稠密，遮挡了下层植被生长需要的阳光，随后地表会变得裸露、难看并难以维持。项目地管理者应着眼于建立由多种可以兼容的当地物种组成的，具有合理年龄分布的林地，确保其能够自我维持，无需进一步的管理投入。这将涉及种植合适的下层灌木、幼苗和稍大的幼树。

在一年中的部分时间阔叶树会落叶的地区，比如温带林地或季风热带森林区，项目地管理者应在温带混种几种当地常绿物种（如针叶树和冬青树），或者在热带地区种植针叶树和月桂树。

如果林地有空心树干、树枝或巢箱为动物提供庇护所，有开花树木吸引吸吮花蜜的鸟类和昆虫（如热带地区的刺桐和桂皮，温带地区的丁香花和酸橙），有产水果的植物（如热带地区的无花果树，温带地区的山楂树和橡树等），林地能够吸引更多野生动物。

为获得植物资源来发展这样的林区需要做更多的工作。可能有必要建立一个小型苗圃，利用取自当地自然栖息地的种子或幼苗培植自己的树木和灌木。如果从公共的公园、林地或自然保护地采集种子，可能需要取得特殊许可。

四、草地和火管理

火决定了植被的生死。火的毁灭能力已得到普遍认可，因此关于火的默认观点通常是负面的，因此，管理者需要努力防止野火，扑灭任何发生的火，帮助尽快恢复被火烧过的植被区。但火对于生物多样性来说并不总是不利的，许多景观需要通过定期燃烧才能形成。比如，森林和灌木因为火烧可促进一年草本植物的生长。

如果项目地管理者需要保留或增加草地，可能需要使用火作为管理工具，同时结合砍伐、放牧或洪水等来控制树木。

芦苇地和各种草地支持适合它们的动物群，许多其他物种需要矮草或开放区域，而不是大片密集的高大物种。在大自然中，本来该有像鹿、野牛或大象这样的大型食草动物，这些食草动物维持高的芦苇或草地与被打开或啃食的斑块之间的平衡。如果没有这些原生食草动物，湿地管理者需判断确定需要的芦苇或草的高度，用砍伐或放牛的方法打开一些森林或者湿地进行控制，以便提供面积更广的栖息地，进而维持更多物种种类。

五、建立自己的育苗基地

选择合适的荫蔽处作为育苗基地，若遮阴不足，可以搭建荫棚。小苗圃会比大的容易管理。

鉴定当地物种，从这些物种中选择部分到苗圃中培育，有些植物可以直接从源头移植到苗圃中，定期更换并及时移到需要生态恢复的林内，否则苗圃中马上就会长满成年树种了。

当将苗木或小树苗从苗圃转移到开阔的次生林中时，应提前挖穴、准备客土与肥料，加强浇水管理，以保障成活。

在苗圃建设中，种植植物时提高生存率的几点提示如下。

（1）为每棵树或幼苗挖好穴，加入客土，种植后及时浇水；

图 6-3 培育的野生苗，准备移栽出去

（2）在一年中，在植物面临应力（干燥或风）或寒害最低的时间把植物移植到野外。温带地区冬季植物叶子都落了的时候是移植的好季节；

（3）保护幼树避免被牛、羊、鹿、猪或其他动物所啃食或踩踏；

（4）采用育苗袋育苗或在挖根的时候带上土壤（现在有特殊工具可以使用），尽可能减少对根部的干扰；

（5）在种植后到新根形成之前的第一周，要保证浇水，在植株基部的土壤形成一个能够保存水的杯状。

建立苗圃的详细步骤和使用的工具如**图 6-4**所示。

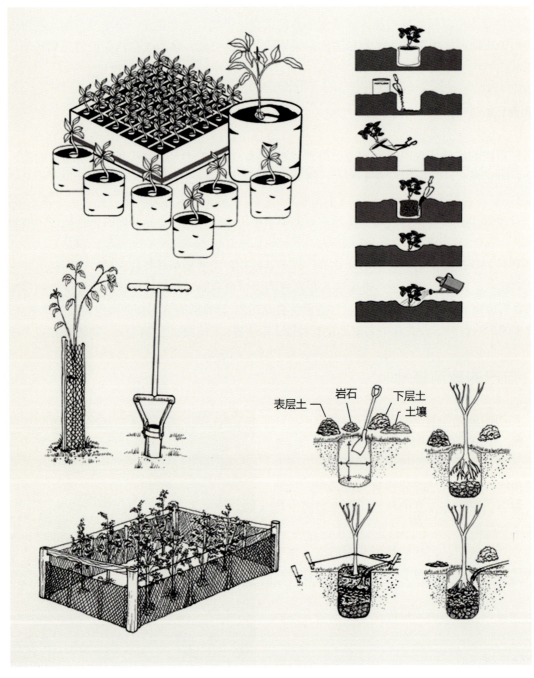

图 6-4　建立苗圃的步骤和使用的工具

第二节　恢复和创建湿地和池塘

一些大型湖泊，如洞庭湖，有退耕还湖的重大项目。这里的农民在夏季时候让洪水淹没他们的圩田，通过养殖螃蟹、小龙虾、鱼和鸭等，来替代种植农作物的谋生方式。

对于遍布中国的许多小湖泊和湿地而言，可以做的事情就很多了，只需简单地阻塞排水沟，允许干涸的湿地被洪水淹没即可。用沙袋在沟渠筑坝常常足以恢复小型湿地，让许多宝贵的湿地生物群和生态系统功能得以恢复。

另外，用黏土或塑料衬垫塞住洞口，注满地表水就可以创建新的湿地或池塘。通过营造多种水深度和底层基质（泥、砂砾、礁石），可以为更多的物种创建许多不同的生存环境。这些可以在单个的农田内做，也可以由一个社区大家共同努力完成，形成集体的池塘。

农田的优势就是池塘可以拥有多种功能，可以作为水库，给农作物灌溉、家畜饮水、养殖鱼类；可以改善当地气候；可以养育各种以昆虫为食的物种，如青蛙、蜻蜓和鸟类等。如果池塘内留有小岛，可以极大地吸引鸟类前来，它们会觉得这里远离食肉动物较为安全，可以成为它们栖息和繁殖的场所。

以拦沙坝的形式创建的小湖泊可以减少泥沙对沟道的侵蚀，也成为当地土壤保护工作的一部分。

图 6-5　可以用沙袋拦截形成小湿地

一、确保河道的健康

干净、氧气充足的水不仅看起来更美观，还可以让大量生物共存。受污染的、浑浊或富营养化的水，会杀死水生生物并产生难闻的气味、难看的浮渣，也是滋生蚊虫和危险细菌的温床，还会泄露到更广泛的生态系统内，对源头区域以外的地方造成更大的环境破坏和健康风险。

过于繁盛的水草会堵塞河道，减少水中的氧含量，造成一些物种如鱼类，因缺氧而相继死亡。清除和处理水草问题，管理费投入会更高。

河道和湿地管理的秘方是必须确保良好的自然或人工过滤效果，避免污染，保持良好的水流以确保水中氧气含量。水生环境中生存的生物数量越多，系统的稳定性越强，不同物种的突然消亡、水华、水草堵塞河道等情况就越不容易发生。

二、创建人工池塘

水底的土壤、石头、各种附着物和隐蔽处，是水生动植物能够生长的关键。有意地在水底放置奇形怪状和充满孔洞的木头、石头，将为多种动物提供产卵及躲避被捕食的隐蔽处。种类繁多的动物是植物种子传播和生态系统营养循环的基础。

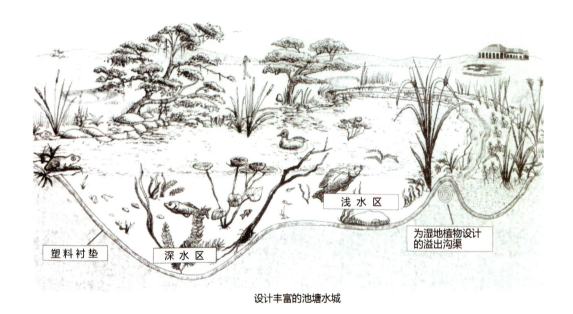

设计丰富的池塘水域

图 6-6　合理使用塑料防渗漏层创建人工池塘，生物多样性和鱼类可以很丰富

岛屿与陆地隔绝，可以阻止人类和野生家猫的侵袭，是动物理想的筑巢和繁殖场所。上面有高大繁茂的树木，则可遮挡过强的阳光和风雨；有灌木和草丛，则能形成天然的动物隐蔽场所。

池塘和陆地交界带是水域最充满生机和变化，也是最富吸引力的区域。干湿两季水位的变化引起的生物种类和景观演变，在这里得到淋漓尽致的体现，也是人们观察生态系统季节变化的最好地方。多雨季节，这里会是鲜花烂漫。在烂泥和水草之中如果仔细寻找，可以看到螃蟹、乌龟、青蛙，甚至菜青蛇。

靠近池塘的陆地上的高大的乔木为一些大型鸟类提供筑巢之地，浓密的灌木是小型鸟类栖息和徜徉嬉戏的地方，草丛是青蛙欢唱的隐蔽所。这种立体的植被结构，可以养育种类丰富的动物。

观赏小径是人们真正贴近自然的通道，使用天然材料（或仿天然材料）架起来，可以不受水位变化的影响，也不会影响各种生物的生存。小径在灌木和草丛间蜿蜒，或隐或现，树阴可以允许我们即使在阳光炎热时也可在此逗留。小径应该主要限制在陆地和水域交界处，也可以有限地深入到水域，但要远离岛屿和其他供动物繁殖的区域。观赏小径是重要的普及教育的地方，应有介绍生态演变、物种特点和保护野生动物的生动科普信息。

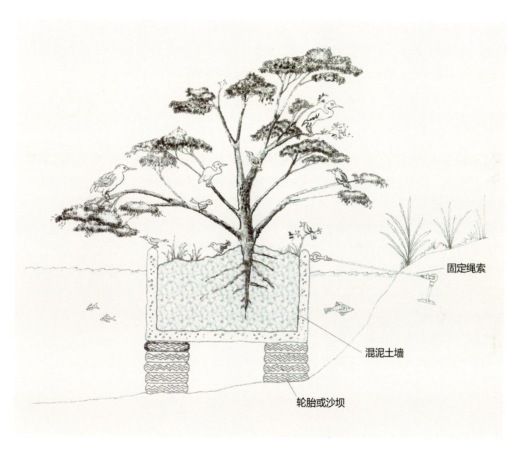

图 6-7　为丰富鸟类而设计的人工小岛

三、管理水位

湿地管理主要是控制水位，使理想的湿地栖息地状况得以继续。对于自然水文状况保持完好的湿地，最好的环保行为就是了解并维护其水文能够自然地发挥生态服务功能。

但是，大部分情况下，原有的或自然的水文状况已经因水流改道、地下水位下降、水坝建设或其他影响等原因发生改变，湿地的管理者需要根据实际需要使用工程学或力学的方法提高或降低水位。

要判断湿地的某个区域需要增加或减少水量的时间，需要对当地生态状况有深刻的了解，并对预期结果做出明确的规划。时间将取决于候鸟到达该地点的时间、管理者希望多吸引哪些物种及了解不同物种的需求。涉禽和水鸟可能需要泥泞而带有沙地的河岸，水深为 5 ～ 10cm，而鸭子和鹅可能更喜欢 20 ～ 50cm 的水深。

注水或排水的时间将影响到植物茁壮成长或导致枯死，所以管理者需要知道其野生生物依靠哪些植物生存，并且必须在这些野生动物到来之前提供合适的水量来培育这些植物。

要学会这类知识和技能需要花费好几年的时间，中国普遍缺少专职的项目地管理者。这些知识并不是通过短期的培训就可以学会的。这是发达国家保护地的指导人员通常是生态学家而非管理人员的原因，他们因为对野生动物的热爱和欣赏，将其视为自己的事业，而不是简单地把他们的任命当做一项工作。

我们可以将水处理分为两种类型：①通过加速排放一个区域内水来降低水位；②通过阻碍或阻塞排水渠道的方法提高水位。

有时候，管理者可能需要使用机械装置，如水车、风车或水泵使水向高处流动。

大部分的控水需求可以通过如图所示的简单小水闸系统进行管理。较大的湖泊可以通过水利厅操作的大闸门进行控制。湿地管理者可以使用多种装置，英国皇家鸟类保护协会发表了这些装置的应用技术指南（https://www.rspb.org.uk/Images/Water_management_structures_tcm9-214636.pdf）。

四、防火和灭火

火能够迅速摧毁生态系统，大部分火都是由人类无意或故意的行为造成的。闪电通常伴随着雷雨，使其不太可能导致野火发生，但是有时雨水在高空形成，到达地面之前就已经蒸发了。在这样的"干燥"闪电情况下，就会造成野火的爆发。

炎热、干燥、多风的天气是最容易发生野火的时期，中国几乎所有的地区都很容易受到火灾的影响，有时这些火灾可能超出消防控制能力范围，烧毁大面积的森林、灌木丛和农田，甚至会摧毁房屋，造成生命损失。

项目地所在农村居民的职责之一就是：注意不要引起火灾，警惕并提早发现野火，协助专业人员处理可能发生的火灾。

如果干燥情况一直持续，很有可能发生野火，当地媒体会发出警告。此时需要格外警惕。特别是吸烟的人经常随意扔掉烟头的地方更需多加注意。

中国大多数的森林地区已经建立了防火墙、守望塔和火灾发生时应遵循的程序。

第七章
生　态　农　业

高能农业的现代应用中涉及更多水资源、更多化肥、遗传多样性改善和转基因生物，确实提高了世界粮食产量并让很多贫困人口摆脱饥饿，但实现这个目标的代价往往是土壤肥力下降、缺水地区水资源过度利用、地下水位降低、多样性不足，从而降低了面临气候变化时的恢复力。简言之，现代农业缺乏几个世纪以来的很多传统耕作制度中内嵌的可持续性。

为了恢复这种重要可持续性，人们开始尝试进行**农林复合经营**，即在防护林、防风林和休耕区域耕种农作物。另一个日益明显的趋势是推广"**有机农业**"，以保证产品不受可能有害的化学品的污染。

这些概念可以统称为"**生态农业**"，其中将有机农业的更多要素与农林复合经营结合，协调利用荒地和农田。这种模式现在已经在中国得到广泛应用，中国已不再面临紧急的饥饿问题，但面临着生态系统和农田退化的问题。

第一节　让食物生产不再破坏环境和资源

大量研究表明，要确保未来地球仍然能够继续支持高生产力的生态系统，人与土地之间的关系需要有重大改进——绿色发展（UNCED, 1992；UN Millenium Project, 2005）。简单来说，实现可持续性必须要打破改善人类福祉和为改善人类福祉消耗的资源量趋势之间的联系。打破这一联系常被称为"脱钩"，联合国环境规划署国际资源小组将"脱钩"定义为：每单位经济产出使用更少资源（"资源脱钩"）和减少所有已使用的资源或已从事的经济活动对环境的影响（影响"脱钩"）(UNEP, 2011)。世界许多地方的农民已经能够更有效地使用水（Howell, 2001），有机农业也更少地使用（或不使用）农业化学品（UNEP, 2011）。

Hole 等（2005）评估了有机农业和常规农业对生物多样性的影响。他们发现，有机农业有利于鸟类、哺乳动物、无脊椎动物和植物的许多类群，可提高它们的物种种类和丰富度。然而，如果有机农场没有把自然保护作为明确的管理目标，有机实践并不会自动带来环境效益。相比虽然使用化肥和农药，但维持了一些自然栖息地（如，在河岸带）的农业环境方案，有机单一作物种植、大量使用有机肥，以及缺乏休耕的集约化农田地，可能对野生物多样性的支持作用更少。批评者认为，生产相同数量的生物量，有机农业需要比集约化农业更多的土地，同时运输成本、营销、质量控制和其他问题尚未得到圆满解决。农林业（有意识地将绿荫树和农作物一起管理）可能在人类主导的、不考虑是否有机的情况下，在保护生物多样性方面具有发挥重要作用的潜力（Bhagwat et al., 2008; Schroth and McNeely, 2011）。

对于大多数环境组织来说，有机农业不是一个"非此即彼"的问题。虽然大多数人更喜欢吃无农药残留、不含人工激素、预防性抗生素和过量抗生素的安全食品，但他们也意识到如果他们要满足现代市场的需要，现代的工业化农业也是需要的。即便如此，可以通过使用豆类轮作（减少对氮肥的需求）、整合畜禽粪便、使用堆肥及种植多种作物的农艺系统，有可能将更多的有机原则应用到传统农业上，这样做也有好处，可以减少使用化学肥料和杀虫剂，又不影响生产力，这是资源脱钩的一种形式。

粮食生产中有效的脱钩方法是提高每单位各种投入的效率。一些研究表明，使用现有技术通常可以提高至少80%的资源利用效率（如改善水资源管理、提高能源效率，转向高收入、用水少的农作物等）（von Weizacker et al., 2009）。

有很多可以接近通常所说的"产量缺口"（即目前的生产水平和潜在产量之间的差异，潜在产量是指在水分、养分充足时，在最有效的农业技术下，且生物胁迫，如害虫和疾病得到控制下的产量）的办法（van Ittersum et al., 2013; Chen et al., 2014）。Power（2010）和Bommarco等（2012）强调了维持生态系统服务的完整性和范围，如病虫害防治、保水、授粉和养分循环等，对可持续粮食生产的好处。

通过增加投入的使用效率进行脱钩，可以是有效的和有益的（De Wit, 1992），但是不同的作物和种植系统变化很大（Carberry et al., 2013）。同时，提高生产力也并不是没有代价的。Gray等（2014）发现，在1961年到2008年，玉米、小麦、水稻、大豆的产量提高240%，成功地使用了相对较少的资源（资源脱钩），但却导致大气中的二氧化碳含量季节性的显著增加，进而导致温室气体影响气候变化（环境脱钩）。没有免费的午餐，粮食生产的创新需要进行详细分析以确定它们是否是可持续性的，可以通过资源消耗和环境影响脱钩进行衡量。

第二节　生态农业世界多元化模式

农业，作为人类社会赖以生存的最古老的基本产业，自起源以来，延续至今已有几千年的历史。世界农业的发展大致经历了原始农业（游耕、游牧等）、传统农业和现代农业三个主要发展阶段。

传统农业是在自然经济条件下，采用以人力、畜力（小型拖拉机）、手工工具等为主的手工劳动方式，靠世代积累下来的传统经验发展，以精耕细作技术为主导的农业，是采用历史上沿袭下来的耕作方法和农业技术的农业。传统农业具有低能耗、低污染等特征，在当今时代依然发挥重要作用。

现代农业是从工业革命以来形成的农业，是逐步走向商品化、市场化的农业。是运用现代机械化技术、科学技术和生产管理方法，对农业进行规模化、集约化、市场化和农场化的生产活动。国内多数学者认为现代农业是以市场经济为导向，以利益机制为联结，以企业发展为龙头的农业，是实行企业化管理，产销一体化经营的农业。

现代农业的最大特征是机械化，以及农药、化肥的高投入和产品的高产出。现代农业在促进农业生产力巨大飞跃的同时，也逐渐暴露出许多严重的缺点和生态方面的弊端：一是消耗大量能源；二是环境污染严重，危害人畜健康。一些有害农药，如有机氯杀虫剂中含有大量不易分解的铅、砷、汞等元素，造成了在环境和在农作物中的长期残留，污染危害严重；三是农业资源遭到严重破坏，走向衰竭。现代农业的机械化、规模化作业造成了土地过度使用，也造成了土壤板结、水源污染、生态破坏、资源危机、环境污染等一系列问题。

为了克服现代农业发展带来的一系列生态问题，世界各国的农业学者、生态研究人员开始研究各种替代农业，包括：自然农业（自然农法）、有机农业、生物动力农业、生态农业、可持续性农业、循环农业等，其宗旨和目的是要在环境与经济协调发展思想的指导下，按照农业生态系统内物种共生、物质循环、能量多层次利用的生态学原理，因地制宜地利用现代科学技术与传统农业技术相结合，充分发挥地区资源优势，依据经济发展水平及"整体、协调、循环、再生"原则，运用系统工程方法，合理组织农业生产，实现农业高产、优质、高效持续发展，达到生态和经济两个系统的良性循环和"三个效益"的统一（李哲敏和信丽媛，2007）。

生态友好型的农业指的是同时支持农业生产和生物多样性保护的景观，实现保护与发展的和谐，改善农村人民的生活。

生态农业这个词最早起源于 1924 年的欧洲。20 世纪 30～40 年代在瑞士、英国、日本等国得到推广，60 年代欧洲的许多农场转向生态耕作，70 年代末东南亚地区开始研究生态农业，至 20 世纪 90 年代和 21 世纪，世界各国的生态农业有了较大发展（林祥全，2003; McNeely and Scherr, 2003）。国外生态农业更加强调减少农业化学品的投入，而且重视农村多业的有机结合和物质循环利用，以及生态系统途径。

国外不同地区的生态农业发展侧重点不同，因此形成了各具特色的生态农业发展模式：澳大利亚的生态农业、欧盟"多功能农业"、日本的"自然农法"等。

一、澳大利亚生态农业

澳大利亚是生态农业发展最快的国家，其政府一直将农牧业经济的可持续发展放在重要位置，在保护土地生态环境、防止水土流失和科学经济利用自然资源方面有许多成功的经验可供我们借鉴（刘青元和马生祥，2004）。

澳大利亚很注重科技与农业的有机结合，建立了农、林、牧和粮、林、饲相结合的可持续发展的农作体系。澳大利亚植被覆盖率高，农作物秸秆覆盖还田普遍，全国各地针对降水、土壤肥力、气候特点等，发挥人口少、土地资源充足、光照条件良好等有利条件，通过长期定位观测、系统模拟和试验研究，普遍建立了粮草作物轮作种植制度。坚持生态和谐理念，按照自然生态链进行环境治理，是澳大利亚环境保护的一个鲜明特点。澳大利亚的有机农业还更倾向于种植开放性授粉的物种，以保护农作物的多样性和弹性，不允许使用转基因作物。

二、日本的"自然农法"

日本"自然农法"的历史可以追溯到 1935 年冈田茂吉提出的农民种庄稼要与自然协调一致的想法。由于"自然农法"不使用化肥农药，产量低、收入少，所以"自然农法"产生之初并没有得到大面积推广，但随着 20 世纪 60 年代逐渐暴露的环境污染和健康问题，人们又开始关注无公害的健康产品，"自然农法"开始被大力推广起来。

"自然农法"是建立在尊重自然法则、重视土壤，确保人类和其他生命形式的协调和繁荣的思想基础之上的。"自然农法"的实施管理要求非常严格，"自然农法"的生产者必须满足三方面的要求："自然农法"生产者的认证、"自然农法"生产地块的认证和生产资料的批准。"自然农法"生产者还必须参加"自然农法基金会"主持的培训班，要求生产地块固定，且必须有连续三年按照"自然农法"要求生产的历史，且要建风障和绿带防止环境污染。

三、美国可持续农业

20 世纪 80 年代初，由于有机农业造成玉米等农作物减产，实际利润减少，美国在有机农业、生态农业的基础上提出了"可持续农业"的新农作制度。可持续农业强调农业在生态上能自我维持、多级循环利用，经济上又有高效益。它要求对农村土、水、种、肥、药、电、粮等各种生产要素进行统筹谋划和系统开发，遵循"减量化、再利用、再循环"的原则，以产生显著的经济效益，增加农民收入。

四、德国生态农业

德国生态农业继承了德国人严谨的特点，有非常严格的标准。德国的生态农业严禁使用化学合成杀虫剂、除草剂等，而是使用有益天敌或机械除草方法；不使用易溶的化学肥料，而是用有机肥或长效肥；利用腐殖质保持土壤肥力；采用轮作或间作等方式种植；不使用化学合成的植物生长调节剂；控制牧场载畜量；动物饲养采用天然饲料；不使用抗生素；不使用转基因技术。

为了将它们与传统型农产品区分开来，从而使消费者和生产者的利益都得到保护。2001年12月15日，德国的"生态标志法"正式生效，将生态农产品都打上了生态农产品的标志。为了促进生态农业的发展，德国联邦政府还专门成立了生态农业项目，对农业经营者和劳动者提供培训和信息服务，并对有意实施转型的农户提供信息和咨询。

五、永续农业、生命动力农业等

除却以上几种生态农业模式，永续农业、生命动力农业等生态农业发展方式也是目前比较盛行的生态农业发展方式。

永续农业把植物、动物（包括人类）、景观、建筑物多个元素融合为一体，使得每一个元素都是另外一个元素的所需。一旦永续农业建立，可以只需要用到少量的材料、能量、劳力就可以维持整个永续农业的系统。通过使用废弃物资源，也因此减少了污染。通过结合有用的、高产量的物种，可以有效地服务于人类。永续农业系统设计是多元化的，所以即便其中的一个元素失败了，还会有其他足够的元素保持稳定性，来使整个系统恢复繁荣，永续农业系统是在观察整个生态系统、模拟大自然的基础上建立起来的，对于维持区域的可持续发展具有极大的潜力。

生命动力农业是奥地利哲学家鲁道夫·斯坦纳博士（Dr. Rudolf Steiner）于1924年提出的整体哲学观。斯坦纳博士认为："在人与自然的关系中，人类只有通过农业，才能加强自然生命进程并与自然和谐，解决农业问题根本是科技与社会因素的综合。"生物动力学农业的基本原则是：因地制宜进行多样化动植物平衡发展；拒绝化学制品；充分发挥不同生态物种间的互利作用；并与产品的加工和销售环节相结合；形成一个自我包含的、充分循环的农业生态系统。

生命动力农业不是一个确定的农业方法，但生命动力农业的四大技术——土壤健康和营养技术，生物动力配置技术，土壤、植物和动物保健技术，以及配合宇宙律动的适时农作技术却可为生态农业的发展提供指导。

虽然各国发展生态农业采用的模式及方法不尽相同，但其出发点均是要建设一种不以损耗现有生态资源为手段的生态型农业模式。

六、各国政府支持生态农业发展

（一）政府的大力支持

无论从各个国家的生态农业发展的历史还是现状来看，均得到了政府的大力的支持。由于生态环境建设的多数项目在短期内没有直接利润产出，因此，市场无法予以有效调控。同时，环境净化、生态建设的对象多是公共资源，对该类资源的浪费具有无竞争性与非排他性。因此，各个国家都是通过法制手段对有关环境方面的诸多问题予以有效约束，为生态农业的发展提供有利的社会外部氛围及其内部软环境整合。政府财政每年都拨出专项资金以发展生态农业，对实施生态耕种的农场进行补贴，这样既保证了农民的收入，也刺激了农民发展生态农业的积极性。

（二）加大对生态农业发展的研究

全世界各国都非常重视生态农业发展的研究，成立了许多大学或专业学院、科研院所等研究机构，培养大量的科研人员，参加生态农业研究的人员包括遗传、育种、栽培、生态、生化、土壤、植保、园艺、水产养殖、畜牧、林学、生物工程及资源经济学等专业方面的人员。在生态农业发展的过程中也非常注重生态农业建设中的组织工作，机构健全，并以现代化科技为依据把科研与教学、推广密切结合起来，所有的这些都为生态农业的发展提供了良好的基础。

（三）建立生态农业培训、信息服务机制

为鼓励发展生态农业，各国政府在对生态农业这一跨学科问题进行综合研究的同时，也建立了许多的技术示范推广基地，为农场主或农民提供培训和咨询服务，使农场主或农民真正地理解生态农业可以促进人类健康、保护环境，同时可增加农业可持续发展的收入。培训及信息服务的内容包括如何使用有机肥、种植绿肥、作物轮作、生物防治等技术来发展生态农业；还包括对目前的食物市场的新认识；促进有关的研究和技术发展，以及对实践中形成的经验进行总结和推广。同时还帮助消费者了解生态产品的价值和特点，使消费者取得这样的共识，即农业不仅是一个经济部门，更是一个与整个国民的健康和安全休戚相关的部门。农业生产必须日益紧密地与经济、社会和生态环境的可持续发展的目标结合在一起。

第三节　我国的农业正在开始向生态农业转型

一、我国农业发展的三个阶段

我国农业从 1949 年至 20 世纪 70 年代末，是以提高粮食产量为主的阶段，增产几乎是农业发展的唯一目标；80 年代，由增产转变为增产与增收并重，进而转变为以增收为主导的阶段，开始重视生态环境效益；80 年代末至 90 年代以来，在注重生产经济效益的同时，注重生态环境保护、资源培育和高效利用。我国农业发展阶段以满足三个阶段的需求而得以区分：

第一阶段　以满足温饱需求为核心；
第二阶段　以满足相对富裕作为农业发展的目标；
第三阶段　将满足高质量生活的生态环境、食品质量与未来繁荣列入农业发展目标。

我国当前的农业正处于第二阶段向第三阶段迈进的过程。在这个发展转变的过程中，农业的发展方向必须把社会、经济和生态效益协同发展作为未来农业的主攻方向，把生态农业的可持续发展列为首要任务，把满足高质量生活的生态环境、食品质量与未来繁荣列入农业发展目标。

我国的生态农业强调：因地制宜利用现代科学技术，并与传统农业精华相结合，充分发挥区域资源优势，

依据经济发展水平及"整体、协调、循环、再生"的原则,运用系统工程方法,全面规划,合理组织农业生产,实现高产、优质、高效、可持续发展,达到生态与经济两个系统的良性循环和经济、生态、社会三大效益的统一。

二、我国生态农业发展战略

发展生态农业是趋势所向。在人口、资源、环境的重压之下,传统农业经营发展的模式已经难以适应人们对农副产品数量和质量的需求,转变农业发展方式,走集约化、产业化发展之路,生产绿色、健康的农产品,延长农业生产产业链,提高农产品附加值,已经成为农业发展的趋势。

随着社会消费观念和公共诚信的转变,人们生活水平的不断提高,绿色、健康的消费理念不断深入,人们对产品的质量也更加关注。生产安全性较高的生态农业产品已经逐渐成为农业生产者的最大动力。在此氛围下,一些高档农产品、地方土特产成为消费者新的选择。而生产无污染、质量有保障的农产品也正是生态农业发展的内在要求。

党的十八大以后,中共中央、国务院及有关部门先后出台了一系列有关于农业发展的战略性决策,来指导和引领中国未来农业的生态发展之路。

(1)"中共中央关于制定国民经济和社会发展第十三个五年规划的建议"提出"坚持绿色发展,着力改善生态环境"。

(2)2016年,中共中央、国务院"关于落实发展新理念加快农业现代化实现全面小康目标的若干意见"的中央一号文件提出"加大农业面源污染防治力度,实施化肥农药零增长行动,实施种养业废弃物资源化利用、无害化处理区域示范工程"。

(3)早在1993年,我国农业部的全国生态农业领导小组制定了《全国生态农业发展纲要》,提出中国生态农业建设目标:

近期目标　2000～2010年:分三批再建设3005个国家级示范县,到2010年使全国国家级生态农业项目示范县达到350个,并安排10个地市开展生态农业建设。

中期目标　2011～2030年:分四批再建设600个国家级生态农业项目示范县、60个生态农业地市,使全国一半以上的区域实施生态农业。

远期目标　2031～2050年:再分四批建设1000个国家级生态农业项目示范县和100个生态农业城市。

(4)农业部、发改委、科技部、财政部、国土资源部、环境保护部、水利部、国家林业局联合出台的《全国农业可持续发展规划(2015—2030年)》提出"农业关乎国家食物安全、资源安全和生态安全",大力推动农业可持续发展。

在这些政策推动下,我国已经开展了大量生态示范区、生态示范县的工作,推动生态农业标准化建设,据农业部新闻办公室于2015年2月11日举行的新闻发布会介绍,自2010年中央一号文件做出创建国家现代农业示范区的部署后,农业部先后于2010年8月、2012年2月分两批认定了153个示范区,2015年1月在总结过去创建经验的基础上,农业部又认定了第三批国家现代农业示范区,使示范区总数达到283个。据统计,全国283个示范区点状分布在各个区域类别、各种地形当中,面积共有127万 km^2,约占全国国土面积的13%,具有较强的代表性。

三、我国生态农业发展模式

生态农业模式的分类关系到生态农业的研究、推广、普及及生态农业建设标准和评价标准的建立。近年来，我国生态学者对生态农业模式的典型进行系统的归纳、整理和分类，总结出了生态农业模式的基本类型（**表7-1**）。

表7-1　生态农业模式的基本类型（骆世明，2009）

生物层次	模式基本类型	分类型	举例
生态景观	景观模式	(1) 生态安全模式 (2) 资源安全模式 (3) 环境安全模式 (4) 产业优化模式 (5) 环境美化模式	(1) 农田防护林模式，水土流失防治模式 (2) 集水农业模式，自然保护区设置模式 (3) 污染土地修复模式，污染源隔离模式 (4) 流域布局模式，农田作物布局模式 (5) 乡村绿化模式，道路景观设置模式
生态系统	循环模式	(1) 农田循环模式 (2) 农牧循环模式 (3) 农村循环模式 (4) 城乡循环模式 (5) 全球循环模式	(1) 秸秆堆肥回田模式 (2) "猪－沼－果"模式，四位一体模式 (3) 卫生厕所和农家肥堆沤回田模式 (4) 加工副产物利用模式，有机垃圾利用模式 (5) 碳汇林营建模式
生物群落	立体模式	(1) 山地丘陵立体模式 (2) 农田平原立体模式 (3) 水体立体模式 (4) 草原立体模式	(1) 果草间作模式，橡茶间作模式 (2) 桐农间作模式，作物轮间套作模式 (3) 鱼塘立体放养模式 (4) 饲料植物混合种植，家畜混养与轮牧模式
生物种群	食物链模式	(1) 食物链延伸模式 (2) 食物链阻断模式	(1) 腐生食物链模式（沼气、食用菌、蚯蚓） (2) 污染土地的植物生产模式（仅种植花卉、树木）
个体基因	品种搭配模式	(1) 抗逆性搭配模式 (2) 资源效率搭配模式	(1) 耐低磷大豆、抗稻瘟病水稻的利用 (2) 高光合效率、高水分利用效率品种的利用

我国农业部科教司根据中国国情及区域特点，总结并筛选了全国"十大"生态农业模式。

（一）北方"四位一体"生态模式

这是一种庭院经济与生态农业相结合的新的生产模式。它以生态学、经济学、系统工程学为原理，以土地资源为基础，以太阳能为动力，以沼气为纽带，种植业和养殖业相结合，通过生物质能转换技术，在农户的土地上，在全封闭的状态下，将沼气池、猪禽舍、厕所和日光温室等组合在一起，所以称为"四位一体"模式。

（二）南方"猪-沼-果"生态模式

以沼气为纽带，带动畜牧业、林果业等相关产业共同发展的生态农业模式。

（三）草地生态恢复与持续利用模式

草地生态恢复与持续利用模式是遵循植被分布
的自然规律，按照草地生态系统物质循环和能量流动的基本原理，运用现代草地管理、保护和利用技术，在

图7-1　北方"四位一体"生态农业

图 7-2　"猪－沼－果"生态农业模式（蓝羊羊，2016）

牧区实施减牧还草，在农牧交错带实施退耕还草，在南方草山、草坡区实施种草养畜，在潜在沙漠化地区实施以草为主的综合治理，以恢复草地植被，提高草地生产力，遏制沙漠东进，改善生存、生活、生态和生产环境，增加农牧民收入，使草地畜牧业得到可持续发展。

　　牧区减牧还草、农牧交错带退耕还草、南方山区种草养畜、沙漠化土地综合防治、牧草产业化开发等都属于草地生态恢复与持续利用模式。

图 7-3　草地生态恢复与持续利用模式配套技术

（四）农林牧复合生态模式

农林牧复合生态模式是指借助接口技术或资源利用在时空上的互补性所形成的两个或两个以上产业或组分的复合生产模式。所谓接口技术是指联结不同产业或不同组分之间的物质循环与能量转换的连接技术，如种植业为养殖业提供饲料、饲草，养殖业为种植业提供有机肥，其中利用秸秆转化饲料技术、利用粪便发酵和有机肥生产技术均属接口技术，是平原农牧业持续发展的关键技术。

农林牧复合生态模式的典型模式有：

（1）"粮饲－猪－沼－肥"生态模式；

（2）"林果－粮经"立体生态模式；

（3）"林果－畜禽"复合生态模式。

图 7-4　"林果－粮经"立体生态模式

（五）生态种植模式

生态种植模式指依据生态学和生态经济学原理，利用当地现有资源，综合运用现代农业科学技术，在保护和改善生态环境的前提下，高效地进行粮食、蔬菜等农产品的生产。在生态环境保护和资源高效利用的前提下，开发无公害、绿色、有机、地理标志（"三品一标"）的生态农产品。广东农业科学院蔬菜研究所粤北山区夏季反季节无公害蔬菜生产技术，四川农业科学院无公害水稻生产，河北大厂县无公害优质小麦生产技术，吉林市农业环保监测站清洁生产型菜篮子生态农业模式，吉林省通化市农业科学院水稻优质品种混合稀植与有机栽培技术，黑龙江绥化市绿色食品水稻栽培技术和虎林市绿色食品水稻产业化技术等均属于生态种植模式。

（六）生态畜牧业生产模式

生态畜牧业生产模式的特点是在畜牧业全程生产过程中既要体现生态学和生态经济学的理论，同时也要充分利用清洁生产工艺，从而达到生产优质、无污染和健康的农畜产品；其模式的成功关键在于实现饲料基地、饲料及饲料生产、养殖及生物环境控制、废弃物综合利用及畜牧业粪便循环利用等环节能够实现清洁生产，实现无废弃物或少废弃物生产过程。现代生态畜牧业根据规模和与环境的依赖关系分为复合型生态养殖场和规模化生态养殖场两种生产模式，目前一些地方已经建立起这两种典型的生产模式，如陕西陇县奶牛奶羊农牧复合型生态养殖场、陕西西安大洼养鸡场、江苏南京市古泉村禽类实验农牧复合型生态养殖场、浙江杭州佛山养鸡场等。

（七）生态渔业模式及配套技术

生态渔业模式及配套技术是遵循生态学原理，采用现代生物技术和工程技术，按生态规律进行生产，保持和改善生产区域的生态平衡，保证水体不受污染，保持各种水生生物种群的动态平衡和食物链网结构合理的一种模式。它包括几种池塘混养模式及配套技术。

图 7-5　生态稻田养鸭模式

（八）丘陵山区小流域综合治理利用型生态农业模式

我国丘陵山区面积约占国土面积的 70%，这类区域的共同特点是地貌变化大、生态系统类型复杂、自然物产种类丰富，其生态资源优势使得这类区域特别适于发展农林、农牧或林牧综合性特色生态农业。

（九）设施生态农业及配套技术

设施生态农业及配套技术是在设施工程的基础上通过以有机肥料全部或部分替代化学肥料（无机营养液）、以生物防治和物理防治措施为主要手段进行病虫害防治、以动植物的共生互补良性循环等技术构成的新型高效生态农业模式。

（十）观光生态农业模式及配套技术

该模式是指以生态农业为基础，强化农业的观

图 7-6　丘陵山区农林综合生态农业

光、休闲、教育和自然等多功能特征，形成的具有第三产业特征的一种农业生产经营形式。主要包括高科技生态农业园、精品型生态农业公园、生态观光村和生态农庄 4 种模式。

生态农业观光园是另外一种比较受欢迎的生态农业发展方式，生态农业观光园采用农业布局和生产，将农事活动、自然风光、科技示范、休闲娱乐、环境保护等融为一体，实现生态效益、经济效益与社会效益的统一。在园区内可以实现种养结合，发展循环农业，以生态学理论作指导思想，采用生态学原理、环境技术、

图 7-7　观光休闲农业

生物技术和现代管理机制，使整个园区形成一个良性循环的农业生态系统。经过科学规划的生态园主要是以生态农业的设计实现其生态效益；以现代有机农业栽培模式与高科技生产技术的应用实现生态园的经济效益；以农业观光园的规划设计实现它的社会效益。经济、生态、社会效益三者相统一，建立可持续发展的生态农业观光园。

四、我国生态农业面临的挑战

我国现阶段的农业处在传统农业与现代农业共生共长，交织互补的阶段。与世界各国的现代农业一样，我国的农业的发展同样面临着非常严峻的挑战。

（1）满足 13 亿人口对农产品数量需求、品质安全需求的挑战。满足人口衣食需求的挑战；满足农村经济发展落后，贫困地区脱贫增收的挑战。

（2）农业资源短缺与农业生态环境恶化的挑战。土地退化严重，农业灾害频繁，土壤、水源、空气等污染十分严重。

（3）长短期经济效益的挑战。生态农业投资回报周期长，为了尽快取得盈利或者增加盈利，一些企业和个人并未踏踏实实的进行生态农业产前基础设施投入和提高农产品产量和质量，而是把主要的精力和资金放在终端产品的营销上，甚至希望通过炒作来提高土特农产品价格，谋取一时的丰厚利润，这显然不利于生态农业的长远健康发展。生态农业将会成为未来农业发展的新方向毋庸置疑，但是在具体发展过程中还需政府加强引导、企业长远规划和农户积极参与。

（4）生态农业分散的经营主体的挑战。目前，我国生态农业经营以农户为主，产业组织形式发展滞后。我国生态农业多采用农村合作的形式发展，生产规模小、农产品市场竞争力不高、没有形成特定销售渠道，使得生态农产品销量受限，尤其是在偏远地区、经济不发达地区这种现象更甚。

（5）基础设施薄弱，科技支撑能力不强的挑战。我国农业基础设施薄弱，水利设施不足，部分失修老化，靠天吃饭的局面难以解决。生态农业是一项复杂的系统工程，它需要包括农学、林学、畜牧学、水产养殖、生态学、资源科学、环境科学、加工技术以及社会科学在内的多种学科的支持，几乎超越每个科学家研究的界限，理论基础尚不完备，技术体系不完善，农民们没有足够的经验和理论知识对这一系统进行科学的设计与管理，不能做到因地制宜。中国农业高新技术供给不足，且农业科技创新成果的推广和应用转化率低，中国农业中的科技贡献率只有 40% 左右，农业科技成果转化率为 30%～40%，与发达国家的 70%～80% 转化率相差甚远。

发展生态农业的关键是实现经济效益、社会效益和环境效益的统一。在生态农业具备潜在投资价值及发展前景的情况下，企业资本的大量涌入为生态农业的发展注入了活力。在政策的引导及农业经济发展存在的潜力和广阔的发展空间的影响下，近段时间，外来资本大量涌进农业。汇源集团、茅台集团等纷纷宣布将进军生态农业，利用原有渠道销售农产品。业外资本的进入将为生态农业发展提供资金的支持。生态农业属于弱质产业，前期需要投入的资金多，同时需要两三年的时间来积蓄力量。其投资回报周期长，地方政府、农户或农业合作组织往往缺乏必要的发展资金，而企业的进入则能缓解这一难题。

五、对生态农业的认识误区

虽然生态农业是实现农业可持续发展的唯一选择，但受西方现代农业、石油农业的影响，加上 30 多年来使用农药化肥养成的根深蒂固的习惯，人们对生态农业有不同的认识，甚至很多人对生态农业产生了误解。

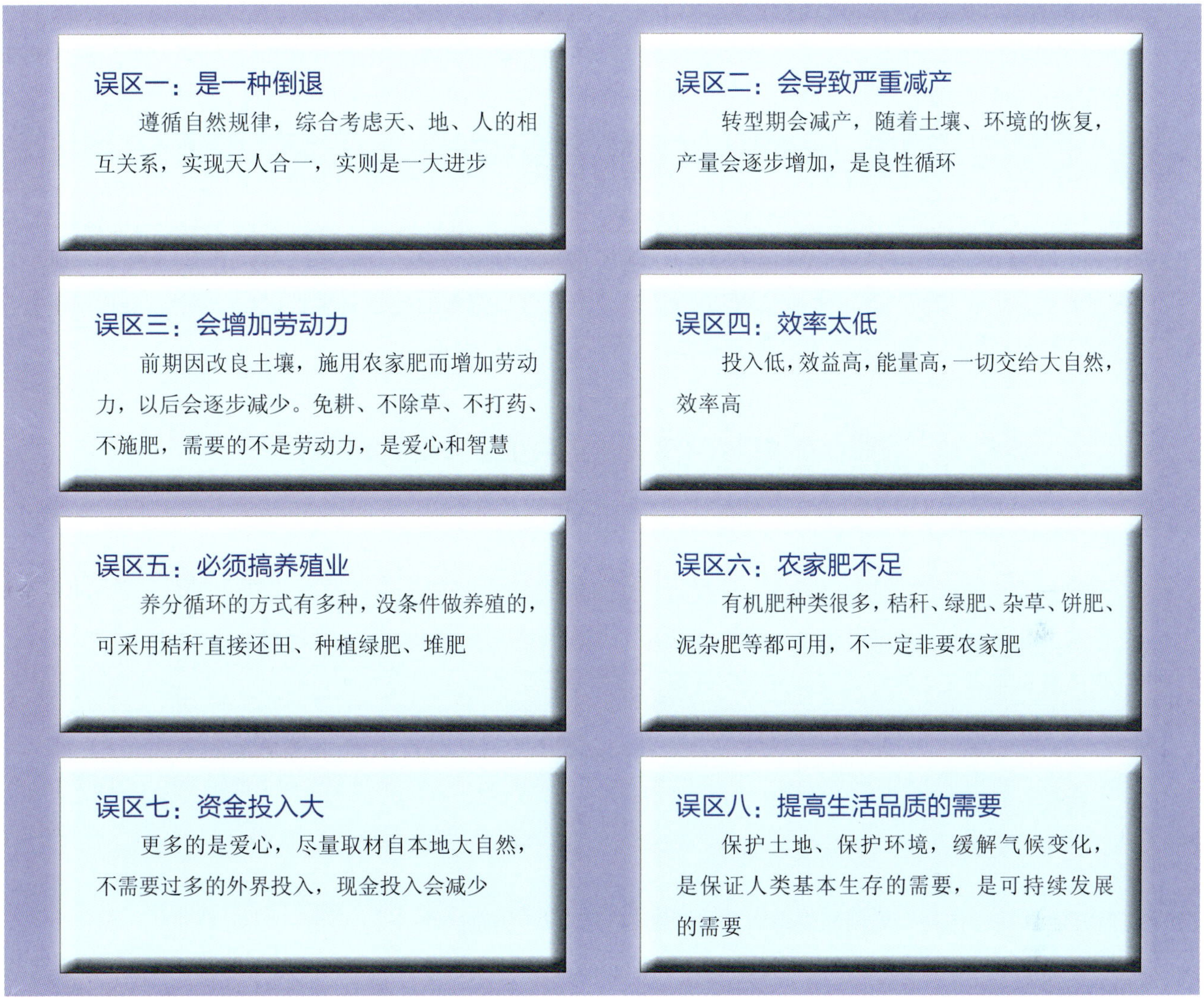

误区一：是一种倒退

遵循自然规律，综合考虑天、地、人的相互关系，实现天人合一，实则是一大进步

误区二：会导致严重减产

转型期会减产，随着土壤、环境的恢复，产量会逐步增加，是良性循环

误区三：会增加劳动力

前期因改良土壤，施用农家肥而增加劳动力，以后会逐步减少。免耕、不除草、不打药、不施肥，需要的不是劳动力，是爱心和智慧

误区四：效率太低

投入低，效益高，能量高，一切交给大自然，效率高

误区五：必须搞养殖业

养分循环的方式有多种，没条件做养殖的，可采用秸秆直接还田、种植绿肥、堆肥

误区六：农家肥不足

有机肥种类很多，秸秆、绿肥、杂草、饼肥、泥杂肥等都可用，不一定非要农家肥

误区七：资金投入大

更多的是爱心，尽量取材自本地大自然，不需要过多的外界投入，现金投入会减少

误区八：提高生活品质的需要

保护土地、保护环境，缓解气候变化，是保证人类基本生存的需要，是可持续发展的需要

图 7-8　对生态农业理解的误区

第四节　四川简阳市东溪镇双河村生态农业发展案例

四川省简阳市双河村的"新天地水稻合作社"的生态农业已经步入到了生态农业正式发展的轨道。该合作社最大的特点是，从 2010 起，他们在全村范围内推广绿色生态种植，全面拒绝化肥、农药（包括除草剂）和激素。目前，该合作社绿色生态种植已经覆盖了该村全部农产品品种和半数以上耕地。生态种植、绿色食品、合作社返利、社区活动和社区公共文化生活，大大提升了该村村民的"幸福指数"。

"新天地水稻合作社"位于四川省简阳市东溪镇双河村，该村距简阳县城 9km，属沱江中游、龙泉山东麓，平均海拔 400 ～ 580m，属四川丘陵地区。该村辖 9 个社，500 余户，1720 人左右；耕地面积约 1980 亩[①]，人均拥有土地 1.15 亩。该村是我国农村典型的半工半农模式，即家庭的年轻子女外出务工，年老的父母在家

---

① 亩，面积单位。1 亩≈666.7m²。后同。

务农,同时照看孙子、孙女。

该村农作物有水稻、小麦、玉米、油菜、红薯、豆类小杂粮和蔬菜;山地种有柑橘、梨、桃、李、樱桃和大枣等果树。在此基础上,每户养猪一两头,鸡10只左右。从2010年开始6年内全村完全杜绝农药、化肥、除草剂,农作物品种上全面推广了生态种植,实行生态种植的面积1000亩,大概占全村总耕地的50%。

该村的生态农业发展成效显著。一方面,它使全村村民吃上了绿色生态的健康食品;另一方面,全面提升了该村生态农产品的价格。例如,2013年,该村杂交稻大米卖到6元/斤[①],价格提升了3倍;常规稻大米8元/斤,价格提升了4倍(常规稻可以自己留种,但单量比杂交稻低100斤/亩左右);红米、黑米10元/斤;菜籽油10～12元/斤;生态猪肉20元/斤。由于可供销售的产量有限且宣传工作做得好,该村生态农产品在周边城镇就销售一空,有些品种甚至供不应求。

专栏14　简阳市东溪镇农业服务中心的生态农业基本原则

- 生物多样性(最基本、最重要的原则);
- 不耕地(保护性耕作,不耕或少耕、浅耕);
- 不施用化肥、激素和生长调节剂(自然生长);
- 不使用除草剂,尽量不除草(合理管理杂草,只控制遮光并影响作物光合作用的杂草);
- 不使用化学农药(通过生物多样性维持相生相克的平衡系统,不用人为控制)
- 不使用转基因产品和技术(遵循自然规律);
- 控制牧场载畜量,动物饲养采用天然饲料(可持续);
- 在地化生产和消费(低碳减排)。

"新天地水稻合作社"采用的生态农业技术要点包括以下方面。

一、合理间套作

图7-9　合理间套作,提高生物多样性,从根本上可避免病虫害暴发

---

① 斤,质量单位,1斤=500g。后同。

多样性种植，可以避免因单一作物规模种植导致的病虫害爆发，作物种类多了，就会吸引更多的生物，形成相生相克的自我平衡系统。

小经验：葱、姜、蒜和同季作物间套作有驱虫作用；另外，可以种植标靶作物（特别容易吸引某种昆虫的作物），吸引昆虫取食标靶作物，而减轻其他主要作物的损失；万寿菊和大多数香草都有驱虫的作用。

二、秸秆还田覆盖

图7-10　秸秆还田覆盖，保护、培肥土壤

不管是作物的秸秆，还是路边的杂草，都可以用来覆盖，这种方式有如下好处：①保护土壤微生物和昆虫，腐烂的秸秆是微生物和有些昆虫的食物；②抑制杂草；③抑制土壤水分蒸发，保持土壤湿度；④调节土壤温度，使土壤冬暖夏凉，相当于自然空调；⑤增加养分。秸秆腐烂后，是非常好的有机肥；⑥改良土壤。秸秆能吸引很多土壤微生物和昆虫；⑦保持水土。避免土壤被阳光暴晒、被暴雨冲刷，避免水土流失。

三、沼液综合利用

只要不违背生物多样性原则，不大面积种植单一的作物，加上杜绝了农药、化肥，作物的身体素质和抵抗力自然会增强，病虫害自然会减少。如果发生病虫害可以使用沼液防治。

正常产气两个月以上的沼液，含有各种水解酶、B族维生素、氨基酸、植物激素、抗生素类、氨和铵盐、腐殖酸、大量矿质元素和各种微量元素，既是很好的肥料，也能起到很好的防病治虫的作用。防治对象包括水稻、小麦、玉米、果树、蔬菜等绝大多数作物的绝大多数病虫害，可以说是包治百病。

图7-11　综合利用沼液，防治病虫害

　　使用方法也简单，浸种、浇施、根外追肥结合，每隔15天即可喷施一次，连续喷施2～3次，重点喷施叶背面，因为叶片的气孔，就像人的嘴巴，绝大多数都分布在叶背。

　　注意，在叶片转绿前沼液要稀释50%，叶片成熟后方可用纯沼液。还有，千万不要在高温下使用，以免烧叶。

四、合理管理杂草

　　果园生草是种植生态水果的好模式，既能增加生物多样性，又能保护土壤，增加土壤养分和土壤微生物，对维持果园生态系统起到了至关重要的作用。

图 7-12　合理管理杂草，保护土壤、防治病虫　　　　　　　　　　**图 7-13**　合理管理杂草
　　　　　　　　　　　　　　　　　　　　　　　　　　　　　　　蔬菜在杂草的保护下，几乎没有病虫害、长势也挺好

　　杂草会与作物争水、营养和光线，在一定程度上需要得到控制。但是常规农业中完全清除杂草会导致土壤死亡，而现代石油农业中使用除草剂会导致更多更糟糕的问题。我们需要注意到杂草给生态农业带来很多好处，应当要以更加理智的方式来处理。我们寻求恢复杂草，因为它们是大自然的礼物，赐予我们很多好处：①维护平衡。草的多样性有利于生态系统的稳定和平衡；②土壤卫士。杂草覆盖土壤，可防风吹、日晒、雨淋，保持水土；③培肥土壤。杂草可以通过光合作用固定、制造养分；④保湿恒温。杂草可以调控土壤温湿度，保湿、防涝、自然空调；⑤改良土壤。老化死亡的根是微生物良好的食物，帮助改良土壤；⑥昆虫家园。给昆虫提供食物和生存环境，保护作物生长；⑦减轻虫害。吸收多余氮肥，保持作物养分平衡，减少病虫损失。

五、科学保护土壤

　　在不考虑水分的情况下，土壤中虽然95%左右都是矿物质，但是，真正决定土壤质量的，却是5%左右的有机质和微生物，特别是我们肉眼看不见的微生物，赋予了土壤生命，把土壤中所有作物不能吸收的养分，分解成作物能够吸收的营养。此外，土壤微生物的种类和数量很多，1kg肥沃的土壤里可含5亿个微小动物、5亿个细菌、近10亿个真菌和100亿个放线菌。不同的微生物的作用不同，有的能分解土壤里的有毒物质；有的能涵养土壤水分，保持土壤湿度；有的能将空气里的氮气固定到土壤中，制造成作物能吸收的氮肥；有的能合成腐殖质；有的能分泌抗生素，抑制病原菌的繁殖，减轻土传病原菌对作物的危害；有的能推动土壤发育，形成土壤团粒结构。所以，保护土壤，关键是要保护土壤微生物。

图 7-14　科学合理地保护土壤，免耕、少耕、浅耕

除了农药、化肥、农膜会伤害土壤微生物外，翻耕，不管是机械、畜力还是人力翻耕，也都会破坏土壤微生物，会给微生物群落制造一次次大地震！而免耕则可以保护土壤结构和微生物。在免耕状态下，土壤微生物、昆虫及四季温度变化，会使土壤自然疏松。免耕的土壤还有更好的保水能力，能避免水土流失，有利于土壤的恢复，能节省劳动力。有研究显示，免耕地的速效磷比翻耕地的高出 1.1 倍，速效钾比翻耕地的高出 34.3%。

除了以上技术，还可采取制作堆肥、冬闲种植绿肥、施用饼肥等方法改良和培肥土壤，解决土壤养分的问题；可以合理调整播栽时间，提早或延后播栽期，避免和季节性病害大面积重合，可以减轻季节性病虫的发生；品种尽量本地化，避免使用杂交种，可增强作物抗性和适应性，减轻病虫危害。

专栏 15　使用绿肥

绿肥简单易用、价格便宜、益处很多。

首先，它们是保持土壤中冬天可能流失的养分的好的材料。从土壤中淋滤出的养分可以保存在绿肥中，到春季被作物吸收。对于缺乏养分的细沙质土壤来说，冬季深挖的用处不大，绿肥是理想的解决方案。

第二，它们抑制杂草生长。两种植物不能生长在同一个地方，绿肥会防止杂草丛生。

第三，绿肥可以改良土壤结构，增加土壤腐殖质。其根部能够保持土壤疏松，并吸收矿物质和营养物质，否则会被浪费。

绿肥不仅能够保持土壤养分，有些绿肥还能固定空气中的氮。这种固氮能力实际上在为农民提供肥料。虽然泽兰属植物为外来入侵物种，但它们的确是很好的绿肥品种（不包括紫茎泽兰），华南地区的农民很喜欢它们。它们长得又高又密，遮蔽限制其他杂草生长；把它们割至接近地面时就死掉了，在下季耕种前留在地里腐烂或犁入土壤后能够迅速分解。

水生红萍蕨类植物是灌溉水田中有效的固氮绿肥，与半水生的豆科植物田菁、黄芪和田皂角的作用一样。

豆类、三叶草和苜蓿等豆科作物，可以固定空气中的氮，不仅有利于豆类本身，对所有的间作或后续作物也有益，能够减少或消除对氮肥的需求。量化豆科植物的生物固氮量，可以更好地指导农民管理氮肥，优化生产力和减少对环境的危害。其中许多植物具有三重作用：作为很好的饲料植物饲养家畜，花朵可以生产蜂蜜，良好的绿肥用于耕种前给休耕地施肥。

六、病虫交给自然

生态农业的高明之处，不是等发生了病虫害再去研究怎么治理，而是根本不会让病虫爆发成害。讨论病虫害要弄清两个概念：病虫和病虫害。大自然和人一样，各种病菌和昆虫是必然存在的，作物也一定会有病虫发生，不要看到一条虫就心慌，看到一片病叶就害怕，植物和人一样，有自己的免疫系统，并且非常强大，只要损失没有达到一定程度，都不用管它。所以，有了病虫，不一定都会发展成为"害"。

面对病虫，首先不要害怕，不要对立，一害怕，一对立，人就会失去理智，就会在没有找到根源的情况下急于解决"病虫害"，而解决的办法也是"快速"的——"杀"，不管用化学农药还是生物的、物理的办法，都逃离不了"杀"的魔咒。

事实上，病虫是在警示我们，我们的管理方法有问题了，需要做出改变了。其实，不管任何病虫害，其根源都在于作物养分的失衡和环境的失衡。作物养分的失衡无非两个方面：人为补充的养分失衡、土壤被破坏。即补充单质的化肥导致养分失衡，加上农药、化肥、地膜、翻耕等方式平衡土壤，自然会导致作物营养失衡，自身素质变差，抵抗力降低，稍微有了病虫就抵抗不了而导致病虫害爆发。环境失衡主要也是两个方面：单一化、规模化种植，影响生物多样性；杀死天敌，破坏天敌栖息环境，如杀虫的同时杀死天敌、打除草剂使杂草消失、硬化自然水塘、破坏湿地等。

找到病虫害的根源，重新恢复养分和环境平衡，病虫害就不会成为问题。

专栏 16　限制使用农药的方法或影响

- 人工除草；
- 只使用可生物降解的化学物质；
- 使用目标明确的药物；
- 避免在河道附近或雨季使用化学制品；
- 地表使用覆盖物；
- 使用生物防治，即维持杂草给天敌昆虫提供可宿主植物；
- 确保生物种类丰富，有目标害虫的天敌生存；
- 建立合适的栅栏；
- 设定害虫处理临界值，到需要的时候再处理；
- 了解健康危害、害虫识别和化学品的正确处理方面的知识。

七、合作社发展生态农业应注意的问题

（一）心态要放平：不能急于求成

土地已被严重伤害，环境也已严重失衡，要恢复需要一个较长的、自然的过程，不能急于求成，来得快的去得也快，来得慢的才更可持续。同样，生态农业不仅是生产方式的改变，更是心态的改变、人心的改变，这就需要一个过程，千万不能追求规模而急于求成。

（二）动机要纯洁：不单追求效益

为了生产生态产品赚钱而做生态农业几乎很难成功，当产品有市场时，可能会因高价而作假，最终毁了自己，当产品没有市场卖不掉时，自然就不会做了。所以，生态农业更大的意义在于生产者首先是为了土地和环境的健康，其次保证自己的健康，再有多余的情况下，才拿出去销售分享。当本着一颗善心去做时，心态才不会浮躁，也才会赢得消费者的信任，当付出积累到一定程度时，自然有市场找上门来。

所以，刚推广生态农业时，不要刻意为了卖而生产，不要为了提高效益而弃粮种果或其他经济作物。而是不改变种植结构或品种，以前农友种什么，现在也种什么，只是改变生产方式，不用农药、化肥、除草剂，按照生态的方式来种。等土壤逐渐改良了，有了一定的消费群体并相互建立了信任，再逐步考虑品种结构调整的问题，这样，就不会增加销售压力，不会因为产品销售问题而阻碍生态农业的发展。

（三）信念要坚定：要耐得住寂寞

土壤和环境恢复需要过程，且这个过程中，会遇到很多困难和问题，也不会很快见到效益，就像戒毒一样，没有超常的意志和坚定的信念，就会半途而废、前功尽弃，可能还会遇到不了解甚至风言风语，这些都是磨炼，只要耐得住寂寞，经历过这关，生态农业的道路自然会越走越宽。

（四）方法要正确：多向自然学习

不要过于依赖现代科技，生态农业更多的是依靠自然的力量，恢复其本身的平衡。大自然的力量是非常强大的，只要我们不过多的干扰，就会自然形成一个相对稳定的平衡系统，我们要以谦卑的心态，多静下心来观察大自然，多向自然学习。

（五）不要向外求：传承本土文化

本地的品种、技术和文化都是经过长期的选择的，保留下来的是最适宜的，风险最小、成本最低，具有无可取代的意义和价值。不要迷信外来的所谓的好品种、先进技术。要多挖掘本地传统技术和智慧，这是生态农业成功的保障。

第八章
生 态 旅 游

第一节　生态旅游是国际旅游可持续发展的主流

一、生态旅游的概念

国际生态旅游协会（The International Ecotourism Society, TIES）的定义是："在自然区域内的负责任的旅游，保护环境，改善当地人民的福祉。"这完全不同于简单地参观国家公园、植物园或森林，这些最好被称为是"基于自然的旅游"。

生态旅游的思想起源于 20 世纪 60 年代，其雏形是"生态性旅游（ecological tourism）"，是 1965 年赫特泽（Hetzer）在反思当时文化、教育和旅游的基础上提出的旅游发展思路（吴楚材等，2007）。世界自然保护联盟（IUCN）特别顾问、墨西哥专家谢贝洛斯·拉斯喀瑞（Ceballos Lascurain）于 1983 年再次强调生态旅游（ecotourism）一词，随后，生态旅游的概念与实践在美国、澳大利亚、加拿大等西方发达国家迅速推广，并使得生态旅游在短短的几十年的时间里不断深入发展。

国际上与生态旅游相关的概念有 140 多种，包括世界自然保护联盟、世界银行及澳大利亚、美国、日本等国家的旅游机构提出的生态旅游概念（吴楚材等，2007）。

生态旅游被引入我国是在 20 世纪 90 年代中期，特别是 1999 年第一次设立了"生态环境旅游年"。国家旅游局 2009 年全国主题旅游年再一次确定为"中国生态旅游年"，主题口号为"走进绿色旅游、感受生态文明"。

不同于传统旅游"吃、住、游、娱、购、行"的六要素概念，生态旅游全新的六要素已经逐渐得到全球的共识和认可。

生态旅游的新六要素

(1) 保护生态资源环境，维持生物的多样性；
(2) 资金要首先运用于生态资源的保护和研究；
(3) 增加当地社区的参与，并使其从中获益；
(4) 不要超过自然资源对旅游行为的承载力；
(5) 增强当地社区和旅游者的生态保护意识；
(6) 实现环境、社会文化、经济三方面的可持续发展。

二、生态旅游内涵

(一)保护自然生态系统

生态旅游强调对旅游资源和旅游环境的保护性开发和可持续利用。传统旅游的发展由于没有充分考虑旅游活动和旅游开发带来的生态冲击，对旅游资源和环境的生态价值没有进行有效评估与保护，不少地方将经济效益作为发展旅游的第一要务，未能形成保护旅游资源的有效措施与体系，甚至将不可再生的旅游资源开发殆尽，最终没有形成可持续发展的旅游环境。而生态旅游是将生态保护的思想融入旅游开发和管理的整个过程之中，不仅重视旅游资源的经济效益，同时还强调环境的生态效益和社会效益，是一种"保护性旅游"。不论生态旅游者，还是生态旅游经营者，甚至包括得到收益的当地居民，都应当在保护生态环境免遭破坏方面做出贡献。也就是说：只有在旅游和保护取得平衡时，生态旅游才能显示其真正的科学意义。

(二)构建人地和谐关系

生态旅游不但是一种给大众提供自然旅游体验的保护性旅游，也具有促进地方经济发展、带动相关产业联动融合、提高当地居民生活质量的功能，同时在维护旅游地传统文化的完整性以及促进人地关系和谐方面发挥了重要作用。生态旅游将本地居民利益与发展旅游经济有机地结合起来，同时也进一步提高了旅游者对旅游地及当地居民的认知，既促进了旅游地的经济发展，又改善了旅游地与社区居民的关系，形成了旅游地、社区居民以及旅游者三者和谐关系。社区居民与旅游地关系的和谐减轻当地居民对自然环境的破坏和不合理利用，达到生态保护的目的。生态旅游发展意味着必须保持原生环境下的当地居民与自然环境之间的关系和人地和谐的本土文化，使旅游者在生态旅游过程中对自然环境产生敬畏并尊重与理解本地居民的生活方式和风俗习惯。

(三)促进可持续发展

生态旅游对发达国家的经济发展产生了巨大的影响，并实现了旅游的可持续发展。目前世界各发展中国家已经认识到生态旅游的价值与现实意义。通常来说，发展中国家大都有较好的原生自然环境，同时也是经济相对落后的欠发达地区。有的地区甚至明确提出生态旅游就是"通过旅游为保护区积累资金，为当地人民提供就业机会，给旅游者以环境教育从而有利于自然保护的自然旅游"。2002年2月，世界旅游组织在马尔代夫召开了"亚太地区生态旅游可持续发展部长级会议"。大会一致认为：生态旅游是国际旅游可持续发展的主流。

三、生态旅游活动类型

（一）互动型生态旅游活动

　　自然生态环境以其优质的环境质量、多样性的生物及秀丽独特的自然风景成为吸引生态旅游者的重要目的地。野生生物旅游作为生态旅游最具代表性的方式早已成为世界旅游的重要组成部分，早在1994年野生生物旅游收入就占国际旅游收入的10%，商业观鲸旅游作为一种重要的野生生物旅游形式每年吸引了900万世界各地的游客，而全世界观鸟游客总数约有6 000万人。在澳大利亚，由于动物的多样性和珍奇性，每年吸引了众多的全世界游客来此观光旅游。在美国，每年大约超过7 500万人观赏野生动植物，这一活动已成为美国第一大户外娱乐活动内容。由于教育和媒体宣传的作用及人们保护环境意识的觉醒，人们已经把了解自然、增加人生阅历作为观赏野生动植物的动力源泉。因此，

图 8-1　参加东北虎冬令营的小朋友在记录东北虎脚印

观赏野生动植物的旅游人数每年还在不断增长，特别是来自工业化程度比较高的国家和城市的旅游者往往把观赏没有受到污染的自然环境和动植物作为旅游动机。此外，野生动植物旅游已成为许多不发达国家赚取外汇的主要来源。由于环境教育是可持续旅游体验的一个重要组成部分，因此，野生生物旅游已成为一种时尚。野生生物旅游不仅能够提高游客的欣赏水平，而且还能提高游客的环境意识，促使游客产生积极的保护环境行为（张建春，2007）。

（二）研究型生态旅游活动

图 8-2　到东北虎栖息地观察和研究老虎吃剩的梅花鹿骸骨

　　"研究型"生态旅游主要是由专家、学者以及研究人员组成，以科学研究或保护自然为主要目的的旅游活动。研究型生态旅游是生态旅游业中目的性较强的旅游形式，随着生态旅游业的不断发展，与保护与发展相关的问题促使更多的研究者从地方经济利益、社区社会文化与环境保护的角度对生态旅游的影响进行研究。"研究型"生态旅游者由于旅游动机与目的不同于其他生态旅游者，对旅游服务要求不高，旅行距离较远，在生态旅游过程中倾向于使用更加简易的住宿和设施，在生态旅游市场中是属于环境伦理道德水平较高的一类群体。"研究型"生

态旅游者可以被认为是生态旅游原则最忠实的捍卫者和执行者。"研究型"生态旅游是深层次开拓小生境生态旅游市场的重要组成部分。随着知识经济社会的到来，崇尚科学、热爱学习已成为全人类的共同行为，可以预计，越来越多的大众旅游者会加入这一生态旅游行列。

在国际上比较有影响的"研究型"生态旅游活动，一个是澳大利亚的地球观察（earthwatch）研究组织，另一个是华莱士行动（operation wallacea）项目，其中华莱士行动是1995年英国"研究型"生态旅游经营者在印度尼西亚中部苏拉威西岛等地开展的一项"研究型"旅游活动。这一非营利性组织长期在印尼霍加（Hoga）岛等岛屿上的村庄开展以研究野生动植物和促进当地社区旅游经济发展为内容的生态旅游活动。该项活动主要依靠科学研究志愿者自费进行一系列的野生生物考察和探险活动，如1999年就有来自英国和爱尔兰的22所大学的教授与学生参与了此项活动，2000年6至10月共有300名志愿者参与了海滨生物、生态、森林生态、野生动物管理或者社区管理等相关项目的某个方面活动（张建春，2007）。

（三）生态文化型旅游活动

生态旅游以自然为基础，但不排斥当地的历史文化遗产。早在1994年，澳大利亚国家发展生态旅游战略就指出：生态旅游是基于自然的旅游，涉及自然环境的教育和解释，并受到生态上可持续性管理的旅游。这一定义中的自然环境包括文化成分，生态可持续性指生态系统完好无损地造福于当地社区的发展，并使资源长期得以保护。游客对文化多样性的兴趣包含在生态旅游实践中，世界五大洲大部分国家和地区都珍藏有悠久和珍贵的人类文化遗产，无论它们分布在何地，这些人类文化遗产都是与环境紧密相连的（张建春，2007）。

（四）生态探险型旅游活动

生态探险旅游是在特殊的自然环境中产生的旅游形式，其特征有以自然为基础，较小的旅游人员规模，较低的环境影响等。生态探险旅游目的是探索自然的奥秘，体验较为刺激的自然环境，并对参与者的身体素质以及野外生存能力有一定的要求。生态探险旅游强调旅游活动的神秘性与体验的刺激性，需要开发人迹罕至或特殊的自然环境，形成种类繁多的生态探险旅游形式，如高山探险旅游，沙漠探险旅游，海洋探险旅游，森林探险旅游，洞穴探险旅游，极地探险旅游，追踪野生动物探险旅游等。

图8-3　体验印第安人的传统营地的文化　　图8-4　在南非由导游陪伴到无人荒野探险

（五）大众型生态旅游活动

除了上述生态旅游类型外，传统的大众旅游活动中也包含生态旅游活动的内容，大众型生态旅游正是以自然资源为依托的旅游活动类型，如自然观光、森林疗养、攀岩、垂钓、野营等，都是大众旅游中的生态旅游活动。这些活动提供给人们与自然亲密接触的机会，同时也是获得身心恢复的重要途径，是目前比较普遍的生态旅游活动类型。此外，随着旅游市场的进一步细分，我国很多大众型生态旅游的方式正在向专业型生态旅游方式转变，如攀岩、野营等活动的参与群体由爱好者向专业化群体的转变。

四、生态旅游促进当地文化和社区发展

（一）促进旅游地社区发展

生态旅游有利于促进旅游地社区经济结构优化，保护生态资源与环境，维护社区社会传统文化，提高当地居民的环境保护意识。从各国生态旅游的实践来看，不论是在发达国家还是在发展中国家，社区参与都是其生态旅游活动的重要内容。通过发展以社区参与为基础的生态旅游活动，调动社区全体成员的积极性，实现收益最大化，生态旅游在发展目的地社区经济、维护当地环境、保护当地文化等方面都取得了良好的效果。生态旅游对社区发展与旅游产业的协调共生起到了积极的促进作用。对旅游者而言，高质量旅游可归纳为3类：设施的舒适性、体验的真实性和心理的满足感。其中，游客体验的真实性是生态旅游活动的本质之一。要使旅游者欣赏到原汁原味的自然生态和民俗文化有一个基本前提，就是当地居民的生活、生产、服务、表演等活动都是出于真情的自然流露，而不是虚伪的或完全市场化的。生态旅游不但强调保持旅游地自然环境的原真性，同时也注意保存地方生活方式的真实性。

另外，生态旅游将社区居民视为目的地的主人，他们理应"在旅游规划和管理过程中占有领导地位"。社区居民作为生态旅游活动的利益主体之一，有权对生态旅游的开发与规划发表意见甚至直接参与决策，有权知晓生态旅游开发将对本地未来一段时期的社会文化发展带来的影响，进而对是否进行生态旅游开发、开发的速度与时机，以及如何保护当地的社会文化等问题提出自己的想法和建议。许多旅游目的地生态旅游的成功经验都表明：生态旅游有利于增强当地居民保护和弘扬传统文化的自觉性与自信心，避免地方文化受到外来强势文化的冲击（佟敏，2005a）。

（二）提升自然教育功能

开展生态旅游的初衷是保护环境，保护生态旅游地脆弱的生态环境和生态系统，保证传统文化的传承。生态旅游就是让游客在感受自然过程中增强对自然生态的认识和理解，提高公众保护自然生态的意识（高峻，2016）。教育性，即生态旅游不仅向人们提供游憩的场所，而且使游客在游憩的过程中接受自然与人类和谐共生的生态教育。通过生态旅游，游客们走向自然，在自然中学习和认识自然的价值，从而达到让游客自觉地保护环境的目的。生态旅游所强调的主要是传统旅游所没有充分重视的生态环境教育功能（胡善风，2003）。以森林生态旅游为例，通过生态教育游客可以在游览中了解森林生态系统的科普知识，既可以普及自然知识，又可以让游客在游览的过程中意识到保护自然环境的重要性。带有自然教育功能的生态旅游，其社会意义要远大于普通的大众旅游。世界上众多的国家公园的经营目的就是以社会公益为主，提供科普教育和科学考察的场所，强化人民的环境保护意识。生态旅游的教育功能在内涵上不断充实，表现在三个方面：一是教育对象的扩大，从只教育游客发展为对所有旅游收益者如开发者、决策者、管理者均有教育功能；二

是教育手段的提高，从单纯的游客游览体验的教育方式，转变为利用现代科技、艺术等综合手段展示自然，使人能够在直观体验的同时受到教育，教育的效果大大提高；三是教育意义更大，教育不仅仅是个人环境素养的提高，更为重要的是全民环境素养的提高（李飞，2007）。

五、生态旅游是一种新型经济业态

生态旅游（ecotourism）经济是在旅游领域中伴随着生态旅游理念的出现而逐步形成的一种新型经济业态（刘汀和鲁波涛，2015）。有国外学者指出，ecotourism 的词冠 eco 不仅代表 ecology，还代表着 economy 的意思。据世界旅游组织估计，目前生态旅游收入已占世界旅游业总收入的 15% ～ 20%（胡善风，2003）。在生态旅游形成和发展过程中，生态旅游的各项原则也在不断的成熟，各种形式也在不断地发展和完善，各式各样的旅游产品也相继研发面向市场。发展生态旅游经济的意义是多方面的。发展生态旅游对发展中国家意义重大，通过接待旅游者，可以赚取外汇，为地方居民提供就业，促进基础设施建设与开发。增加地区经济的长期稳定性和多样性。通过提供本地的商品和服务，将生态旅游作为狩猎的替代方式，为环境资源保护提供动力，促进生态系统的健康稳定发展，同时，也为地方传统经济模式的转型和政府对资源与环境管理做出贡献。生态旅游的蓬勃发展拉动了旅游经济的极大发展，成为各国经济发展新的增长点。肯尼亚、哥斯达黎加、卢旺达、泰国、斐济、澳大利亚等国，通过开展生态旅游，为国家带来了巨大的外汇收入。

对于旅游地当地居民而言，生态旅游最明显的效应是增加当地经济收益，提供就业机会，帮助当地居民脱贫致富，生态旅游资源集中的地区，往往也是自然及社会文化相对原始的地区，也是社会经济较为贫困的地区。通过生态旅游资源的开发带动扶贫可以加快贫困地区的经济发展。同时由于生态旅游强调保护优先，因此对当地的生态环境不会造成威胁，可以实现旅游地可持续发展。

自然保护地的旅游业正在全球范围内迅速发展，目前已达到每年约 80 亿人次，超过地球上每人出游一次的总和。这些旅游直接带来约 6 000 亿美元的国内支出（Balmford *et al.*，2015）。

专栏 17　家庭生态旅游独具特色

旅游业有助于为经济上依赖于当地自然环境"质量"的当地社区创造重要的经济收入。在这方面，旅游发展是很好的政策，可以推动基于社区的生态旅游发展，在中国具有巨大的开发潜力。

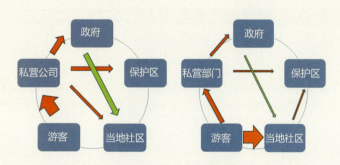

图 8-5　旅游收入流动图

生态旅游发展有两种模式：①大部分旅游业通过大型私人公司管理实现，或这里推荐的模式；②大部分旅游通过基于社区的旅游管理实现。（红色箭头表示旅游收入的流动图，绿色箭头表示生态补偿的需求）

　　这个模式在泰国北部和马来西亚沙巴州都特别成功。在中国，当地社区可以提供基于社区的旅游类型：①家庭旅游体验；地道的当地美食；②划船、骑马，导游带领的爬山；③个人野生动物摄影旅游，飞蝇钓鱼；④冬季越野滑雪；⑤皮划艇、漂流、攀岩；⑥山地自行车、滑翔；⑦民族文化娱乐(音乐、鹰猎等)；⑧手工艺品。

　　一些家庭可以合作形成小型合作社，经营一个网站，宣传他们的设施和娱乐项目，采取预订的方式，可将不同的旅游项目安置到不同家庭。这种类型的旅游会给游客提供更多的个人和当地体验，也可为当地居民提供更好的生计，让游客更愿意帮助保护当地风俗、风景和野生动物。

第二节　国际生态旅游趋于成熟

一、国际生态旅游的发展阶段

（一）生态旅游兴起阶段(20世纪60年代至80年代初)

　　20世纪60～70年代，欧美各国因经济快速发展，观光旅游人口大增，以自然野生环境或异族文化为主题的观光地，都有人满为患的困扰。因此，在"永续发展"的思考下，Hetezr于1965年开始呼吁文化、教育和旅游界，应以对当地文化、环境最小冲击，给予当地最大的经济效益与游客最大满意程度为衡量标准，实现一种生态上的观光：生态旅游。在这一时期，出现了大量与此相关的词汇。这些旅游形式都有一个共同的特点，那就是"负责任的旅游"。也就是说，生态旅游和传统大众旅游的根本区别就在于此，发展生态旅游要注意"不改变生态系统的完整性"，维护生物多样性，活动项目设置的专项性，体验上的高雅性，教化功能的多样性。越来越多的游客开始对造访原始的自然生态环境、体验原住民族传统文化，产生高度兴趣，促使生态旅游的快速发展，这正是旅游市场需求结构发生变化的结果。在这一时期，生态旅游的概念还没有统一的说法，还处在仁者见仁、智者见智的阶段，比如谢贝洛斯·拉斯喀瑞认为生态旅游是为了考察、观赏风景、野生动植物以及能在此地发现的所有现存的文化现象的特点的目的，到较为偏僻或未被污染的地区旅行(梁慧和张立明，2004)。

（二）生态旅游蓬勃发展阶段(20世纪80年代)

　　1983年，为了积极响应国际上"可持续发展"的思想，同时为了解决当时拉丁美洲地区发展的困境，墨西哥保育专家Ceballos-Lascuráin创造性地使用了"生态旅游"一词，目的在于用"生态旅游"这个名词游说墨西哥当地政府在北尤卡坦湿地设立美洲红鹤繁殖地保护区，在不破坏环境的前提下提高当地群众的生活水平。80年代中期，中美洲地区开始实施"玛雅之路"国际生态旅游项目。"玛雅之路"全长约1500英里[①]，跨越了墨西哥、危地马拉、伯里兹、洪都拉斯和萨尔瓦多5个国家。将分散在各国的生物圈保护区如玛雅生物圈保护区、先卡安生物圈保护区和蒂卡尔国家公园等连接在一起，统一规划、统一开发。其目的是在不破坏生态环境的前提下开发它们所共有的文化、历史和自然遗产，发展旅游业，促进经济发展。整条旅游路线由公路、季节性小道、非季节性小道和河流等组成。为了减少对环境的影响，保护区采用了缆车和单轨铁路

---

　　① 1英里 = 1.609 344km。

穿梭于茂密的森林间，这样既避免了开挖公路对森林的破坏，同时又能使旅游者更易进入森林腹地，观赏野生动物和探访玛雅文化遗址。"玛雅之路"国际生态旅游项目的成功实施，使得生态旅游不仅作为概念为世界所接受，还成为一项实践活动。生态旅游的实质是促进当地的环境保护和经济发展，这是生态旅游与传统旅游之间的最大区别，生态旅游的根本目标是促进区域的可持续发展。因此，从更高的层次和更广阔的视野来看，生态旅游不仅仅是一种旅游产品、一种旅游形式，更是一项基于可持续发展的区域开发战略（梁慧和张立明，2004）。

（三）生态旅游稳定成熟阶段（20世纪90年代中叶至今）

随着生态旅游在世界范围内的进一步发展，生态旅游进入稳定成熟发展阶段。生态旅游市场的细分是根据生态旅游者不同的兴趣爱好划分的，生态旅游者或其旅游形式具体可分为观鸟、潜水、自然爱好者、考古学家、洞穴学者、徒步旅行者、登山者、环境保护主义者和自我价值实现者。彼得森把生态旅游产品分为9类，分别是包价旅游、节庆、住宿、导游服务、观光胜地、非营利性协会、餐饮服务、零售、交通运输（梁慧和张立明，2004）。

二、世界生态旅游典型案例

生态旅游的思路从提出至今仅有40年，在全球环境危机、人们"生态觉醒"的大背景下，生态旅游的思路对旅游业产生了较大的影响。参与其中的国家、组织和机构也非常多，主要有政府部门、科研保护和非政府组织、多边援助机构等（吴楚材等，2007）。

在欧洲、北美洲及大洋洲等地区的经济发达国家中，人们崇尚自然，有着回归自然的传统，发展生态旅游有着良好的基础。欧洲国家于80年代末90年代初开始兴起生态旅游，1992年，欧洲自然和国家公园协会（Federation of Nature and Natural Parks in Europe，FNNPE）年会在芬兰艾斯堡（Espoo）举行，会上一致提出"通过自然演替保护生态系统"的欧洲公园新思路。年会上，芬兰政府还提出了自然保护的全球概念。英国也不失时机地发起了"绿色旅游业"运动，其主旨在于开放、开发国家公园以满足旅游和保护的双重需要，两者冲突时以保护为先。德国人十分崇尚森林旅游，为此，德国提出"森林向全民开放"的口号，全国森林公园的旅游收入高达80亿美元，占国内旅游总收入的67%。美国旅游业协会（American Society of Travel Agents, ASTA）于1990年成立了环境对策委员会，1994年制定了生态旅游发展规划，以适应游客对生态旅游日益增长的需求。日本旅游业协会于1992年成立了环境对策特别委员会，进行了广告宣传、启蒙教育、产品开发、资金募集等方面的工作。下面以几个国家和地区的生态旅游为例作详细介绍（邱云美，2011）。

（一）澳大利亚生态旅游发展

1994年，澳大利亚推行了国家生态旅游战略（National Ecotourism Strategy, ANES），是世界上最早制定和实施该种战略的国家。为了实现国家生态旅游战略与规划的目标，澳大利亚实施了一系列生态旅游项目，包括建立生态旅游经营商质量认证体系，市场调查研究分析，能源和废物处理技术，生态旅游教育，基础数据研究和预测，制定总体规划，举办研讨会等，联邦政府还拿出专款用于该战略的全面实施。根据国家生态旅游战略，澳大利亚制定了国家生态旅游计划，该计划采取了一系列举措减少生态旅游可持续发展的障碍。这些举措包括资助旅游基础设施项目的建设、支持生态旅游环境监测项目的开展、资助国家生态旅游鉴定制度可行性研究等。

澳大利亚旅游经济科学开发的特点表现在 5 个方面：超前性的规划；独特的城市建设；实行保护性开发；多样化优质服务；开展市场调查与促销。比如，在划分保护地类型方面，澳大利亚在采用 IUCN 分类标准进行统计的同时结合本国国情，将保护地划分为 80 多个类型。澳大利亚开发生态旅游遵循的基本原则是"旅游环境影响最小化"，导游会不断向游客灌输"旅游影响最小化"理念。同时，澳大利亚人还积极开发新型环保能源，把太阳能转换成其他能源进行储存并使用。

政府主导型发展模式是澳大利亚生态旅游迅速发展的另一成功经验。专职的政府部门负责指导环境保护与生态旅游发展，联邦政府负责国际环保公约签订、国内环保法规制定、跨州环保事务协调、重要环保科学技术的研究及推广等；各州政府承担着政府主要的生态环境建设和保护职责，以及环保法规的制定和实施；地方政府的环保职能在州政府的环保计划框架内进行，包括影响环境因素的控制、社区环境摩擦的协调、制定和执行社区环保规划等（周波，2011）。

（二）肯尼亚生态旅游发展

肯尼亚是非洲各国开展生态旅游最早的国家，是生态旅游的先驱者。旅游业是肯尼亚国民经济的支柱，而在旅游业中占成分最重的要属与野生动物有关的生态旅游。肯尼亚生态旅游发展的成绩是显著的。1990 年，肯尼亚曾召开关于生态旅游的区域性工作会议，1993 年肯尼亚诞生了全非洲第一个生态旅游协会，1997 年肯尼亚主办了关于生态旅游的国际研讨会，由此可知肯尼亚举国上下、各行各业对生态旅游的关心程度。

肯尼亚摆脱英国殖民统治后，自然观光和狩猎旅游迅速发展。由于狩猎旅游的盛兴，加上当时在国际上，象牙和犀牛角价格昂贵，贩卖它们十分有利可图，因此斩尽杀绝式的打猎行为严重影响了野生动物的生长与繁衍。同时，缺乏科学的规划与良好的管理也造成旅游品质的下降。于是，政府于 1977 年宣布禁猎令。为了保护肯尼亚的野生动植物，政府通过强迫原住民迁离等办法，建立国家公园。累计至今，肯尼亚共成立了 26 座国家公园、28 处保护区和 1 处自然保留区，共占陆地面积的 12%，也就是说，全国有 1/10 土地的用途着眼于野生动植物的保护。政府还提出了"用你的镜头来猎取肯尼亚"，用以替代过去的狩猎旅游。这样的改变取得了非常好的效果，不仅使旅游人数、旅游业收入增加，更重要的是对当地企业和民众有正面效应，自从旅游形态改变后，肯尼亚有更多的私人企业投入旅游业，并为当地居民带来许多就业机会；肯尼亚出现了许多属于国人自己经营的旅游集团、旅游服务公司。肯尼亚旅游发展协会成立于 1966 年，其主要设立宗旨是协助有兴趣的私人企业取得政府的资金赞助，发展生态旅游，以此和其他外国投资者分享"旅游"这块蛋糕。此外，根据肯尼亚的法律规定，所有的旅游企业都需有部分股权为肯尼亚人所拥有，所以肯尼亚旅游发展协会的另一种重要角色就是扮演外国投资者和本国商人之间的中介者和联系人，并发挥了相当重要的作用（张建萍，2003）。

（三）美国黄石国家公园

美国黄石国家公园（Yellowstone National Park），简称黄石公园，1872 年 3 月 1 日它被正式命名，作为保护野生动物和自然资源的国家公园，于 1978 年被列入世界自然遗产名录。这是世界上第一个国家公园。黄石国家公园被美国人自豪地称为"地球上最独一无二的神奇乐园"。

黄石国家公园占地面积约为 898 317hm²，主要位于美国怀俄明州，部分位于蒙大拿州和爱达荷州。园内有很多种野生动物，包括 7 种有蹄类动物，2 种熊和 67 种其他哺乳动物，322 种鸟类，18 种鱼类和跨境的灰狼。有超过 1100 种原生植物，200 余种外来植物和超过 400 种喜温微生物。

黄石公园分五个区：西北的猛犸象温泉区以石灰石台阶为主，故也称热台阶区；东北为罗斯福区，仍保留着老西部景观；中间为峡谷区，可观赏黄石大峡谷和瀑布；东南为黄石湖区，主要是湖光山色；西及西南为间歇喷泉区，遍布间歇泉、温泉、蒸气池、热水潭、泥地和喷气孔。

公园内设置了丰富的生态旅游项目，根据旅游活动内容的不同，可分为：参观景点；讲解和讨论；观赏野生动物；参与带有学术性质的旅游；探险；野营和篝火；垂钓等活动；

生态保护相关的直接参与式活动包括**初级守护者项目**：黄石公园针对 5～12 岁的孩子开展了一项官方项目，其目的是向孩子们介绍大自然赋予黄石公园的神奇以及孩子们在保护这一人类宝贵财富时所扮演的角色；**现场研讨会**：为游客提供一段相对比较集中的近距离的教育经历，主要涉及一些专门领域，如野生动物、地质学、生态学、历史、植物、艺术以及户外活动的技巧。研讨会的指导者一般是对黄石公园充满感情的、并且愿意与他人共享其专业知识的知名学者、艺术家和作家。

（四）中国台湾桃米村

桃米村位于南投，是中国台湾唯一一个不靠海的县。十年前，桃米村跟现在国内大部分农村一样，青壮年外出务工，村里农业衰退、人口结构老化、经济落后、环境脏乱……，而如今的桃米村，有森林、瀑布、鸟兽虫鱼和谐共生，生态旅游和民宿经营使整个社区焕然一新。

1999 年 9 月 21 日，一场 7.6 级的大地震发生在南投县集集镇，而距震中 20 多千米的桃米村被震出一个"桃米坑"。桃米村 369 户人家，有 168 户全倒、60 户半倒。"明星灾区"的身份一下子更将桃米村长久以来传统农村产业没落，人口外流等尴尬暴露出来，引起全社会的关注和反思。

在灾后重建中，桃米村在政府、学界、社会组织及小区居民的努力下，以建设"生态桃米村"为方向，不仅在废墟上重建家园，而且借此机会彻底"大翻身"。经过十余年建设，桃米村已从一个环境杂乱、发展无力的边缘社区，转型成为一个融有机农业、生态保护、文化创意等于一体的乡土生态建设典范。

重建 10 多年，"生态为体，产业为用"的思想在桃米得到了实践。部分土地因为废耕使桃米物种多了 50 倍，游客们可以 3 月份来桃米看青蛙，4 月份看萤火虫，5 月份看油桐花，6 月份欣赏独角仙，8、9 月份暑假期间，桃米还是小朋友们的生态课堂，白天在湿地看水生动植物，夜间抓蛙看蛇……。

重建之初，村民们每天都要参加各种各样的生态相关培训课，一开始大家不理解、抱怨。但是通过各种培训课、培训班，村民们慢慢转变观念、接受新思想。并且正是因为生态培训课程，才令村民了解了当地的生态资产和经济价值，自觉加入到建设生态社区的队伍里。如今，每个社区成员都是一名合格的自然导赏员，并通过民宿、餐饮、生态导赏等综合性的生态旅游服务中获得可持续的收益。

三、生态旅游成为很多国家的国家战略

生态旅游从兴起至今约 40 年时间，不但是发达国家，如美国、加拿大、澳大利亚、德国等大力发展生态旅游，包括肯尼亚、坦桑尼亚、南非、尼泊尔、泰国、哥斯达尼加、厄瓜多尔等发展中国家也积极推进生态旅游，生态旅游甚至已经发展成为一些国家的主要经济产业之一。

世界已有不少国家如澳大利亚、老挝、保加利亚等制订了全国生态旅游发展战略或政策。亚洲国家中发展生态旅游具有代表性的是日本和泰国。日本是亚洲生态旅游发展较早的国家，也是世界上生态旅游发展比较成熟的国家。早在 1992 年，日本旅游业协会就发布了《生态旅游的指导方针》和"游客保护地球宣言"，并设立了"公益信托 JATA 环境基金"，也召开了多次旨在促进生态旅游发展的研讨会，以用于保护旅游目的地的旅游资源等。泰国拥有丰富的旅游资源，在 20 世纪 90 年代，泰国就开始推行"有责任心的、讲究生态和社会效益的"生态旅游。通过立法及制定有关政策措施来发展生态旅游（佟敏，2005b）。世界各国纷纷将生态旅游提到了国家战略的高度，如老挝等国家建立专门的网站介绍、推介本国的生态旅游。

四、生态旅游的国际性组织走向专业化

一些国际性的组织和机构参与推动生态旅游是其大发展的主要原因之一。其中，国际生态旅游协会（The International Ecotourism Society, TIES）从 1991 年起与华盛顿大学合作，面向社会提供生态旅游的教育和培训服务，还通过创办论坛和专题讨论会，提供最新的生态旅游发展趋势和各种规划管理方法。世界旅游业理事会从 1994 年起创立"绿色环球 21"（Green Globe 21）生态旅游认证标准体系，从 1999 年起开始独立运作，全球有超过 1500 家企业或机构得到认证，并形成了一定的共识。世界自然基金会则更多地致力于环境脆弱区域的生态旅游实践，在全球引起了广泛的关注，在发展中国家产生了良好的影响（吴楚材等，2007）。

国际生态旅游协会：创立于 1990 年，目前为全球规模最大、最悠久的致力于促进和传播有关生态旅游和可持续旅游的非政府非盈利机构。该机构目前成员包括来自世界 100 多个国家和地区的各行各业的人员，其中有：包价旅游承办商、旅馆经营业主和经理人、专业领域的学者（顾问）、养护专业人员、政府官员、建筑师、规划师、非政府组织负责人、媒体和旅游者。作为一家非政府非盈利机构，国际生态旅游协会是一家独一无二的能够提供相关专业指导、制定方针和培训政策、提供技术援助及研究和出版的专业机构，并以此来促进生态旅游事业的良好发展。

第三节　国内围绕自然保护地的生态旅游

一、我国生态旅游在自然保护地积极开展

生态旅游在 20 世纪 80 年代后进入中国，得到广大学者和政府的重视和推广，不少地方纷纷举起生态旅游的大旗，希望通过发展生态旅游，加快地方经济发展。生态旅游真正受到国内重视是在 1995 年。1995 年 1 月，中国旅游协会生态旅游专业委员会在中国科学院西双版纳热带植物园召开了第一届"中国生态旅游研讨会"，首次倡导在中国开展生态旅游活动。之后，1996 年在武汉、1997 年在北京召开的生态旅游可持续研讨会，大大推动了生态旅游的发展，尤其是国家旅游局将 1999 年确定为"99 生态环境游"，更是将生态旅游推向高潮。短短的 10 年中，"生态旅游"成为中国最时尚的名词，变成旅游市场营销的"法宝"，产生了巨大的影响，但也呈现出其内涵先天不足的问题。经过 20 多年的发展，生态旅游已成为一种增进环保、崇尚绿色、倡导人与自然和谐共生的旅游方式，并初步形成了以自然保护区、风景名胜区、森林公园、地质公园及湿地公园、沙漠公园、水利风景区等为主要载体的生态旅游目的地体系（**表 4-1**）。

对于中国的自然保护地，旅游业是一把双刃剑。一方面，它吸引了国内外对中国的海滩、美食、文化、自然的关注，而不仅仅对经济的关注。这些关注有助于提升自然保护地的价值，提高保护和有效管理。另一方面，游客的涌入会影响保护地的价值，甚至可以改变当地文化的某些方面（Chambers, 1994）。国际游客已经加入国内游客大军，经常在周末和节假日访问自然保护地。如果不对游客的访问量进行控制，游客过多会伤害保护地。例如，保护地管理者必须要处理越来越多的垃圾，可能会影响野生动物，员工资源被分配给游客管理和处理安全问题等。

二、生态旅游在我国各个层面发展起来

2016 年 9 月 6 日，国家发改委、国家旅游局下发《全国生态旅游发展规划（2016—2025 年）》，确定了全国生态旅游发展的指导思想、基本原则、发展目标、总体布局、重点任务，提出了六个方面的配套体系建设任务。规划根据区域资源特色、环境承载力和开发利用现状，将全国生态旅游发展划分为八大片区，明确功能定位和发展方向，实施差别化保护措施，完善基础设施和公共服务，打造生态旅游精品，探索人与自然和谐共生的可持续发展模式，生态旅游在中国各个层面上开展。

国家生态旅游示范区建设。国家旅游局在全国旅游景区当中选出了一批国家生态旅游示范区，这些景区既是生态旅游区中管理规范、具有示范效应的典型，也是具有巨大生态价值的典范。2001 年，由当时的国家旅游局、国家计委、国家环保总局共同提出，共同制定认定标准，经相关程序共同评定的荣誉称号。2007 年 7 月，国家旅游局、国家环境保护总局共同授予深圳东部华侨城"国家生态旅游示范区"的荣誉称号，东部华侨城成为中国首个获得此项殊荣的旅游区。同年，发布了《东部华侨城国家生态旅游示范区管理规范》。2008 年 11 月，全国生态旅游发展工作会议在北京召开，当时国家旅游局在制定《全国生态旅游示范区标准》，并在会上发布了征求意见稿。2010 年，由国家旅游局提出，联合环保部和两家机构起草了《国家生态旅游示范区建设与运营规范》。2012 年 9 月，由国家旅游局和环境保护部联合制定了《国家生态旅游示范区管理规程》和《国家生态旅游示范区建设与运营规范评分实施细则》（GB/T 26362-2010），并颁布实施。生态旅游示范区是以独特的自然生态、自然景观和与之共生的人文生态为依托，以促进旅游者对自然、生态的理解与学习为重要内容，提高对生态环境与社区发展的责任感，形成可持续发展的旅游区域。

我国"生态省"建设成果显著。福建较早提出建设生态旅游省，2015 年以来，福建省高度重视发展旅游业，尤其是发展全域生态旅游。福建省政府印发的《福建省"十三五"旅游业发展专项规划》也明确提出将建设"全域生态旅游省"作为重点工作任务之一。四川是生态旅游资源大省，生态旅游的发展具有独特的资源优势和发展潜力，四川生态旅游产业发展呈现出健康有序的发展状态。2014 年，四川全省生态旅游直接收入 596.7 亿元，比 2013 年净增 110 亿元，生态旅游已经成为四川现代林业产业的支柱产业和农民增收的新兴产业（四川省政府新闻办，2015）。

自然保护区生态旅游建设。自然保护区有着极为丰富的自然资源，很多保护区还拥有独特的人文历史，因此成为了生态旅游活动的重要区域。保护区生态旅游是一种以自然资源为依托，强调在自然保护区、游客、经营者及当地社区共同参与下，在严格的规划、管理和规范指导下所开展的具有保护、发展、教育等功能的可持续旅游活动形式。近年来，全国 2395 处自然保护区中相当一部分已经开展了生态旅游，而且增长势头十分明显。例如，九寨沟自然保护区的游客量年年攀升，最初在 1981 年为 2000 人，至 2004 年增长到 191 万人（马建章和程鲲，2008）。生态旅游作为实现保护与发展双赢的潜在的有效途径越来越受到广泛重视。但是，在发展生态旅游的同时，未来需要对生态旅游对于野生动物的影响进行全面的评估。生命科学家们分析了 100 多项生态旅游对野生动物影响的研究，得出结论认为，生态旅游对动物们可能是有害的，它们的行为可能被改变并使之陷入风险。因为即使是微小的人类引起的扰动也可能会影响一个物种的行为或种群变化，并影响该物种在其群落中的功能。因此，在大力提倡生态旅游的同时，应对人类与野生动物间相互作用进行更多研究（王丢兜，2015）。

三、我国的生态旅游在各类生态系统开展

森林生态旅游是以森林为审美对象，在森林环境内进行的有益身心健康和获得愉悦的一项野外旅游活动

（贺建伟，2009）。森林中富含的负离子氧能使人消除疲劳，提高人体的免疫能力；一些植物分泌的气味能够杀菌和治疗人体某些疾病；森林美景能够给予人美的享受，能陶冶情操；森林中千姿百态的景物能够激活人的想象力和创造力；森林中所蕴含的大自然的奥秘能够激发人更深层次地认识生命的价值，热爱大自然，自然地树立环境意识，森林是回归大自然的理想场所。森林生态旅游的主要产品有休憩疗养、科学考察、观光游览、文化教育、野餐露宿、森林浴和一些户外体育活动等。

我国湿地生态旅游资源丰富、类型多样、分布面积广大。湿地作为重要的生物多样性中心，生物物种复杂多样，许多生物都具有十分重要的保护和观赏价值，像丹顶鹤、天鹅、白鹳、黑鹳、鸭类、许多鱼类及莲、贝类等非常有利于开展湿地美景观赏、采集和进行水上垂钓和渔猎等生态旅游活动（庄大昌等，2003）。

中国草原的类型之多，居世界第一，几乎涵盖了世界上主要的草地类型，从热带亚热带草原、温带不同类型草原到高寒草原等，呈现出草甸、草原、荒漠，间或伴有沙地疏林、灌丛、河漫滩草甸、熔岩台地、湖泊沼泽等规律的生态格局（艾琳和卢欣石，2009）。草原生态旅游一般以欣赏和研究草原自然景观、野生动植物及相关的文化特色为对象，以生态学原则为指针，以具有观赏性和可进入性的草原作为旅游目的地，对草原景观、物种、生态环境、历史文化等进行了解和观察的活动。

中国海域辽阔，从南到北拥有极为丰富的海洋自然生态和历史文化资源，未受污染的沙滩和海水，充足的日照阳光，温暖湿润的海洋气候是吸引人们到海滨或海岛旅游的重要条件（乌兰，2010），在国外"3S"（Sun 阳光，Sand 沙滩，Sea 海水）旅游一直是最具魅力的旅游形式。但是海岸区域非常脆弱，在中国面临迅速增长的旅游压力。有大量的文献，特别来自于邻国泰国、马来西亚和菲律宾，介绍了如何减少游客对沙滩、珊瑚礁、鱼类种源、钓鱼种类等的影响。

沙漠生态系统凭借其苍凉荒芜的原始自然景色、神奇的沙漠海市蜃楼、壮观的风蚀地貌及沙漠探险中所蕴含的冒险精神，强烈地吸引着众多的探险旅游者；生命在逆境中所表现出来的惊人的环境适应能力，蕴含着深刻的生命哲理，即丰富的生态美内涵；与沙漠自然景观和谐相伴而生的人文景观，如敦煌鸣沙山、月牙泉与世界文物宝库莫高窟，罗布泊沙漠与楼兰古城等，与自然景观相得益彰，为沙漠旅游增色不少。沙漠中可以开展的生态旅游活动有沙漠探险、科考、游览、观光、滑沙等（卢宏升等，2004）。

农业生态旅游是以农村自然环境、农业资源、田园景观、农业生产内容和乡土文化为基础，通过整体规划布局和工艺设计，加上一系列配套服务，为人们提供观光、旅游、休养，增长知识，了解和体验乡村民俗生活等为一体的一种旅游活动形式。

第四节 自然教育

一、自然教育的概念及内涵

"自然教育"以自然环境为背景，以人类为媒介，利用科学有效的方法，使儿童融入大自然，通过系统的手段，实现儿童对自然信息的有效采集、整理、编织，形成社会生活有效逻辑思维的教育过程。真实有效的大自然教育，应当遵循"融入、系统、平衡"的三大法则。自然教育以土地伦理为出发点，经历了户外教育和环境教育等不同发展阶段，以多样的户外活动丰富着自身的内容（互动百科，2015）。

土地伦理是生态伦理学的一个派别，是1933年美国哲学家利奥波德首创的。它将人类在土地群落中的角色，由一个统治者变为它其中的一个普通成员及公民。它蕴含着对其他土地群落的成员及对此群落的尊敬。

认为"应该确认它们（植物、动物、水和土壤）在一种自然状态中持续存在的权利"。土地伦理反对以人类为中心的伦理观点，因为人类在自然界的地位，不是一个征服者的角色，而是作为自然界共同体中一个好公民的角色，人要把良心和义务扩大到关心和保护自然界（石头，2017d）。

户外教育是人类最早的教育方式，也是最自然有效的学习方法之一，但因为历史沉淀时间太长且形式多变，很多学者认为，户外教育的起源很难确定。也经常随着时代不同而有不同的发展变化及定义。户外教育需要多元学科、领域来达到其目标，并最终回归自然。户外教育不只是环境道德，还会培养独立性、自主性，是终身学习的知识，技能与态度。包含人与自己、人与他人、人与环境，以及生态环境之间的关系等。户外教育能让人们提升沟通能力，问题解决能力，领导和团队合作能力。能够培养个人自我能力和社会互动技巧，并学会欣赏自己与他人的成就，提升人格特质。有助于培养独立性和自制力，想象力及好奇心（石头，2017a）。

环境教育源于人类对于自然环境破坏的反思，强调"为加深对环境教育保护的理解而进行的有关环境保护的教育及学习"。它是以生物物理环境中的持续体验及改进人类、自然体验中的社会和文化方面为基础，通过学习必要的技能并产生与环境相关的行为和行为变化，最终创造出健康环境的活动。通过一系列的教育活动使人类认识到，保护环境与资源和我们每一个人都息息相关，保护环境不仅是关乎子孙后代的事，更是直接关系人类社会今天的生存。自然教育与环境教育密不可分，自然教育是一种生态的教育，是自然环境中的教育，是引发思考而改变学习行为的教育（石头，2017c）。

> ### 环境教育领域的五个核心
> (Joe Heimlich, 2016)
>
> (1) 与环境相关的行为：做出对环境有利的行为和行为改变；
> (2) 生物物理环境中的持续体验：到自然中去、到户外去，建立人与自然的联系；
> (3) 环境健康：达到营造健康的环境的目的；
> (4) 改进人类、自然体验中的社会和文化方面：让人们在各自的文化中找到合适的、与自然兼容共存的成分；
> (5) 学习必要的技能：更恰当地与自然产生联系、互动的技能。

户外活动，是指以自然环境为场地的，带有探险性质或体验探险性质的体育活动项目群。包括登山：体育运动的一类。运动员徒手或使用专门装备攀登各种不同地形的山峰或山岭。穿越：主要靠行走去完成起点到终点的里程穿越。中间可能要跨越山岭、丛林、沙漠、雪原、溪流、峡谷等地貌的一种户外活动。徒步：即"Hiking"，是户外运动的基本构成。户外活动可以增强身体素质，提高身体对自然环境的适应能力，陶冶情操、净化灵魂、培养机智、勇敢、拼搏精神，培养集体（团队）精神，某些户外活动也可以为科学考察服务（石头，2017b）。

二、森林自然教育案例

森林自然教育是自然教育中重要的组成部分。森林自然教育是依托森林自然资源开展的一类环境教育。分为经济、环境管理、自然资源、社会文化环境、适应与进化、管理技术、环境生态学、个人、政治、文化、心理层面、环境问题，以及家庭共 13 个类别（小井官，2016）。

森林教育的主要形式：感知类、教育类、实践类、产品类。

感知类：自然的五感体验活动，活动场所和户外展示空间规划，规划内容包括植物配置、森林浴场、步道设计、游线规划等。

教育类：解说系统规划、指示标志、信息手册、展廊展馆等。

实践类：公益活动、环保行为、森林保育活动等。

产品类：工艺品、森林天然产品，以及其他纪念品等。

（一）美国国家公园森林教育

美国内政部国家公园管理局统一管理着美国58个国家公园，早在1916年成立之初，国家公园管理局就已致力于公众教育工作。其工作的目标主要是：①教育公众尊重、爱护环境；②把国家公园建立成实际意义上的"教室"和"博物馆"；③为有志于环保的中小学、大学和民间组织提供交流的平台；④收集历史文化、科学研究数据供研究。很多自然教育是以专门的"夏令营"方式进行，孩子们在帐篷或者木屋中居住在一起，离开父母或者老师的照顾，体验安全、良好指导的、与自然密切亲近的教育。

国家公园管理局的环境教育实施方式主要有：①科普解说服务；②组织野外考察项目；③在线多媒体资源及课程。

（二）日本自然公园森林教育

日本自然公园与森林游憩系统近年来均强调人与自然共生、融合自然、自然体验等观念。并开发了一系列形式多样的森林体验活动，内容涉及自然环境（自然观察活动）、地域文化、森林资源（林业活动体验）知识和互动接触（野外活动）四个部分。不少活动，如伐木、树木调查、病虫害识别、土壤观察等已经涉及非常专业的林业知识。

（三）中国台湾的森林教育

目前，中国台湾岛内规划设计了21处森林游乐区和6个自然保护区。较中国大陆地区而言，这些森林游乐区的建设相对健全，发展理念更为成熟，主要体现在景区建设生态化、自然教育常态化、森林步道多样化、生态旅游产品精致化等。台湾森林教育实施的特色有以下几方面：①教育内容；②志工服务机制；③步道功能多样化；④环境解说。

三、自然教育体系规划与设计

（一）设计游客中心

项目地的游客中心是主要的接待区域，管理层可以与游客交流并提供建议和指导。游客中心可与售票处、教育中心，甚至餐厅、厕所、纪念品店和（或）观赏馆相结合。游客中心的大小将取决于它包含功能和要容纳的游客数量。

在设计或运营游客中心时，应牢记以下内容。

（1）游客中心应体现保护地的风格和环保政策。

（2）结构要有吸引力但也要与自然环境协调，不能太高或太花哨，使用当地天然材料，如石材和木材而不是混凝土和钢材进行建造。

（3）不同的受众具有不同的兴趣和需求。该中心应满足不同的教育，信息和互动的需求。设立一个独立的儿童中心很有用，孩子们可能会厌倦了看信息，就可以使用彩色工具包，沙坑或互动玩具快乐地玩耍。

（4）计划要考虑到所有的季节和天气。儿童可以享受户外游戏冒险玩耍的乐趣，而家长则更多地观赏或查看教育材料。该中心必须有足够的室内空间和兴趣爱好，以便在下雨时接待游客。

（5）越来越多的法律规定要为残疾人士提供设施，因此，必须提供轮椅坡道、宽门、专用厕所设施等。残疾人行动受限，所以很少有机会出去看看大自然。提供这样的机会，让他们欣赏各种风景，通过良好的展品间接欣赏野生动物。

（6）展览应该品质优良，充满乐趣。糟糕的鸟类和动物标本已经成为陈年旧事。展品应明亮、充满活力，可以是令人惊叹的照

图 8-6 游客中心，有丰富的当地生物多样性展示

片或视频，以及有趣的字幕或评论。游客往往对互动性展品特别感兴趣。

（7）地图、旅游指南、鉴定资料和建议游客如何行为的宣传册等基本资料，应可以在售票区获得。游客商店可以提供更广泛的书籍、纪念品、观鸟设备等。

（8）游客中心应该设有方向标，让游客按照指示行进，可以慢悠悠消化信息或快速走向下一个项目地，不要出现到处都是交叉和逆向的人流。

（9）游客中心应当有教室或会议室用来观看视频或举行会议，这点非常有用。

（10）游客中心应当成为自然爱好者团体的聚集地，用来娱乐和教育学校的孩子团和其他群体。

（二）给游客提供信息

给游客提供基本信息，让他们从旅游中受益，根据季节、时间和兴趣爱好来安排最佳路线和活动，建议保护地内适宜的行为，提供有关湿地、生态、物种和特殊重要性方面的基本知识。

可以有多种方式传递信息，例如训练有素的导游、网站、地图、小册子、宣传册等，信息可在游客中心、博物馆或信息中心获得，也可以在项目地四处散布的标志和布告栏获得。让游客经常看到自己的所在位置，建议备用路线，显示地形、植被或物种的特点，寻找其他项目点等，非常有用。

图 8-7　户外信息展示牌

用布告牌或新闻栏提供有用的最新信息。观鸟者还可以通过网站、博客和电话应用程序等报告最近看到的鸟类情况。

户外信息板需要印刷清晰，具有防水措施或位于屋檐下。为便于阅读，户外信息板应安置在适合的角度和高度。印刷用油墨应品质优良，否则暴露在阳光下会褪色。

（三）教育项目

许多受保护的景点和公园已经有开发成功的教育项目，接收学校的孩子，把生态知识教育与课堂外趣味活动结合起来。项目地管理者可以组织自己的教育项目，也可以只是给组织儿童野外探索和学习活动的当地学校或非政府组织提供设施。

这样的教育活动给项目地带来的好处是培养了更多支持的公众，培养独特的自然爱好者和未来的自然保护工作者。

具体活动内容将取决于项目地的自然状况和安全性，以及参与的儿童或学生的人数和类型。

儿童参与一些有用的活动，如帮助清除垃圾、监测各种物种、培育植物幼苗等。

如果有条件，最好能够提供带有白板、项目设施、厕所等的教室。

互联网有大量的材料可以给来项目地参观的孩子们使用。这些材料可以进行下载、修改或翻译，使其适合当地的情况。

孩子们对生活着迷，热爱探索、发现事物、描绘事物和谈论他们经历的机会。相对于母亲的惊慌，孩子们则喜欢到地面上玩耍，越肮脏越泥泞越好！

（四）做标示牌

无论是进行调查研究监测植被，还是只是为游客提供保护信息、树木名称方面的信息，都可能要给树木悬挂标牌。但是，这个相当简单的任务往往做得很差，造成树木损坏或是标牌快速损坏和脱落。问题在于树会生长，也不能用钉子在树木上钉标志，有些钉子对树木有毒。

沿着步行道经常会有许多通知和大量的树木识别标牌，这些标牌的表现形式多种多样。掌握一些规则，可以提高标识牌的价值，减少负面影响。

图 **8-8** 标示牌

字号太小   钉子太紧，最好留一些生长空间

信息正确但是太花哨   这样的标牌很好   可以用灵活的绳做标牌

图 **8-9** 树上标牌的规范

标牌的规则

(1) 避免将标牌固定在活树上，尽可能将其固定在步行道的枯木结构或独立的柱子上；

(2) 确保字体够大，可以从 5 米外看到，所用的颜色不要太鲜艳，最好与自然环境协调；

(3) 如果标牌需要固定在树上，使用延长的链子，如果使用钉子固定，钉子的材质应该是铝或不锈钢。铁对树木有害，铜有毒。钉子的延长长度应超过标牌足够长，给树木几年的生长空间，标牌应该是松动的，可以顺着钉子的方向滑动，在风中摆动等。每个标牌应该只使用一个钉子。

四、美国的自然教育简介

在美国有很多国家的、州立的、县级的、城市的及私立的（但向社会开放的）等各种自然保护地。自然保护地除了保证自然生物生生不息，也给人类提供了一个和大自然保持亲密关系的主要场地。特别是给孩子们提供了一个走向大自然，了解和学习大自然，保持对大自然的兴趣和向往的自然大课堂（覃春，2016）。

（一）服务中心设计

为了方便来访者，每个自然保护地都会有一个服务中心，给初到保护地的访问者提供该相关指南。同时，自然保护地的服务中心也是一个科普场所。每个服务中心都会精心布置这个地区常见的动植物标本、模型、图片、图书和音像。在一些有特殊地貌的保护地，地质方面的科普知识在服务中心里也是做得极其完善。

当任何一个访问者走入服务中心，便可以认识该地区的常见生物并附有详细介绍。游客既可以笼统地了解，也可以针对喜欢的物种进行深入的咨询。中心里的工作人员和志愿者会随时和耐心地解答问题。

（二）保护地内举行科普活动

每年保护地内都会举行多样的科普活动，如给青少年儿童介绍动植物知识的讲座，指导他们做手工（例如鸟巢的简易模型或者鸟类的形象），实地给鸟类安装人工鸟巢等活动。在一些特殊季节，保护地会举行特定的活动针对特殊物种进行科普。青少年通过参与这些活动，了解保护野生动物的重要性；逐渐感悟人和自然的关系；随着他们的成长，会懂得爱护动物就是保护我们人类自己的道理。

图 8-10　美国锡安国家公园游客中心

（三）保护地内的动植物宣传牌

在保护地里，还设计有各种动植物的宣传牌来帮助访问者了解该保护地的动植物。这些宣传牌，除了有动植物的基本信息，还提供一些保护野生动植物的法律知识和野生动物的救助电话。

（四）其他设施的建设

保护地内有营地、观鸟小道、观鸟小屋等和大自然环境观察匹配的基础设施，既保证游客，特别是孩子们在野外的安全，也增加人们在保护地逗留的兴趣。特别是营地，是美国许多家庭在假期期间野外活动的首选。

第五节　旅游设施建设中的生态旅游要素

当世界对于自然和环保的日益关注，成为了一种不可逆转的趋势后，人们越来越希望重新回到大自然中，从而摆脱尘世的喧嚣、巨大的压力和令人窒息的尾气。2003 年，一种叫着"Loftcube"的住宅引起了全世界的关注。那是一个紧凑的微型房屋，像集装箱一样可以被移动、放置在城市的屋顶、海边、森林和任何你喜欢的地方。并且室内的分割完全取决于用户的需要，它的最大特色是便于搬迁并可利用太阳能。这样的建筑设计理念应当充分体现到生态旅游设施建设中。

一、人行步道建设

限制游客对湿地或森林地表影响，将他们严格限制在游客区内的方法是建设木板路或人行道，这些设施也提供了穿过或靠近潮湿地区的安全、方便的通道。

这类结构造价昂贵，需要定期维护。设计时必须小心，应记住以下几点。

路面容易潮湿和光滑，尤其是在潮湿的天气。减少湿滑的方法包括在斜坡安置钢丝网、粗糙的防滑片，

图 8-11　步行道的典型设计

尽可能保持表面干燥。加速干燥的方法之一是让木板路的木板之间留有空隙，这也可以让光和种子到达地面，而不是制造一个黑暗潮湿的通道。

建筑材料最好是石头或木头，颜色融合与自然背景更协调。无须做假的木质效果栏杆，因为没有人会上当，而且这看起来很可笑。路径是人为的。铁路、保险链等保持原样也是可以接受的。

步行或车辆经过碎石路会制造噪音，在临近野生动物敏感的区域，不应该建碎石路。穿过受保护区域的道路应该设置注意限速的标志或驼峰型减速带以降低车速。

所有道路的路线必须提前规划，尽量减少对野生动物的干扰。保持线路远离野生动物繁殖区和觅食区，这些地方可以从合适距离外的观察掩体或观察塔进行观赏。

二、桥梁和涵洞的建设

水流和连通性是湿地健康必不可少的，所以必须非常小心地设计，确保它们不会被道路隔断。需要建造足够多的隧道或桥梁使水可以自然流动。

三、休息亭建设

管理者应为游客提供足够多的避风港，如避雨处、休息点等，这些地方须配有垃圾箱，信息板或布告栏，装有传单、地图的收纳箱。

图 8-12 休息点

四、低影响厕所

湿地本身就是天然的污水处理系统，但过量的人类垃圾会造成湿地富营养化的问题。

如果存在大量的游客使用厕所的情况，应该配备处理装置、化粪池、远离湿地区域的单独的排水渠道，或者整体可以移动的系统。请勿使用化学处理系统，因为在厕所使用化学消毒剂对湿地生物和生态系统危害性很大。

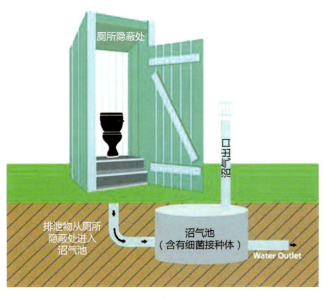

图 8-13 低影响厕所

五、垃圾收集

到处扔垃圾的现象逐年增加。垃圾被倾倒入河流、池塘和海洋内，不仅不美观，还很危险。塑料会被野生动物吞食，渔网、钓鱼线、铅质鱼钩、锋利的易拉罐和其他碎片可能会杀死野生动物。许多垃圾不分解，会成为对环境的长期危害。

管理者需要采取的三项行动

(1) 清理项目地的道路、海滩、河岸或水体。如果依靠员工，这项工作成本很高，但如果可以从学校儿童、青年或成人中招募到志愿者，成本可以减少；

(2) 提高项目地当地社区和农民有关进入景点后安全妥善处置垃圾的意识；

(3) 确保有足够的垃圾处理设施和收集频率，以便将保护地内垃圾的影响降至最低。

图 8-14 垃圾桶和垃圾

六、观察掩体和观察塔

受保护的地点，特别是湿地，是观赏和拍摄野生鸟类和其他野生动物的绝佳场所。如果想要游客和摄影师在不打扰鸟类的情况下仔细观察鸟类，建议提供合适的观察掩体、观察屏幕和观察塔，不让鸟类发现他们，因为大多数野生动物将人类视为威胁。

管理者可以为此建造专用的观察塔或观察掩体。也可以建造遮挡视线的帘子，使人们可以接近野生动物而不被它们发现。

　　摄影师可以使用特殊的掩体来拍摄特殊的景致，或者携带手提式掩体，无论在哪里需要都可以放置下来用于隐藏。

　　现在已经有大量对观察掩体设计的研究。没有必要自己发明，模仿在其他地方证明成功的模型即可。

　　观察掩体设计的主要原则是让掩体内的观察者可以很好地观察外面，但外面的野生动物几乎看不到里面。最好的设计都有水平狭缝的窗口，使掩体内光线比外面暗，观察者的水平观察视线很宽，但野生动物只能看到一条黑暗的狭小裂缝。

图 8-15　野生动物观察掩体

　　摄影师专用的更小的观察掩体或伪装网很容易在线购买或通过观鸟协会和狩猎露营供应商那里购买。

　　可以将通达到观察掩体的小径遮挡起来，不让鸟类或野生动物看到游客进出观察掩体。遮挡物可以是简单的遮蔽布料，种植的树篱或茅草做的结构等。

　　接近野生动物的通道应该设计得可以保持安静。人走在木板上咚咚的声音及走在碎石路上的噪声会打扰附近的鸟类。接近野生动物时，游客应随时保持安静。

　　观察塔可以建造得能够很好地俯瞰地面或者水体，则可作为监测点使用。野生动物不太关心离开地面的人类！但是，观察塔造价昂贵，维护操作不当可能会造成危险，并且观察塔不能移动，视野有限。在大多数的情况下，不推荐在中国投资建造观察塔。

七、船只、停泊区和船舰库

如果水位相对恒定，一个简单的固定于支撑杆上的浮堤将足以满足管理目的。如果水位上升下降比较大，设计中需要带有吊式跳板的漂浮浮筒式浮堤。如果是游客使用的系泊设备，附加安全栏杆很重要。

图 8-16 船只停泊点

八、修建鱼梯

许多鱼类在河流上游交配和产卵，那里温度较低，水中氧气含量较高，但成鱼生活在河流下游，甚至大海中。因此，它们需要在河流上游和下游之间繁殖洄游。堤坝和其他构筑物的建造使得洄游变得不可能，除非我们人为地创建一些鱼类可以通过的单独的平缓通道。我们把这些结构称为鱼梯，它们是维持河流连通性的非常有效的方法。网络上可以找到许多设计，可以融入项目地结构化规划中，给所有新的和已有的障碍设计鱼梯。

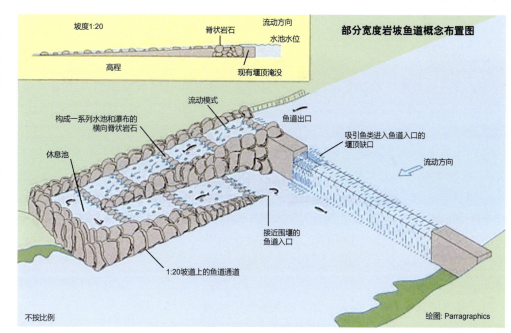

图 8-17 鱼梯构造示意图

第九章
绿 色 能 源

第一节　绿色能源现状及国际趋势

一、全球可再生能源一览

国际能源署在《2016能源展望》中，通过汇总120个缔约国在《巴黎协定》下提交的国家自主贡献中的能源政策，构建出2040年能源情景。到2040年，全球能源需求将增加30%，全球能源行业共需要44万亿美元的投资，其中60%将投向石油、天然气和煤炭的开采和应用，20%将投向可再生能源。到2040年，近60%的新增发电装机容量将来自可再生能源，而且大多数可再生能源将在没有补贴的情况下具备成本上的竞争力。

从投资的角度，根据联合国环境规划署与彭博新闻社联合发布的《2016年全球可再生能源投资趋势》(*Global Trends in Renewable Energy Investment 2016*)，2015年全球可再生能源领域（不含装机功率大于50兆瓦的大型水电）的承诺投资额达到史上最高的2859亿美元，其中中国在可再生能源领域投资1 029亿美元，较2014年增加17%，占全球总量的36%。

2015年，风力发电和太阳能发电新增装机功率11 800万kW，可再生能源（不含大型水电）新增装机功率占全球总新增装机功率的53.6%，首次超过一半。从吸引投资的角度，2015年太阳能和风能无疑最受欢迎，生物质能、小型水电、生物燃料、地热能和海洋能占的比例较小；此外，太阳能领域吸引的新增投资较2014年增加12%，风能增加4%，而其他类型的可再生能源新增投资下降23%～42%不等。

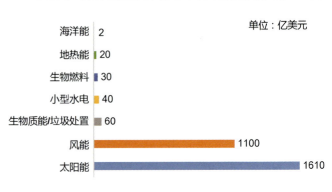

图 9-1　2015年全球可再生能源新增投资
根据联合国环境规划署与彭博新闻社《2016年全球可再生能源投资趋势》制图

2015 年是有史以来，发展中国家在可再生能源领域（不含大型水电）投资第一次超过发达国家。包括中国、印度和巴西等金砖国家在内的发展中国家，在 2015 年共承诺在可再生领域投资 1560 亿美元，较 2014 年增加 19%。2015 年，中国在可再生能源领域投资 1029 亿美元，印度投资 102 亿美元，巴西投资 71 亿美元，南非投资 45 亿美元，墨西哥投资 40 亿美元，智利投资 34 亿美元。

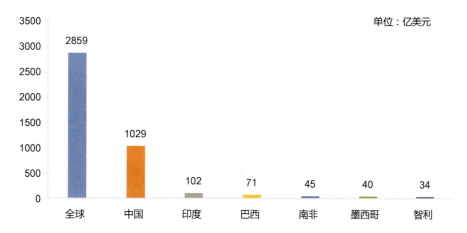

图 9-2　2015 年全球可再生能源领域（不含大型水电）承诺投资额
根据联合国环境规划署与彭博新闻社《2016 年全球可再生能源投资趋势》制图

从全球范围来看，可再生能源发电成本在 2015 年继续下降。2015 年下半年，全球平均多晶硅光伏发电成本从 2014 年的 143 美元 /MW·h 下降到 122 美元 /MW·h。在光照资源丰富的海湾地区，ACWA 在迪拜投资的 200MW 光伏发电项目实现破纪录的发电成本 58.5 美元 /MW·h。

根据彭博集团 2016 年 6 月发布的《2016 年新能源展望》（*New Energy Outlook 2016*），预计到 2040 年，零排放能源将占全球能源生产总装机容量的 60%，风力发电和太阳能将占全球未来 25 年 86 亿 kW 新装机容量的 64%。

表 9-1　不同发电技术的平准化发电成本比较　（单位：美元 /MW·h）

电力类型	2008 ～ 2012 年	国际可再生能源署 2013	国际能源署 2019	美国国家可再生能源实验室 2030	国际可再生能源署 2030 路线图
可再生能源					
径流式水电站	90	20 ～ 105	85		85 ～ 103
陆上风电	70	80	80	59	50 ～ 60
贫风区陆上风电					70 ～ 84
海上风电	160		204	77	95 ～ 120
屋顶光伏	330	60 ～ 250	130	222	85 ～ 100
大型光伏电站		60 ～ 250			45 ～ 55
低光照区屋顶光伏					93 ～ 126
低光照区光伏电站					55 ～ 66
光热发电	210	170 ～ 370	243	146	90 ～ 123
生物质燃机	80	50 ～ 105	103	74	145 ～ 165
垃圾填埋气发电					50 ～ 60

续表

电力类型	2008～2012 年	国际可再生能源署 2013	国际能源署 2019	美国国家可再生能源实验室 2030	国际可再生能源署 2030 路线图
地热发电	60	58～120	48	82	85～100
传统能源					
美国加权燃煤发电					95
美国加权核电					90
精煤发电	90		96	56	
整体煤气化联合循环发电			116	60	
整体煤气化联合循环发电＋碳捕捉			147		
天然气联合循环发电	70		66	56	
天然气发电＋碳捕捉			91		
核电	340		96	68	

数据来源：美国国家可再生能源实验室透明成本数据库，国际可再生能源署（2013）；美国国家环境保护局（2014）；美国国家可再生能源实验室（2009）；国际可再生能源署（2014）

二、气候变化对绿色能源发展的影响

《巴黎协定》是国际社会在 1992 年《联合国气候变化框架公约》后应对气候变化做出的最新的努力。《巴黎协定》不仅描绘出温室气体排放的人类发展路径，更重新塑造了全球能源和可再生能源（绿色能源）的未来。截至 2016 年年底，共有 120 个缔约国提交了满足《巴黎协定》要求的国家自主贡献。

习近平总书记在世界经济论坛 2017 年年会的开幕式上坦言："《巴黎协定》符合全球发展大方向，成果来之不易，应该共同坚守，不能轻言放弃。这是我们对子孙后代必须担负的责任"。与中国展示出的大国责任感相反，美国的特朗普总统在竞选之初就明确质疑气候变化问题，并推脱美国应当承担的责任，这给国际社会减缓气候变化的努力带来了巨大的不确定性。

国际能源署通过汇总各国国家自主贡献中的能源政策，构建出 2040 年能源情景。到 2040 年，全球能源行业共需要 44 万亿美元的投资，其中 20% 将投向可再生能源。到 2040 年，近 60% 的新增发电装机容量将来自可再生能源，而且大多数可再生能源将在没有补贴的情况下具备成本上的竞争力。这些是气候变化对绿色能源发展带来的政策驱动方面的影响，而更多的深层次的影响，则体现在公众、企业和政府越来越关心地球母亲的生物多样性和生态系统完整性，越来越拒绝高排放、高污染的能源类型。日积月累、水滴石穿，绿色能源的发展将带领我们走进一个全新的时代。

三、欧盟可再生能源 2030/2050 远景目标

欧盟在气候变化和绿色能源方面都是坚定的践行者。早在 2014 年，欧盟委员会就向欧盟议会提交了《2020～2030 气候和能源政策框架》。2030 年实现温室气体排放量在 1990 年基础上减少 40%，在 2030 年可再生能源至少占能源消耗的 27%，并在 2030 年实现在基线情况的基础上节能至少 27%。2016 年 11 月 30 日，欧盟委员会提交新修订的《可再生能源法》，希望以法律的形式确定欧盟可再生能源 2030 目标。

此外，欧盟议会还公布了《2050 能源路线图》。到 2050 年，欧盟目标减少温室气体排放 80%～95%。2/3 的能源消耗量将来自可再生能源。《2050 能源路线图》中描述的三种情景包括：①基线情景，可再生能

源将占总能源消耗量的 55%；②高能效情景：可再生能源将占总能源消耗量的 64%；③强低碳情景：可再生能源将占总能源消耗量的 97%。

作为欧盟成员国中最大的能源消费国，德国的能源需求占欧盟能总需求的 20%。作为德国的国家战略，能源转变战略（energiewende）自 2011 年被提出之后，得到德国工业界和公众的大力支持。目前，德国设定的 2030 年和 2050 年可再生能源目标均强于欧盟目标，而且在立法层面上的执行力度也更强。

表 9-2　欧盟与德国的可再生能源目标比较

年份	欧盟可再生能源目标（可再生能源占能源消耗量的比例）	德国可再生能源目标（可再生能源占能源消耗量的比例）
2014		13.5%（2014 年统计数据）
2030	至少 27%	30%
2050	55%（非强制性目标）	60%（强制性目标）

根据 Fraunhofer ISE 的数据，2016 年，德国电力总装机容量为 19 453 万 kW，装机功率比例上看，2016 年底陆上风电占总装机功率的 23%，海上风电占 2%，太阳能发电占 21%，水力发电占 3%，生物质发电占 4%，上述五项合计占 53%。与 2015 年相比，太阳能光伏发电装机净增 108 万 kW，陆上风电净增 355 万 kW，海上风电净增 700 万 kW。然而，从发电量来看，2016 年燃煤电厂发电量达到 236.32TW·h（1TW·h=10 亿 kW·h），占总发电量比例 43.4%，风电占比 14.3%，太阳能仅占 6.5%。

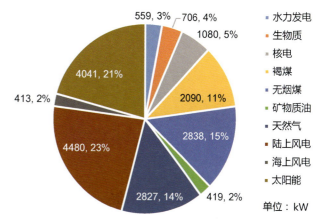

图 9-3　德国 2016 年可再生能源分类发电装机容量

根据德国 Frauhofer ISE(2017) 的数据制图

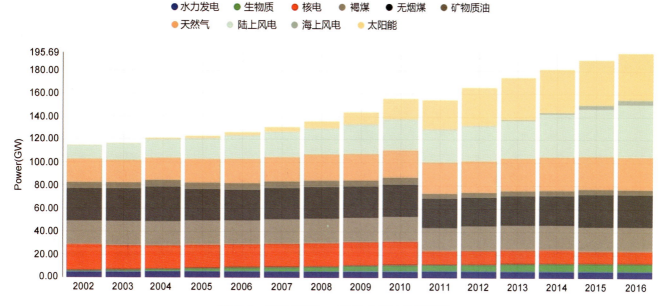

图 9-4　德国 2002 ～ 2016 年发电装机容量

来源：Frauhofer ISE(2017)

四、美国可再生能源政策和 2030 目标

根据国际可再生能源署 2015 年 1 月发布的《可再生能源 2030 路线图 —— 美国国别报告》，2010 年，可再生能源在美国总能源消费量中占的比例只有 7.5%。在保守的基线情景下，到 2030 年，可再生能源在美国总能源消费量中占的比例只会增加至 10%。面对全球气候变化，《清洁能源计划》（*Clean Power Plan*）作为奥巴马总统任期内最大的成果之一在 2015 年 8 月宣布。该计划要求美国在 2005 年温室气体排放量的水平上，到 2030 年减少 32%；到 2030 年，可再生能源在美国总能源消费中的比例将达到 28%。

特朗普总统上任之初，白宫便公布了通稿《美国优先能源计划》（*An America First Energy Plan*）。虽然只有短短 7 段内容，但我们可以将这份通稿视作特朗普政府的能源宣言。该通稿直言"特朗普总统将致力于移除那些有害的和没有必要的政策，例如气候行动计划和美国水管理法律"。煤炭行业、页岩油行业、天然气行业将作为重点被扶持，而整个通稿对可再生能源只字未提。

尽管特朗普总统可能需要数年的时间才能将经过国会批准的《清洁能源法案》废除，但缺少了总统支持的《清洁能源法案》，实施的效果必然不会理想。这为美国的可再生能源业的前景蒙上了一层厚厚的阴影。

从积极的方面来看，可再生能源在美国已经成为趋势。29 个州和华盛顿都建立了各具特色的可再生政策体系，确立了各自的行动目标。

图 **9-5**　美国各州可再生能源行动目标

来源：DSIRE，美国能源部，更新至 2017 年 2 月

第二节 绿色能源的国内方向

一、我国"十三五"规划中对绿色能源目标的设定及相应的措施

《中华人民共和国可再生能源法》是中国可再生能源领域的最高指导性法律，该法于 2006 年 1 月 1 日起执行。它规定了可再生能源是指风能、太阳能、水能、生物质能、地热能、海洋能等非化石能源。截至 2015 年年底，全国风力发电并网装机功率为 1.29 亿 kW，光伏发电并网装机功率为 4318 万 kW，应用规模居全球首位。

在中国政府发布的第十三个五年规划中，可再生能源是作为现代能源体系中重要的组成部分而被提出的。中国要统筹受端市场和输电通道，有序优化建设"三北"、沿海风电和光伏项目。加快发展中东部及南方地区分散式风电、分布式光伏发电。

作为"十三五"总体规划的具体行动计划，国家发改委于 2016 年 12 月印发了"可再生能源发展"十三五"规划"的通知，旨在实现 2020 年和 2030 年非化石能源占一次能源消费比例 15% 和 20% 的目标。到 2020 年，中国将实现可再生能源总利用规模 67 500 万 kW，包括水电（不含抽水蓄能），并网风电，光伏发电，太阳能热发电和生物质发电，其中并网风电和光伏发电将占总利用规模的 46.67%。与此同时，中国的风电和光伏发电行业将通过科技创新和技术进步降低发电成本，到 2020 年，风电项目电价可与当地燃煤发电同平台竞争，光伏项目电价可与电网销售电价相当。

表 9-3 中国 2020 年可再生能源开发利用指标

	利用规模 /（万 kW）	年产能量 /（亿 kW·h）	折标准煤 /（万 t/a）
可再生能源总发电	67 500	19 045	56 188
并网风力发电	21 000（含海上风电 1 000 万 kW）	4 200	12 390
并网光伏发电	10 500	1 245	3 673

根据风电发展"十三五"规划，到 2020 年，我国风电累计并网装机容量确保达到 2.1 亿 kW 以上，其中海上风电并网装机容量达到 500 万 kW 以上；风电年发电量确保达到 4200 亿 kW·h，约占全国总发电量的 6%。

根据太阳能发展"十三五"规划，到 2020 年底，太阳能发电装机达到 1.1 亿 kW 以上，其中，光伏发电装机达到 1.05 亿 kW 以上，在"十二五"基础上每年保持稳定的发展规模；太阳能热发电装机达到 500 万 kW。太阳能热利用集热面积达到 8 亿 m²。到 2020 年，太阳能年利用量达到 1.4 亿 t 标准煤以上。

二、温室气体排放控制政策和全国性碳排放交易市场的建立

中国政府对于气候变化的态度是有连贯性并且负责任的。2014 年 9 月，国家发改委印发了经国务院批准的《国家应对气候变化规划（2014—2020 年）》，提出了中国到 2020 年应对气候变化工作的主要目标：①单位国内生产总值二氧化碳排放比 2005 年下降 40%～45%；②非化石能源占一次能源消费的比例占 15%

左右；③森林面积和蓄积量分别比 2005 年增加 4000 万 hm² 和 13 亿 m³。

《国家应对气候变化规划（2014—2020 年）》要求调整化石能源结构，大力开发风电，实现 2020 年并网风机装机容量 2 亿 kW，推荐太阳能多元化利用，2020 年光伏发电装机容量达到 1 亿 kW。

中国政府首次提出中长期 2030 年温室气体排放目标的时间是 2014 年 11 月，中美两国元首发布《中美气候变化联合声明》，提出中国计划 2030 年左右二氧化碳排放达到峰值且将努力早日达峰，并计划到 2030 年非化石能源占一次能源消费比例提高到 20% 左右。

2015 年 5 月，中国政府向联合国气候变化公约组织提交了《中国国家自主决定贡献文件》，将《中美气候变化联合声明》提出的温室气体减排目标写进政府承诺。2016 年 4 月，中国政府在《巴黎协定》上签字。2016 年 9 月，全国人大批准了《巴黎协定》，使得"2030 年温室气体达到峰值"这一目标成为具有法律效力的国家层面的目标。

2016 年 11 月，国务院印发《"十三五"控制温室气体排放工作方案》，要求建立全国碳排放权交易制度，制定覆盖石化、化工、建材、钢铁、有色、造纸、电力和航空 8 个工业行业中年能耗 1 万 t 标准煤以上企业的碳排放权总量设定与配额分配方案，实施碳排放配额管控制度。2017 年启动全国碳排放权交易市场。到 2020 年力争建成制度完善、交易活跃、监管严格、公开透明的全国碳排放权交易市场，实现稳定、健康、持续发展。

据中国金融学会绿色金融专业委员会编写的《中国碳金融市场研究》，截至 2016 年 6 月 30 日，全国 5 市 2 省试点碳市场配额累计成交量为 10.98 亿 t 二氧化碳当量，累积成交金额为 29.94 亿元人民币。

随着各项准备工作的就绪，预计全国碳排放权交易市场将于 2017 年四季度启动。届时，中国碳排放权交易市场的配额交易量预计达到 40 亿 t 二氧化碳当量。2017 年，欧盟排放交易体系的体量为 19.31 亿 t。这意味着，中国碳排放权交易市场将成为全球最大的碳市场。

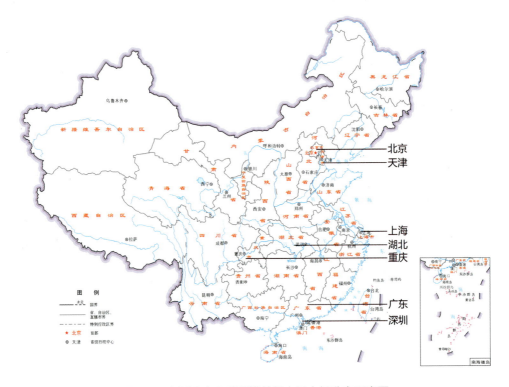

图 9-6　中国 5 市 2 省碳排放权交易市场分布示意图

表 9-4　中国碳排放交易市场规模

年份	交易量	对交易量的说明
2015	12.94 亿 t	2015 年七试点温室气体排放配额重量
2016	13.31 亿 t	2016 年七试点温室气体排放配额重量
2017	40.00 亿 t	按照欧盟排放交易体系的管控经验，以全国碳排放权交易系统纳入中国 40% 的二氧化碳排放量计
2018	41.13 亿 t	假设 GDP 增速 6%，单位 GDP 二氧化碳排放强度下降 3%

三、可再生能源绿色证书交易机制

可再生能源绿色证书（以下简称"绿证"）是一种出现相对较晚的针对可再生能源项目的支持机制。绿证机制对可再生能源项目的支持原理不同于直接价格支持（如特殊上网电价、溢价支付等），也不同于政府财政支持（如减免税、退税、投资补助等），绿证机制相当于强加给电力生产企业一个义务，即强制生产一定比例的可再生能源电力的义务。电力生产企业可以通过投资可再生能源项目来生产足够的可再生能源电力，也可以购买绿证以满足政府要求。

欧洲的绿证分强制性的和自愿性的。强制性绿证叫 Guarantee of Origin，意为原产地保证，每一个单位的绿证保证一兆瓦时的电是来自可再生能源发电项目，这种绿证可以在欧盟成员国之间互认和交易。欧洲绿证交易机制是基于 2009 年 4 月 23 日欧洲议会通过了《鼓励使用来自可再生资源的能源的指令》（2009/28/EC 决议），该指令对欧洲绿证的定义、产生、追踪和抵消做了详细的描述。欧洲绿证的指令第 52 条指出，绿证仅被用于向最终顾客证明一定数量的能源来自可再生资源，绿证的转让可以不依附于可再生能源。指令第 53 条指出，欧盟成员国应要求各自的电力生产商在向其最终顾客披露其能源组成的基础上，进一步包含一定比例的绿证，这些绿证应该产生于 2009 年 6 月 25 日之后运行的可再生能源项目。这就构成了欧洲绿证交易市场的基石。

欧洲的自愿性绿证主要有 Eugene Green Energy Standard 和 EKOenergy，不同于强制绿证，自愿性绿证体系主要由社会机构建立和核证，除了关注电力生产的来源是否是可再生资源外，自愿性绿证还关心该可再生能源项目是否具备额外性。

美国的绿证交易分强制交易和自愿交易两部分。强制交易在美国的 29 个州，以及哥伦比亚特区和波多黎各实施。其实施的基础逻辑为：各州设立可再生能源的总体目标，例如加州（加利福尼亚州）计划在 2020 年实现可再生能源发电量占总发电量的 33%，然后州政府将这一目标分解至各发电企业，发电企业可以投资可再生能源项目从而生产出满足政府要求的电，也可以购买符合政府规定的绿证以满足政府要求。这样的购买行为，就形成了美国绿证强制交易市场。目前，强制交易的绿证类型主要有 Texas REC, Compliance Nepool REC, Massachusetts SREC, PJM REC, New Jersey SREC, Pennsylvania SREC, Phio SREC, Maryland SREC, Miso REC 等。每种绿证类型都由相应的绿证履约机制作为支撑，例如，德克萨斯州绿证配额交易是基于德州可再生能源信用项目（Texas Renewable Energy Credit Program），由德州电力信赖委员会（Electric Reliability Council of Texas）监管。为了避免绿证的重复签发、重复使用，美国建立了各种州内和跨州的绿证追踪系统。以德州绿证配额为例，用户可以通过德州电力信赖委员会的追踪系统或者跨州的美西可再生能源产生信息系统（western renewable energy generation information system）追踪。这些强制绿证履约机制陆续在 2001 年后的 10 年内启动，成为美国可再生能源发展的重要推动力。

自愿交易的绿证类型为 National Green-e REC 和 WECC Green-e REC，购买者主要为企业或者公众，他们出于对可再生能源的支持而自愿购买绿证。

　　在美国，大部分绿证交易都是通过场外交易来完成，具体为：交易双方通过一个中间商撮合交易，交易价格对第三方保密。少数提供美国绿证公开交易价格的平台为：PJM-GATS, SREC-Trade, Flett Exchange。绿证的交易价格会因时间、源地点和可再生能源发电技术的不同而变化，其他光伏发电产生的绿证价格相对更高。

　　绿证机制对于中国公众是个新名词。中国官方首次正式提及绿证机制是在 2016 年 2 月，国家能源局发布了"关于建立可再生能源开发利用目标引导制度的指导意见"，该文件指出要完善促进可再生能源开发利用的体制机制，建立可再生能源绿色证书交易机制。该文件定义中国绿证为各供（售）电企业完成非水电可再生能源发电比例指标情况的核算凭证。国家能源局会同其他有关部门依托全国可再生能源信息管理系统组织建立可再生能源电力绿色证书登记及交易平台，对可再生能源电力的经营者（含个人）按照非水电可再生能源发电量核发可再生能源电力证书，作为对可再生能源发电量的确认及所发电量来源于可再生能源的属性证明。中国绿证可通过证书交易平台按照市场机制进行交易。根据全国 2020 年非化石能源占一次能源消费总量比例达到 15% 的要求，2020 年，除专门的非化石能源生产企业外，各发电企业非水电可再生能源发电量应达到全部发电量的 9% 以上。各发电企业可以通过证书交易完成非水可再生能源占比目标的要求。这些内容构成了中国绿证交易的底层支撑。

　　《可再生能源发展"十三五"规划》对中国绿证的交易机制也进行了描述。根据非化石能源消费比例目标和可再生能源开发利用目标的要求，中国将建立全国统一的可再生能源绿色证书交易机制，进一步完善新能源电力的补贴机制。通过设定燃煤发电机组及售电企业的非水电可再生能源配额指标，要求市场主体通过购买绿色证书完成可再生能源配额义务，通过绿色证书市场化交易补偿新能源发电的环境效益和社会效益，逐步将现行差价补贴模式转变为定额补贴与绿色证书收入相结合的新型机制，同时与碳交易市场相对接，降低可再生能源电力的财政资金补贴强度，为最终取消财政资金补贴创造条件。

　　我国政府非常重视绿证交易。2017 年 1 月，国家发改委、财政部和国家能源局发布"关于试行可再生能源绿色电力证书核发及自愿认购交易制度的通知"，启动允许公众和企业自愿认购绿证的全国绿证平台，并要求在 2018 年适时推出可再生电力配额考核和绿色电力证书强制约束交易。该通知规定了绿色电力证书的定义，即国家对发电企业每兆瓦时非水可再生能源上网电量颁发的具有独特标志代码的电子证书，是非水可再生能源发电量的确认和属性证明，以及消费绿色电力的唯一凭证。

第十章
绿 色 建 筑

第一节　时代催生的绿色建筑

一、能源危机催生绿色建筑

　　绿色建筑是指在建筑的全寿命周期内，最大限度节约资源，节能、节地、节水、节材、保护环境和减少污染，提供健康适用、高效实用，与自然和谐共生的建筑。世界各国竞相推出"绿色建筑"来改善环境、提升居住质量、节能减排、保护地球（姚润明，2008；林宪德，2007）。

　　绿色建筑的思潮最早起源于20世纪70年代的两次世界能源危机，当时因为是有恐慌，兴起了建筑界的节能设计运动，同时也引发了"低能源建筑""诱导式太阳能建筑""生态建筑""风土建筑"的热潮，至今绿色建筑仍是环境设计思潮的主流（卜一德，2008）。

　　1970年之前，全球经济空前繁荣，市场一片鼓励消费以刺激建设之声，甚至打出"消费就是美德"的口号。1972年，罗马俱乐部发表"增长的极限"作品，对20世纪60年代迷信科技与经济成长的人类文明提出严重警告，震撼了全球。虽然"节能建筑"最初只是以减少电力、瓦斯的消耗量（即省钱）为

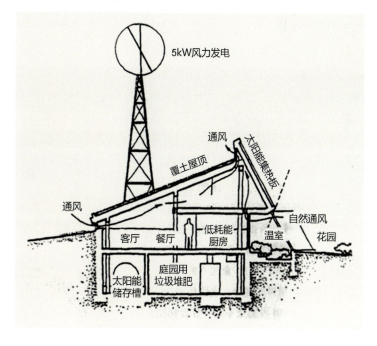

图 10-1　美国第一个生态住宅概念图

目的，但在短短十几年期间，这些寒带先进国家因此大幅提升了建筑物的保温性及气密性，使建筑品质得到明显改善。

第一次能源危机的第二年，即1974年，美国明尼苏达州建造了一座标榜"生态建筑"的住宅，以乌洛波洛斯（Ouroboros）命名，顾名思义，就是希望能达到完全与环境共生而自给自足的住宅设计。它设有太阳能热水系统、风力发电、废弃物及废水再利用系统等生态设计，也采用了草皮覆土屋顶、温室、浮力通风等自然诱导式设计。

二、科学的健康理念增加对绿色建筑的需求

对舒适的理解在逐步明朗化：一直处于不冷不热的稳定状态时，并不是最舒适的。当人们受到外界的刺激导致痛苦不适时，就会自然而然地认为消除掉这样的刺激，就是最舒适的。其实一旦不适的刺激不复存在，舒适感也就随之消失了。盛夏在室外热出一身汗的人，用较凉的水洗澡时会感到很舒服，但她当时实际的感觉应该是"凉快"而不是不冷不热。

人们对自然风的接受度远高于对同等温湿度和平均风速水平的机械风的接受度。因为自然风的风速是一种非周期性的相对低频的波动。与近似白噪声的高频动机械风速有很大的区别，自然风低风速时人们会感到略热，而随着风速的提高，这种略热感被解除。由于其处于连续波动状态，人们就会反复不断地感受到消除轻微不适的愉悦，从而感觉到连续的舒适。清华大学热舒适团队（朱颖心，2015）多年来的研究成果已经证明了这一点。

不同的地方，对温度的感觉也会有所区别。参加实验的北京组和上海组对冬季供暖温度感觉相差约2.5℃。不能拿一个普遍采用的PMV指标来进行衡量。人体并不是工业生产过程中的无生命产品，是对环境有很强适应力和应激能力的生物。

"舒适"是否带来健康？长期在调控环境里逗留，人们身体的热调节系统能力已经部分退化了，皮温调节迟缓、出汗率低，导致体内代谢热量难以散出。长期缺乏环境热应力的刺激锻炼，对人体来说是不健康的。适当在偏冷和偏热环境中生存，有利于增加棕色脂肪，分解引发肥胖的白色脂肪，促进新陈代谢、防止肥胖，有助于治疗糖尿病。适度不舒适的环境对人体反而是更健康的。

人们是在大自然中进化的产物，大自然中并没有"恒温恒湿"这样稳定的中性环境，它是工业革命带来的一个人造的环境特例。无论技术怎么发展，人体仍然需要每天保持有适量的运动，也需要周围的物理环境保持有一定的变化，维持适度的刺激，人体才能保持健康。

因此，我们营造室内环境的目标不应该再是追求极致的"舒适"，而应该是追求有变化的"可接受"，才能达到既有利于维持人体的健康，同时又能降低资源和能源消耗的目的（比尔·里德，2016）。

第二节　绿色建筑国内外现状和发展方向

一、国际绿色建筑半个世纪发展历程

国际上对绿色建筑的探索和研究始于20世纪60年代，已经经历了半个多世纪的发展。

60年代　美籍意大利建筑师保罗·索勒瑞把生态学和建筑学两词合并，提出"生态建筑学"的新理念。

1963 年，奥戈亚提出建筑设计与地域、气候相协调的设计理论。1969 年，美国风景建筑师麦克哈格著《设计结合自然》一书，提出建造生态建筑的有效途径与设计方法，它标志着生态建筑理论的正式确立。

70 年代　石油危机后，工业发达国家开始注重建筑节能的研究，太阳能、地热、风能、节能围护结构等新技术应运而生，其中，在掩土建筑研究方面的成果尤为突出。

80 年代　世界自然保护组织首次提出"可持续发展"的口号，同时，节能建筑体系逐渐完善，并在德国、英国、法国、加拿大等发达国家广泛应用。但建筑物密闭性提高后产生的室内环境问题逐渐显现。

90 年代　绿色建筑理论研究开始走入正轨，1990 年，世界首个绿色建筑标准在英国发布，随后中国香港和台湾地区分别推出自己的标准，2000 年，加拿大推出绿色建筑标准。1991 年，布兰达·威尔和罗伯特·威尔合著的《绿色建筑：为可持续发展而设计》问世，阿莫里·洛温斯在文章《东西方的融合：为可持续发展建筑而进行的整体设计》中指出："绿色建筑不仅仅关注的是物质上的创造，而且还包括经济、文化交流和精神等方面。"1993 年，第十八次国际建筑师协会会议发表了"芝加哥宣言"，以"处于十字路口的建筑 —— 建设可持续的未来"为主题，号召全世界的建筑师以环境的可持续发展为职责，举起了绿色建筑的旗帜。

21 世纪绿色建筑热潮　虽然人类对于绿色建筑期盼已久，但任何绿色建筑政策都必须建立于科学量化的绿色建筑评估体系，才能顺利进展。1990 年，英国建筑研究所（British Building Research Establishment, BRE）公布了办公大楼建筑环境负荷评估法（Building Research Establishment Environmental Assessment Method, BREEAM），成为全球第一部绿色建筑评估体系。2000 年以后，全球绿色建筑评估体系发展进入巅峰。人类对于绿色建筑评估体系的发展史，就像是一部人类追求建筑可持续发展的奋斗史，如今已呈现百花齐放、争奇斗艳之势（李晓晨，2014；Lavy et al., 2014；Lin, 2012）。

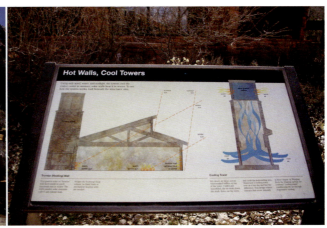

图 10-2　美国锡安国家公园游客中心采光面　　　　**图 10-3**　美国锡安国家公园游客中心的热强冷塔绿色建筑

二、我国绿色建筑发展推进政策

我国对绿色建筑的认识及研究始于 90 年代，1992 年巴西里约热内卢联合国环境与发展大会以来，中国政府相续颁布了若干相关纲要、导则和法规，大力推动绿色建筑的发展。1994 年国务院颁布《中国 21 世纪初可持续发展行动纲要》；1999 年，第 20 届世界建筑师大会在北京召开，大会通过了《北京宪章》（高升，2010），成为我国绿色建筑发展的里程碑之一。

建筑能耗占我国能源消耗总量的比例已经超过 30%，随着我国城镇化水平的逐渐提高，该比例也会逐渐增加达到40%以上。与其他主要排放行业相比，建筑行业是最具潜力削减温室气体排放的行业。在现有已确定和商业化的技术条件下，新建建筑和既有建筑的能耗预计可以减少30%至80%，还可在建筑生命期限内提供可能的净收益。所以建筑节能对节约能源和国家的可持续发展至关重要，将是实现国家能源安全战略的重要组成部分。

随着我国建筑节能的发展，相应的建筑节能法律法规和标志规范体系正在逐步建立。在法律法规方面，包括2007年颁布的《中华人民共和国节约能源法》，2008年国务院通过的《民用建筑节能条例》和颁布的《公共机构节能条例》（仇保兴，2014）。

在建筑设计标准方面，我国建立了覆盖全国三个气候区的居住建筑和公共建筑的设计标准，包括《公共建筑节能设计标准》（GB 50189—2005）、《民用建筑节能设计标准（采暖居住建筑部分）》（JG J26—95）、《夏热冬冷地区居住建筑节能设计标准》（JG J134—2001，J116—2001）、《夏热冬暖地区居住建筑节能设计标准》（JG J75—2003，J275—2003）。

在建筑节能验收和运行管理方面，建立了《建筑节能工程施工质量验收规范》（GB 50411—2007）、《空调通风系统运行管理规范》（GB 500365—2005）、《北方采暖地区既有居住建筑供热计量及节能改造技术导则》《国家机关办公建筑和大型公共建筑能耗监测系统建设相关技术导则》《建筑能效测评与标识技术导则》等标准规范和技术导则。

2006年，我国颁布了第一部《绿色建筑评价标准》（GB/T 50378—2006）。2014年《绿色建筑评价标准》被批准为国家标准，编号为 GB/T 50378—2014。

国家还制定和颁布了《全国绿色建筑创新奖管理办法》，全面推行绿色建筑"以奖代补"的经济激励政策，具体可从专项补贴、物业税减半征收、土地招拍挂前置条件、适当提高容积率、购房贷款利率优惠等方面着手推进绿色建筑的发展。根据财政部、建设部颁布的《可再生能源建筑应用专项资金管理暂行办法》，将对区域性大型再生资源回收利用基地建设项目给予贷款贴息和财政补助上的资金支持。其中，明确规定对盈利性弱，公益性较强的改、扩建项目，将给予最高2000万元的财政补助资金。

在地方层面上，一些省市也采取了推动措施，特别是深圳市、上海、重庆、江苏省、北京市等分别出台了规章和激励机制。

第三节　绿色建筑的综合评价体系

21世纪初逐步建立起来的绿色建筑评价体系是建筑学领域的一次革命和启蒙运动，其意义远远超过能源的节约。它从多个方面进行创新和有机综合，从而使建筑与自然和谐，充分利用资源和能源，创造健康、舒适和优美的生活空间。它对于建筑领域的革命意义可以从技术、社会、经济等角度来审视。

一、绿色建筑评价体系在建筑领域的革命性意义

（一）综合技术的革命

早期的绿色建筑研究以单项技术层面问题的研究为主，技术手段是孤立和片面的，没有形成有机整体。随着绿色建筑技术的研究逐渐呈现自然科学、社会科学、人文科学、计算机科学、信息科学等多学科研究成果融合的趋势。绿色建筑技术策略的深化与发展在材料、设备、形态学等不同的领域展开，在技术发展的同时，

技术与其他设计元素的整合也开始从过去的简单叠加，更多关注外围护结构本身的设计向技术与建筑整体系统的有机结合转变，逐渐成为了绿色建筑系统。绿色建筑评价体系的建立是绿色建筑技术逐步完善和系统化的必然结果，它为绿色建筑技术的有机整合搭建了一个平台，使绿色建筑技术、信息技术、计算机技术等诸多学科技术能够在一个统一的平台上发挥各自的作用，建立一个综合评价系统，为设计师、规划师、工程师和管理人员提供了一个比以往任何时候都更加简便易行、规章明确的绿色建筑评价工具和设计指南。

（二）公众意识倡导和参与

绿色建筑评价体系的首要社会意义是倡导健康的生活方式，这是基于将绿色建筑的设计与建造看作是一个社会教育的过程。绿色建筑评价体系的原则是在有效利用资源和遵循生态规律的基础上，创造健康的建筑空间并保持可持续发展。这一概念纠正了人们以往的消费型生活方式的错误观念，指出不能一味地追求物质上的奢侈享受，而应在保持环境的可持续利用的前提下适度的追求生活的舒适。

绿色建筑评估体系也不是为设计人员所垄断的专业工具，而是为规划师、设计师、工程师、管理者、开发商、业主、市民等所共同拥有的评价工具。它的开发打破了以往专业人员的垄断局面，积极鼓励市民等公众人员的参与。通过公众参与，引入建筑师与其他建筑使用者、建造参与者的对话机制，使得原本由建筑师把持的设计过程变得更为开放。事实证明多方意见的参与有助于创造具有活力和良好文化氛围、体现社会公正的社区。

（三）将经济问题贯穿到全过程

绿色建筑评价体系的经济意义可以分为宏观与微观两个层面。在宏观层面，绿色建筑评价体系从系统全寿命的角度出发，将绿色建筑设计所涉及的经济问题整合到从建材生产、设计、施工、运行、资源利用、垃圾处理、拆除直至自然资源再循环的整个过程。关于绿色建筑的经济考量不再局限于设计过程本身，而将策略扩展至对狭义的设计起到支持作用的政策层面，包括建立"绿色标签"制度，完善建筑环境审核和管理体系，加大与建筑相关的能源消耗、污染物排放等行为的纳税力度，健全环保法规体系等，从增加政府对可持续性建筑项目的经济扶持和提高以污染环境为代价的建设行为的成本两方面为绿色建筑设计与建造创造良好的外部环境。在微观的层面，从经济角度出发的设计策略都更充分考虑项目的经济运作方式，并据此对具体的技术策略进行调整。

（四）实践可持续发展

绿色建筑评价体系的理论基础是可持续发展的理念，因此，无论各个国家的评价体系在结构上有多大差异，它们都有一个共同点：减小生态环境负荷、提高建筑环境质量，为后代发展留有余地。这就从根本上扭转了长期以来人类一味向自然索取的态度，体现出人们对人与自然关系的认识由对立向统一的转变。

可持续发展的人居环境是各

图10-4　世界各国的绿色标准情况

国建筑业追求的目标，各国也都有自己的绿色建筑体系，大家所熟知的是英国的 BREEAM 与美国和加拿大的 LEED（Leadership in Energy and Environmental Design）。我国也先后颁布了《绿色建筑评价技术细则》和《绿色建筑评价标识管理办法》。

二、绿色建筑评价体系主要内容

根据我国国家标准，绿色建筑是指：在全寿命期内，最大限度地节约资源（节能、节地、节水、节材）、保护环境、减少污染，为人们提供健康、适用和高效的使用空间，与自然和谐共生的建筑。《绿色建筑评价标准》（GB/T 50378—2014）中包括：保护环境，减少污染；节约资源和能源；创造一个健康安全、适用和经济的活动空间；绿色建筑与生态建筑、可持续建筑都注重保护环境、节约资源，而绿色建筑还强调人的健康、舒适，因此概念更先进（赵喆，2010）。

图 10-5　绿色建筑的内涵

绿色建筑的设计包含两个要点：一是针对建筑物本身，要求有效地利用资源，同时，使用环境友好的建筑材料；二是要考虑建筑物周边的环境，要让建筑物适应本地的气候、自然地理条件。

绿色建筑的建筑设计要求紧凑合理，使用效率高，要求室内设计平面布局合理、舒适、方便、健康、安全，有一个适合人居住的环境；使用装饰材料方面，要求尽量减少使用有污染物质的材料，保证室内的空气质量；主要的房间要充分利用阳光和实现自然通风；要注意隔热保温，夏天和冬天室内温度适宜，能节省能源、电源，为居住者创造一种舒适、生态的感觉。绿色建筑以人、建筑和自然环境的协调发展为目标，在利用天然条件和人工手段创造良好、健康的居住环境的同时，尽可能地控制和减少对自然环境的使用和破坏，充分体现向大自然的索取和回报之间的平衡。

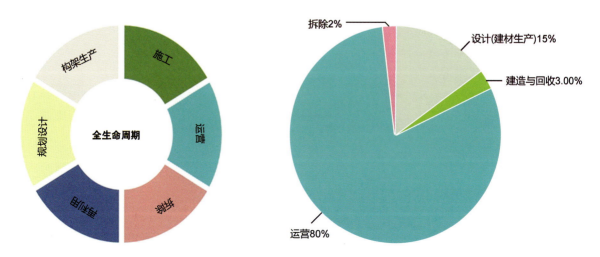

图 10-6　全生命周期建筑各阶段所占能耗

（一）提高室内环境舒适度

绿色建筑之所以强调室内环境，因为人类大部分时间是在室内度过的。室内的舒适度的影响要素，通常包括温度、湿度、日照、空气和声音等方面。为了获得室内的舒适度，除了采用合理的朝向、通风设计和隔声处理以外，还要采用建筑设备、设施来补充。如夏天采用空调，冬天要用采暖系统，在空气污染的情况下（雾霾、甲醛、氨气、笨、氡等情况下）还需要安装空气净化器、新鲜空气补充装置等。人在舒适度高的室内环境中，会对人的健康有益，还可以提高工作效率。

1. 温度和湿度问题

首先，热舒适明显地影响着工作效率。一般来说，我国的春秋两个季节的温度对大多数人来说是很适宜的。但是，在冬季和夏季，就不能适应人的舒适需要，过高、过低的温度和湿度是不舒适的，此时就需要设备来补充。一般来说，适宜的室内温度（夏季制冷：$24\sim28℃$；冬季采暖：$18\sim22℃$），相对湿度（夏季制冷：$40\%\sim70\%$；冬季采暖：$30\%\sim60\%$）。

传统的空调系统被看做是能改善室内温度的有效工具，但是，使用空调时间过长，容易引发出"空调病"问题。同时，空调使用电能（高级能源）消耗能源大费用高，不断增量的氟利昂对臭氧层的破坏大，对环境的伤害很大。而绿色建筑要求除保证人体总体热平衡外，应注意身体个别部位如头部和足部对温度的特殊要求，充足的日照和地板采暖也要能很好地满足这方面的要求。另外，需要做好外窗的保温密闭性，这对保持室内温度有重要的作用；窗口如果能做好遮掩措施，如遮阳板、百叶窗、窗帘等都能对室内起到很好的调节作用。

2. 日光照明、噪音问题

室内光环境直接影响到工作效率和室内气氛。绿色建筑中引进无污染、光色好的日光作为光源是绿色光环境的重要部分。但舒适健康的光环境，同时应包括亮度均匀、明暗有致的光线分布，避免眩光和强烈光照等，因此，应根据不同的时间、地点做好调节和控制措施，保持室内的高品质光环境。

健康舒适的声环境有利于人体身心健康。绿色声环境要求不损伤听力并尽量减少噪声源对室内的影响。设计时，通常将产生噪音的设备隔离，单独布置在远离使用房间部位，严格控制室内外噪声级。

室内噪声控制措施

- 室内所允许的噪声标准：白天≤45dB(A)，夜间≤35dB(A)。此外，应严格做好分户墙和楼板的隔声处理，宜对户内给排水管道和卫生洁具等产生的噪声采取设计和产品选型等防治措施；
- 居室空间不得与电梯间、空调机房等设备用房相邻；
- 应选用低噪声机电设备系统，设备、管道应采用有效的减振、隔振、消声措施，对产生振动的设备应采取隔振措施。

3. 空气质量

空气质量的好坏对人的健康影响十分重要。通常，影响空气质量的因素包括空气流通、空气的洁净程度等。当前，我国大多城市处在雾霾的影响之下，对人的健康影响尤为重大。因此，应根据不同的场合补充适当的新风量，控制室内空气的洁净度是重要的环节。同时，在适宜开窗的季节，保持空气的流通，并使空气的流速使得室内空气舒适度达到较优状态。

室内空气污染物的有效控制也是室内环境改善的主要途径之一。影响室内空气品质的污染物有成千上万种。绿色建筑认为不仅要使空气中的污染物浓度达到公认的有害浓度指标以下，并且要使处于室内的绝大多数人对室内空气品质指标满意。

室内空气质量控制指标

污染物名称	活度、浓度限值
游离甲醛 /(mg/m³)	≤ 0.08
苯 /(mg/m³)	≤ 0.09
氨 /(mg/m³)	≤ 0.2
TVOC/(mg/m³)	≤ 0.5
PM₂.₅(μg/m³)	≤ 3.5

（二）室外环境持续化、自然化

绿色建筑创造的居住环境，既包括人工环境，也包括自然环境。在进行绿色环境规划时，不仅重视创造景观，同时重视生态环境的改善，做到整体绿化。可持续的应用，除了建筑本身外还包括所需的周围自然环境，生活用水的节省和高效（生态）利用；雨水收集及废水处理及利用。以下列出了相关内容的重要方面。

（1）绿色建筑要考虑如何与所在地的气候特征、经济条件、文化传统观念互相配合，从而成为周围社区不可分离的整体部分。绿色建筑作为一个次级系统依存于一定的地域范围内的自然环境，与绿色房地产一样都不能脱离生态环境的地域性而独立存在。绿色建筑的实现与每一个地域的独特气候条件、自然资源、现存人类建筑、社会水平及文化环境有关。

（2）自然通风。自然通风即利用自然的地形、地貌特征来有效的组织风的方向和流动。场地上的一片树林常常可以有效组织并导向自然风的方向。树林是保持湿度、产生阴凉的地方，同时还能调节室外的温度，产生大量的负氧离子，是非常有益于创造室外优质空气质量的重要因素。因此，大量种植树林，特别是有丰富树叶的乔木，更加是重要的手段。

（3）建筑的布局也是影响利用自然通风的重要因素。如必须考虑建筑朝向，间距和高度，南向是冬季太阳辐射量最多而夏季日照减少的方向，并且中国大部分地区夏季主导风向为东南向，所以从改善夏季自然通风房间热环境和减少冬季的房间采暖空调负荷来讲，南向是建筑物最好的选择。另外，建筑高度对自然通风也有很大的影响，一般的高层建筑对其自身的室内自然通风有利。而在不同高度的房屋组合时，高低建筑错列布置有利于低层建筑的通风，处于高层建筑风景区内的低矮建筑受到高层背风区回旋涡流的作用，室内通风良好。

三、我国的绿色建筑评价体系

我国的绿色标识制度由住房和城乡建设部发起，目前归口管理单位为住房和城乡建设部科技发展促进中心，主要以《绿色建筑评价标识管理办法》及《绿色建筑评价技术细则》为设计和评判依据，经专家和测评机构（中国绿色建筑与节能委员会）评审通过后，颁发"绿色建筑评价标识"。"绿色建筑评价标识"分为1、

2、3 星级，3 星级为最高级别。住房和城乡建设部设"低能耗与绿色建筑双百示范工程""绿色建筑创新奖"等政策以支持国内绿色建筑的发展。

2014 年 4 月 15 日，住房城乡建设部发布公告，批准《绿色建筑评价标准》为国家标准，编号为 GB/T 50378—2014，自 2015 年 1 月 1 日起实施。原《绿色建筑评价标准》GB/T 50378—2006 同时废止（郑红霞等，2013）。2014 年，《国家新型城镇化规划（2014—2020 年）》指出，未来 6 年，城镇绿色建筑占新建建筑的比例将达到 50%。

我国香港地区主要施行《香港建筑环境评估标准》。该评价体系在借鉴英国 BREEAM 的主要框架的基础上，由香港理工大学于 1996 年制定。它是一套主要针对新建和已使用的办公、住宅建筑的评估体系。该体系旨在评估建筑的整体环境性能表现。其中，对建筑环境性能的评价归纳为对场地、材料、能源、水资源、室内环境质量、创新与性能改进六个方面的评价（毛志兵和于震平，2014）。

四、国际知名绿色建筑评估体系

目前国际上的绿色建筑认证体系主要有：LEED（美国）、BREEAM（英国）、CASBE（日本）、Blue Angel（德国、北欧）等。绿色建筑评估体系（LEED）是目前世界各国建筑环保评估、绿色建筑评估及建筑可持续性评估标准中最完善、最有影响力的评估标准，已成为世界各国建立各自绿色建筑及可持续性评估标准的范本（刘国等，2007；希拉，2016）。

（一）美国 LEED 体系

美国 LEED 体系是美国绿色建筑委员会于 1998 年颁布实施的绿色建筑分级评估体系，体系综合考虑环境、能源、水、室内空气质量、材料和建筑场地等因素，这些都对建筑物的高性能表现起着关键影响。绿色建筑评估系统将会确保建筑物的实际建造能满足预期的设计和表现。LEED 是目前国际上商业化运作模式最成熟的绿色建筑分级评估体系。

（二）英国 BREEAM 体系

英国 BREEAM 是世界上第一个绿色建筑评估体系。由英国建筑研究所于 1990 年制定。BREEAM 体系的目标是减少建筑物的环境影响，体系涵盖了包括从建筑主体能源到场地生态价值的范围。BREEAM 体系关注于环境的可持续发展，包括了社会、经济可持续发展的多个方面。这种非官方评估的要求高于建筑规范的要求，有效地降低了建筑的环境影响。如今，在英国及全世界范围内，BREEAM 体系已经得到了各界的认同和支持。

（三）荷兰绿色建筑 GreenCalc

荷兰绿色建筑 GreenCalc 随着荷兰建筑评估工具 GreenCalc 的出现而发展起来。1997 年，荷兰国家公共建筑管理局有了"环境指数"这个指标，它可以表征建筑的可持续发展性。建筑评估工具 GreenCalc 是基于所有建筑的持续性耗费都可以折合成金钱的原理，就是我们所说的"隐形环境成本"原理。隐性环境成本计算了建筑的耗材、能耗、用水以及建筑的可移动性。GreenCalc 正是按这些指标计算的。

（四）澳大利亚 NABERS 体系

1999 年，ABGRS（Australia Building Greenhouse Rating Scheme）评估体系由澳大利亚新南威尔士州的

Sustainable Energy SEDA（Development Authority）发布，它是澳大利亚国内第一个较全面的绿色建筑评估体系，主要针对建筑能耗及温室气体排放做评估，它通过对参评建筑评价给予星值来评定其对环境影响的等级。

（五）德国 DGNB

德国 DGNB 即德国可持续建筑认证体系，由德国可持续建筑委员会（German Suistainable Building Council, DGNB）组织德国建筑行业的各专业人士共同开发。DGNB 覆盖了建筑行业的整个产业链，并致力于为建筑行业的未来发展指明方向。其 2008 年版仅对办公建筑和政府建筑进行认证。其 2009 年版根据用户及专业人员的反馈进行开发。

（六）日本 CASBEE

日本建筑物综合环境性能评价（Comprehensive Assessment System for Building Environmental Efficiency, CASBEE）方法，以各种用途、规模的建筑物作为评价对象，从环境效率定义出发进行评价。它试图评价建筑物在限定的环境性能下，通过措施降低环境负荷的效果。CASBEE 采用 5 分评价制度。

（七）法国 HBQ

法国 HBQ（High Environment Quality），即法国高环境品质评价体系。该体系致力于指导建筑行业在实现室内外舒适健康的基础上将建筑活动对环境的影响最小化。

（八）英国 Zed Factory

英国零碳工厂（Zed Factory）建筑由 Bill Dunster 于伦敦创立，零能耗开发项目给住宅协会提供了联合的建造可持续发展社区的方法，它以一种对环境无害的零碳设计，给住宅建造方提供了联合的建适可持续发展社区的方法。零能耗开发的标准住宅类型的人性化设计方法，增加了住宅的舒适性。

五、经典案例

在绿色建筑措施中有被动式能效的策略：包括遮阳、太阳能集热、自然采光、绿色植被等。另外，也可以采取主动能效的策略，包括高能效设备、高效照明、免费制冷和新风热回收，热回收系统和蓄能系统等。不同的设计师因地制宜地发展了不同的措施。

格拉夫特建筑设计事务所（Graft Lab）设计的垂直村落，充分利用了迪拜日照充足的优势。建筑表面与太阳能收集器呈特定角度。太阳能收集器位于这个多功能建筑群的南端，装有自动旋转枢轴，可让日照时间实现最大化。西班牙泡泡形淡水工厂，能够利用红树过滤海水以获取淡水。红树可吸收咸水中的物质并渗出淡水。宝贵的淡水钻出红树体外后蒸发并凝结成露水，工厂内的淡水池则负责收集露水。

波兰建筑事务所（H3AR）设计的集雨摩天楼借助于覆盖整个外部的水槽网，雨水将直接流入一个处理厂。处理后获得的生活用水可用于冲马桶、洗衣服、其他清洗工作及浇灌植物。

新加坡 EDITT 绿塔有 26 层，它最具特色的地方体现在光电板、沼气发电站和自然通风系统等设计。外部的绿色墙壁覆盖了一半的建筑，它既可以起到自然遮阴和空气过滤的效果，同时也可以提高能源利用效率。水循环利用系统可以满足大楼 55% 的用水需求，太阳能电池板可以为大楼提供 40% 的所需能量（新浪科技，2010）。

专栏 18 零碳三部曲

香港的绿色建筑环保评估体系虽然早在 1995 年就已推出，但建筑物的用电量仍占香港总用电量的九成。香港建造业议会希望，从"零碳天地"开始，向市民传递绿色建筑生活的正能量。香港"零碳天地"三部曲香港首座零碳建筑将向公众开放，"零碳天地"引领香港低碳建筑先锋。"零碳天地"具有以下特点。

(1) 因地制宜减少能源依赖

夏日炎炎，从 33℃ 的户外走进"零碳天地"室内，顿时轻松许多。四处打量一番，却只看到头顶的吊扇在工作。是什么让"零碳天地"那么清凉？香港建造业议会"零碳天地"总监李贵义博士道出其中的第一个秘诀，就是被动式建筑设计 —— 因地制宜，最大限度使用自然资源，力求从源头降低建筑对能源的依赖。

例如，建筑的屋顶北高南低，水平仰角 21°，让屋顶的太阳能板接受最多光照，同时增加室内采光。屋檐向低处延伸，形成深邃的遮阳，阻挡阳光直射，减少空调能耗。建筑墙面也都采用大块的低辐射玻璃窗来获得自然光，不仅透光性能良好，还能有效减少热传递，比香港有关条例允许的最大总热值低 80%。

整座建筑大致坐北朝南，迎风而立，利用从海面吹来的自然风为室内通风。设在室内地板上的送风口，也是整栋建筑的呼吸器官。送风口与室外的捕风口相连。自然风从捕风口进入，经过地底后，再进入室内时已经比原来的温度降低了 5℃。

(2) 主动系统监管提高能源效益

"零碳天地"强调顺应自然的建筑设计，而在被动建筑设计无法满足日常需求的时候，就需要主动技术干预辅助、调节室内环境。

"零碳天地"拥有一套智能建筑管理设备。这个"管家"依靠分布在主建筑内外的 2800 个探测器，掌握室内外的温度、湿度、光照及二氧化碳情况。当室内温度超过 28℃，智能管理系统就会命令地板上的送风口输出冷气。李贵义介绍，将送风口安装在地板上，冷气可以直接吹向参观者，而不用将整个空间吹冷，因此制冷温度不用像一般冷气的 12～14℃ 那么低，只需达到 16～18℃ 就能达到同样的效果。

(3)转废为用，可持续建设回馈城市

节能增效的设计和技术确实让建筑绿色不少，但要达到真正的零碳，还需要更进一步。为了彻底消灭碳足迹，"零碳天地"用太阳能、生物柴油自行发电。

位于主建筑地下一层的生物柴油发电装置，是"零碳天地"的心脏，心脏里的血液全部是提炼自食用废油的百分百生物柴油。生物柴油通过特制设备发电，发电的余热被用来制冷，制冷后的余热再用来除湿，形成发电、制冷、制热的三联供。从而充分利用能源，能源利用率达 70%，而传统的发电厂发电只有约 40% 的能源利用率。

生物柴油燃烧后产生的二氧化碳比传统燃料少很多。此外，生物柴油源自植物，植物在生长过程中吸收二氧化碳。"零碳天地"每年使用 6 万升生物柴油，每年发电不仅足以负担整座建筑每年能耗 131MW·h，还有多余。

为了让"零碳天地"更融入香港，设计师在主建筑南面打造了香港首座原生林。香港本地动植物物种丰富，但城市绿化也讲究效率，因此大多使用非原生的先锋树种。

资料来源：DoNews，2012

第三篇

鲁能的生态优先、绿色发展之路怎么走

九寨鲁能胜地格下古寨

北京大学中国可持续发展研究中心主任叶文虎教授认为：人类最永恒关心的问题是"发展"。由于对"发展"的理解不同，导致行为的不同，从而造成结果的巨大差异，这是当今出现的诸多问题的总根源。追根穷源，叶教授认为**"发展"一词的根本要义是人类对有保障的生存、健康的生存乃至幸福的生存的不懈追求**。所以，生态改善、生活幸福、生产发展在时间和空间上的共赢应是我们一切行为的根本出发点和判断对错的准则。

每一次人类文明的更替，都是因为新的生活、生产方式给人类带来更多的财富。渔猎文明被农业文明取代，提供了更强的生活保障和生存保障；工业文明取代农业文明，是从靠天吃饭转变过来，为人类提供了更多的财富。但是工业、制造业和消费繁荣的背后同时带来了前所未有的挑战，给地球带来严重的负担。现在全球正在步入生态文明的时代，但是目前以"大量生产、大量消费、大量废弃"为显著特征的工业文明发展模式依然盛行，生态文明一定要能够比工业文明带给人类更多的东西，改成更加健康、幸福的活法，这样的文明更替才能够实现。

生态文明发展根本是为人类进步发展做贡献，社会进步就是人类生存得更加符合人类的追求。这是时代的呼唤，大势之所趋。生态文明不仅仅是生态环境的改善，是人的思想、生产方式的转变，人类未来的发展方向和发展方式的转变，最后的结果是广大人民生活都能够得到提升。

当前全球性气候保护和生物多样性危机等人类共同面临的问题日益严重，越来越引起国际社会的广泛关注，中国作为《联合国气候变化框架公约》《生物多样性公约》《拉姆塞尔公约》等重要国际公约的缔约国，肩负着重要的国际责任。随着我国经济持续稳定发展并与世界经济深度融合，积极承担国际责任既是我国履行大国义务的必然要求，也是维护我国发展环境的必要手段，符合我国的根本利益和长远利益。

《国家"十三五"规划纲要》（《中华人民共和国国民经济和社会发展第十三个五年规划纲要》）中要求加强生态保护修复，坚持保护优先、自然恢复为主，推进自然生态系统保护与修复，构建生态走廊和生物多样性保护网络，全面提升各类自然生态系统稳定性和生态服务功能，筑牢生态安全屏障；强化江河源头和水源涵养区生态保护，加大水源地及沿线生态走廊等区域生态保护力度；丰富生态产品，优化生态服务空间配置，提升生态公共服务供给能力，打造生态体验精品线路，拓展绿色宜人的生态空间。实施生物多样性保护重大工程，重要水源地退耕还林还草，对功能降低、生物多样性减少的湿地进行综合治理，开展湿地可持续利用示范活动。

企业的社会责任，就是对社会进步做了什么，鲁能作为一个负责任的国企，给自己产业的定位就是"给人民最幸福的生活"。作为引领生态文明发展的先锋，鲁能集团于2016年4月22日地球日，对社会宣布了鲁能走上"生态优先、绿色发展"之路的实践及坚定不移的决心。从"十二五"规划开始，鲁能集团开始实施企业发展方向的转型，大力推进清洁能源，同时在房地产开发过程中，注重遵循绿色建筑标准，在节能、节水、节材等方面进行探索和实践，并从格拉斯小镇的老河湾水污染治理开始，步入了生态优先之路，分别在海南文昌、吉林长白山、四川九寨沟等地，践行一低一高：低干扰、高品质，以及轻开发（促进人与自然，和谐相处）、重体验（探索生态共生，全新享受）的实践，制定了更加宏大的鲁能生态保护和恢复、生态农业和生态旅游的发展规划，这些生态保护计划的实施将为减少全球生物多样性丧失，形成自然保护教育网络，宣传推广生态环境保护和恢复，提升人民福祉，履行国际生物多样性公约、国际湿地公约，实施《中国生物多样性战略和行动计划（2010—2030年）》、野生动物保护法、湿地保护条例等发挥重要作用。同时，鲁能的生态教育、培养和示范，将带动整个社会参与到生物多样性保护、生态修复和绿色发展的行动中。

鲁能正在逐步形成具有鲁能特色的生态优先绿色发展之路，这是一条永无止境的道路。为加快鲁能集团绿色发展战略的全面推进过程，鲁能以国际化科研协作为主要方式，探索并解决生态环境保护与可持续发展这一全球性难题，真正实现"绿水青山就是金山银山"，推动鲁能集团作为中国大型国有企业坚持以"生态优先、绿色发展"为使命和方向，形成鲁能在国内、国际强大的绿色品牌形象与社会影响力，为集团相关战略提供国际视野的持续学术技术支持与相关国际推动与协作，鲁能集团与全球保护地友好体系课题组联合成立了鲁能绿色发展研究院。

鲁能绿色发展研究院的最高目标是将鲁能集团建设为国内、国际坚持"生态保护、绿色发展"的大型企业典型代表，并进一步带动国内、国际企业界共同承担生态保护社会责任，为全球生态保护、绿色发展发挥巨大的推动力量。

专栏 19　鲁能绿色发展研究院的职能与工作方向

(1) 负责组织和对接国际、国内相关领域顶级科研机构与专家团队，开展持续研究，破解以鲁能胜地、美丽乡村为主的各相关产品线及具体项目的发展难题，为鲁能集团绿色发展提供持续不断的强劲科技动力和国际品牌影响力，树立鲁能集团绿色发展的央企"领军者"形象和地位。

(2) 为鲁能集团走向国际，开展国际投资、并购、开发、合作等重大项目，提供以生态保护方面的专业咨询、考察、研究、规划、设计、国际协调等的技术支持与相关服务。

(3) 为鲁能集团在国内、国际绿色产业的战略扩张、布局、选址、规划决策，提供超前性、全球化视野的相关科研技术支持服务。

(4) 为鲁能集团各具体项目开展前期的调研、勘察，提出选址、绿色发展的前置性建议方案；各项目建设过程中的技术服务和支持、绿色发展评价与监督；各项目建成前、中、后期的深度用户群体服务和系列产品开发、社会品牌影响力推动支持。

(5) 积极与国内、国际相关科研和生态保护领域国际活动联合，宣传发布鲁能集团绿色发展的相关动态和成就。开展国际绿色发展课题导入型联合研究，树立鲁能集团在国际、国内企业界绿色"领军者"形象。

(6) 鲁能集团其他绿色发展的相关课题研究。

在鲁能绿色发展研究院的指导下，鲁能"生态优先、绿色发展"的工作陆续展开。以下就鲁能已经计划、正在实施和已经实施的相关工作进行详细介绍。

第十一章
鲁能各项目地科学规划

鲁能胜地和美丽乡村位于全国各地生态环境相对比较好的区域，拥有各类生态服务功能，在对当地生态系统健康，当地人民和周边城市人民生活，和为更大区域范围人民提供清洁水和空气、安全食物、生物多样性保护、精神文化休闲、缓解气候变化等方面都具有重要的作用。在鲁能的这些项目开发之前，首先进行生态评估，在生态保护指导建议之下，制定和实施发展规划。

鲁能的生态评估工作包括了以下几个主要方面。

（1）了解项目地的生物多样性总体情况与价值所在，理清项目地有哪些重要珍稀的物种和天然健康的植被，它们都分布在哪里；

（2）了解项目地地形、地貌、土壤、水系，了解地理的优势、独特性、脆弱性；

（3）了解项目地的人类活动类型和情况，分析这些珍贵的生物多样性面临什么人类活动的威胁；

（4）分析研究项目地生态健康应当如何提升和改善，确定需要重点保护、恢复的区域，以及适合发展的农业发展方向；

（5）根据生态特征、重要性、应当限制的发展活动等，对项目地进行分区，根据生态保护和恢复的需要建立分区管理制度；

（6）提出生态保护重点区域、保护措施，生态恢复区域及恢复方法，农业发展的建议，生态旅游发展建议，发展承载力分析等；

（7）在生态保护建议报告基础上，再制定开发规划。确保各个项目从一开始就把生态保护作为重要工作内容纳入发展计划，在实现生态保护的前提下发展。

第一节　鲁能文昌铜鼓岭区域具有极为独特的生态价值

鲁能海南文昌项目地的铜鼓岭区域保留着完整的从山地到红树林，再到海洋的完整植被带，在中国极其少见，在海南省独一无二，具有极其重要的保护和展示价值。这个区域的面海的一面，拥有山地植被到海滩植被的各种区带的植被变化；而西北侧的背海处，则是干燥森林、淡水沼泽到红树林沼泽的过渡；海洋中还有珊瑚礁。这些地理植被特征赋予了铜鼓岭地区巨大的生物多样性价值（**图 11-1**）。

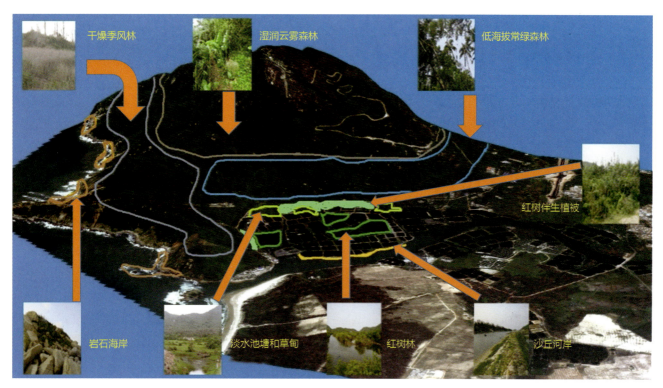

图 11-1　铜鼓岭区域丰富多元的植被类型

这个区域包括了 12 种生境，如下逐一介绍。

(1) 湿润的云雾山地森林。该植被带完全处于铜鼓岭国家级保护区内，优势树种是樟树属和朴树属的物种，多样性非常丰富。原始的森林冠层植被保持着湿润的环境，这里有大量的兰科植物和蕨类植物，以及其他寄生植物，同时还有丰富的草本植物和姜科植物。2014 年的台风摧毁了这里最大的树木个体，使得原本密集的树冠层打开了缺口，这样导致了湿润森林整体上变得干燥。这需要今后几年的时间来慢慢恢复。

(2) 干燥季风林。该季风林大多数位于铜鼓岭保护区内。

(3) 低海拔常绿森林。该常绿森林完全处于铜鼓岭保护区内部，这部分植被森林区带已经在之前厦门大学的调查报告中有详细描述。

(4) 淡水池塘和草甸。部分淡水池塘和草甸已经被开垦为稻田，一些又被作为牧牛的牧场，更加湿润的地方生长着一些蔗草属野草，其他一些小水塘及其周边地区生长着露兜树、鱼尾葵和卤蕨等植物。

(5) 沙滩林。几乎所有的沙滩林地都已经变成了木麻黄植被或者椰子树和水果树的混合林，沙滩林的原始成分仍然在一些地区较好地保留下来，沙滩林植物包括木麻黄、榄仁、琼崖海棠、银叶树、黄槿、长梗肖槿、杨叶肖槿、玉蕊、露兜树、刺葵、鱼尾葵、省藤属植物、桑寄生属植物和几种榕树等。所有这些植物对于太阳鸟或者啄花鸟等小型鸟类都非常重要。

(6) 长草的沙丘。在项目地北部的岸边堤坝上，生长着一些低矮的植物，包括马鞍藤、鬣刺属杂草、文殊兰、鬼针草、海马齿、苦郎树，以及另外一些禾本科杂草。

(7) 海滨植被。在高潮线以上是沙滩，主要是马鞍藤，还有滨刺草、文殊兰、鬼针草、海马齿、臭牡丹等。

(8) 红树伴生区域。红树伴生的区域位于红树区和临近的低海拔森林区带之间。随着海拔的升高，这些区域生长着红树和半红树植物，以及其他的伴生植物。这些植物包括榄仁、琼崖海棠、黄槿、长梗肖槿、木麻黄、海马齿、山姜、鱼尾葵、省藤等。

(9) 红树林区。红树林区域形成干燥陆地和海洋之间一个独特的区块，主要生长在中间潮位带和高潮带之间。曾经海南的海岸线长满了红树林，但是现在约75%的红树林已经被破坏，转变成了其他用途，比如晒盐场、稻田和鱼塘。这些变化导致了生物多样性的巨大损失，也造成了对海岸线的破坏，许多直接和间接的海岸环境恶化都可以追寻到红树林的损失。

(10) 岩石海岸。岩石裸露在海水高潮位以上的部分有时会生长一些耐受恶劣环境的植物，比如刺葵、露兜和一些小灌木。在最高潮位线以下有蚌类、牡蛎、海草和一些岩石缝隙形成的小水塘。

(11) 浅海。这是有着沙底的、清晰的近海区域，不同地区海水深度不同，当地渔民在这个地区捕鱼、蟹和乌贼。

(12) 珊瑚礁区域。由于大陆架陡峭，珊瑚礁只在一个很窄的边缘区域生长，这个区域位于海南的东部。因为数量较少，这些地区的珊瑚礁不像海南南部和北部的礁岩那样被大规模地破坏。它们为休渔养苗和生态观光都提供了条件。这个地区的沙滩上富含的珊瑚礁碎片表明了这个地区物种的丰富程度。

这里植物物种丰富，已经拥有海南一半左右的红树物种（真红树树种：海南25种，文昌宝陵河11种；半红树树种：海南12种，文昌宝陵河7种），很容易恢复到拥有海南所有当地红树和半红树物种；而因为山脉的存在，维管植物数量远远大于清澜港省级红树林自然保护区或东寨港国家级红树林自然保护区（中国两个最重要的红树林区）。11种类型的植被孕育了丰富的动物多样性，鸟类（林鸟、湿地鸟、海洋鸟）；淡水野生动物（淡水鱼类、蛙类、蜻蜓）；红树林物种（海洋鱼类、贝类、螺类、虾蟹类）；沙滩物种（虾蟹、黄金蚁）；近海鱼类和丰富海洋生物（特别是这里的海滩曾经是海龟的产卵场，可以通过保护进行恢复）；珊瑚礁物种。几乎所有的这些门类，特别是鸟类和珊瑚礁的种类数量都会远远超过清澜港或东寨港中的种类数量。这里拥有了极其珍贵的生物多样性的独特价值，是中国唯一一处由红树林联系在一起的"山地森林＋红树林＋珊瑚礁"的重要生态系统复合体。

这样的地理和自然条件已经让该地产拥有了重要价值。中国著名经济学家钟朋荣说，中国人不能制造的东西最值钱，该地产所拥有的自然环境和其中宝贵的生物多样性就是这种不能人为制造的宝藏。

让这些重要区域的野生动物及其生态环境能够生存下来并得到恢复，与居住在这里的居民和游客永远为伴，是该地产能够提供给消费者的极致体验，不仅在于这代表了最健康的环境，同时代表了地产对生命的关爱，这自然包括了对居住在这里的人民的关爱。这种极致体验将成为地产最大的竞争亮点。

图 11-2　鲁能文昌宝陵河拥有的丰富鸟类

第二节 鲁能黄山谭家桥地产生态承载力估算

地产发展的生态承载力考虑的核心是确保所在区域的生物多样性能够得到保护和恢复，其所拥有的生态系统服务功能能够得到良好发挥。因此，保障发展在生态承载力范围内的方法包括良好的区划，确保最重要的生物多样性区域得到良好的保护，建筑和高强度人类活动限制在对环境影响小的发展区域范围；控制人口数量和行为，确保野生动物和生态环境不会因为干扰而数量或质量下降；良好的处理垃圾、废水设施，加强资源循环利用，确保垃圾、废水经过妥善处理后的排放不会对自然环境构成影响。鲁能绿色发展研究院对潜在的鲁能黄山项目地进行了评估，评估过程中进行的生态承载力估算作为一个案例介绍给大家。

一、谭家桥镇地产范围分区建议

项目地谭家桥镇位于安徽省黄山区东南角，是黄山由山地向平原过渡的第一块洼地，多条从黄山流出的北坡水系在这里汇聚，是黄山水系向北流入太平湖的第一块集水区，起到了重要的生态涵养功能。同时，谭家桥镇也是黄山区盆地的上游水源地。目前，当地政府正在规划开放黄山东大门，在谭家桥镇建立游客服务中心。因为东大门地理、交通和光照位置，预计目前黄山人流的至少 1/3 会从东大门进入黄山风景区。这一得天独厚的优势，让谭家桥镇的东大门位置地块拥有了极为重要的商业价值。但是如何确保鲁能在这个地方的发展能够在生态承载力范围，其目标在于保护好项目地的水系及其拥有的生物多样性。**我们建议地产区域能够往河流东边扩展一些，把麻川河范围尽量完整纳入地产范围，以便实施河流的保护工程**，预计总面积共 649hm²，我们建议可以分为以下 3 个大区。

图 11-3 谭家桥镇地产分区建议

（一）保育和生态旅游区

南部高山区域 123hm² 的生态环境非常好，是黄山石门水电站水利风景区入口范围，地产范围麻川河上游重点保护区域及黄山植物园区，适合作为自然保育区和生态旅游区，可以开发少量高端宾馆。

（二）缓冲区

缓冲区面积共 67hm²，可建设低密度的高档休闲住宅。该区域受到人流干扰较少，适合于较长期居住；

（三）开发区

开发区面积共 459hm²，为主要短期住宿和投资型休闲住宅区及黄山旅游人流集散地和娱乐休息场所。根据和当地居民交流了解到，在部分年份会有洪水淹没农田，我们这里用 205m 农田的海拔制作了淹没区图，包括 130hm² 雨季可能会被淹没的区域，该区域适合建立可以被淹没的设施，不适宜建立住宅，但是可以发展以下不怕淹没的工程。

1. 湿地公园

结合河流保护，湿地公园不仅美观、生态自然丰富，而且通过架起来步道和休息亭，可以为大量人流提供临时休息场所，而且可以在一个区域引入扬子鳄，湿地公园丰富的当地水生生物展示场所，将极大吸引游客从东大门进入。

2. 生态农业

发展水稻、蔬菜、茶叶等，为当地游客提供健康食物和优美环境。采摘可以成为生态旅游活动的一部分。水稻田和茶园，可以用传统的耕作方法，使用水牛，发展一些蔬菜，不用农药化肥，这里食物可以是非常传统和健康的，为在鲁能地产停留的游客提供健康的食物。同时，游客可以参与生产过程，学习收割水稻、砍竹子、编竹筐、采摘茶叶和制作豆腐等。这里将成为体验最为丰富且风景美丽的暑期旅游地。老年人可以到这里来体会年轻时候的生活，年轻人可以到这里找到他们的根和遗产。

3. 停车场

可以修建透水或者架起来的停车场，使之成为优美的交通集散地，同时实现湿地的保护功能。在水淹没时期，不会因为地表大量硬化影响水向地下的渗漏，起到保护水流域的功能。

谭家桥镇地产范围发展可以借助黄山的知名度与吸引力，兼顾大众游和生态游两大方面，发展低密度、特色鲜明的生态旅游服务基地。保护麻川河河流生态系统，就地营造麻川河湿地休闲生态环境，生态农业为游客提供健康食品，建设与高密度旅游镇截然不同的自然生态休闲小镇。

小镇的主要功能

(1) 黄山风景区旅游人流集散地，以缓解南大门人流压力；
(2) 投资型养老、休闲商业地产，个人购买后，将提供给黄山游客居住作为投资回报；
(3) 4～7日周边旅游居住。

二、谭家桥镇地产范围生态承载力分析

为了有效保护地产上游生态区域，同时为游客提供环境良好的生态旅游区域，保育区 123hm² 只适合少量高端宾馆；67hm² 作为缓冲区，可建低密度高档休闲住宅，让较长期居住者有比较安静，不太受干扰的环境；开发区 459hm² 除掉雨季 130hm² 可能淹没的区域和南部靠近缓冲区有 50hm² 山地也不适宜大量修建建筑物。130hm² 淹没区的湿地公园和生态农业区，虽然人类干扰经常发生，但是却仍然提供了另外类型的自然观赏区域。因此，地产区域内共有 279hm² 土地适宜作为建筑用地，这样的安排，可以确保地产范围最自然的区域，特别是整条河流得到保护，并建立黄山植物园和湿地公园，为住户和游客提供一个 2～3 个小时的旅游休闲和自然教育的区域，为这个旅游集散地提供优美、自然和丰富的自然景观和生物多样性。这些工作将让东大门成为 4 个大门之中最有吸引力的大门，增加人流和宾馆使用率。

根据这样的考虑，我们这里计算先只考虑使用 279hm² 土地来估算这块地产的适合建筑面积。根据

《城市用地分类与规划建设用地标准》，考虑谭家桥镇定位旅游集散地，居住用地可达城市建设用地的30% m² 50%，即 83.7～139.5hm²。综合考虑整个区域的旅游景观营造，建议建筑最多不超过11层，并且以6层左右的建筑为主，其容积率应控制在0.8，则总居住面积67.0～111.6万 m²。根据《建筑气候区划标准》(GB 50178—1993)，项目地处于建筑气候区划的夏热冬冷地区（III 区），人均居住面积23.0～36.0 m²，折中取人均30平方米计算，如果办公及各类工作人员2 200 人，共需居住面积6.6 万 m²，剩余居住面积60.4～105 万 m² 可用于旅游住宿接待。

酒店等级平均按三星级计算，客房面积占酒店总建筑面积的63%，即38.1～66.2 万 m²。按人均 10m² 居住面积计算，单日住宿容纳量可达 38 100～66 200 人。

三、谭家桥地产区域人流估算

黄山市 2016 年全年接待游客 5 187.1 万人次，按照《安徽省黄山市黄山区谭家桥旅游镇总体规划》估算，到 2020 年时，谭家桥镇接待游客数量将达到黄山市游客总量的 22.7%～25.1%，即 1 177.5～1 302.0 万人次，平均每日 3.23～3.57 万人次。2016 年黄山风景区总游客为 330 万，淡季最高游客限定 3.5 万，旺季最高游客限定 5 万。一般来说仅有黄金周和春节会达到爆满，平时很难达到限值。东大门打开之后，预计游客限定会有所上升，如果其中 1/3 的人流从东大门进入的话，每天从东大门进入黄山风景区的人数将不超过 2 万人。

根据这些计算，该地块的面积和情况能够承担当地旅游的食宿需求，保持保育区和缓冲区面积，可以增加舒适性和档次，可以吸引其他入口处人流往东大门聚集。

第三节　鲁能千岛湖项目地分区规划案例

鲁能的胜地和美丽乡村项目地都需要根据生态重要性和生物地理特点进行区划，划分出：①重点保护的核心区域（可以作为鲁能的自然保护地，仅允许影响较小的人类活动方式）；②较少建筑和人类活动的生态农业区域；③人类活动比较密集的居住和商业集中区域。

鲁能千岛湖界首项目，从千岛湖作为杭州的重要水源地这一重要定位的需求出发，显然做好水土保持、水源净化、农业面源污染控制等综合的治理工作中，良好的分区规划、生物多样性保护系统工程都将在其中发挥具有极其重要的价值。而界首区域的综合试验示范工作对整个千岛湖区域的整体工作都起到巨大的试验示范效应。通过对千岛湖区域的调查评估，围绕千岛湖生态保护角度，对鲁能的界首区域范围进行了分区研究。

一、千岛湖区域定位分析

- 千岛湖水库设计水位 108m，水域面积 573km²，死水位 86m，具有饮水、发电、航运、灌溉、渔业、旅游等多种功能。
- 千岛湖位于全球东亚—澳大尼西亚候鸟迁徙路线上，位于《中国生物多样性战略和行动计划（2011—2030 年）》35 个生物多样性保护优先区的第 25 区（黄山—怀玉山区）范围内，具有重要的生态保护地位和价值。
- 千岛湖巨大的保护良好的水域，具有重要的候鸟保护价值，目前鸟类记录有 179 种，而应当出现的有

260 多种，但是经项目组鸟类学家 6 天的实地观测仅记录到 52 种，候鸟种类和数量都非常稀少。

- 千岛湖是浙江省重要淡水鱼基地之一，也是华东地区重要的战略水源地。记录有鱼类 114 种，与太湖、鄱阳湖、洞庭湖等所拥有的鱼类种类数量相当，年渔业产量 400t，渔业产量受到严格控制，但是有机鱼品牌却非常有影响力。作为杭州重要水源地和重要旅游目的地，水域保护力度要比其他大型湖泊的大很多，对于这些鱼类的保护具有重要意义。

二、鲁能千岛湖项目区现状分析

- 鲁能千岛湖项目区有较大的陆地，较大的半岛，数量较多的小岛，区域有一定的异质性水平，山水风景美丽，传统渔业保留完整，农耕与自然和谐的文化在洪畈村仍有保留。
- 但是目前界首项目全区范围的植被退化状况与周边相比更加严重，原始林残存量少而零散，以柑橘园和次生灌木林为主。
- 农业翻土耕作，柑橘林普遍使用除草剂，对地表植被破坏严重，水土流失情况普遍。次生植被为大量林鸟提供栖息地，鸟类数量较多，但是因为缺乏复杂丰富的高大乔木，鸟类种类少，大部分为常见种类。昆虫多样性较好，但是由于除草剂的使用，导致数量不足，蝴蝶、蜻蜓、萤火虫等数量较少。
- 虽然个别地区有水土流失问题，但总体水质较好。渔业仍然是当地的支柱产业，但由于浅滩湿地缺乏，导致鱼类和候鸟栖息地严重缺乏。
- 总体来讲，除了南部地区的山水风景在千岛湖区域属于上乘的景观外，其他景观和生物多样性状况目前难以在常规旅游产业中发挥重要支撑作用。

三、鲁能千岛湖界首项目区发展定位

- 鲁能千岛湖项目区位于全球候鸟最重要迁徙路线的核心位置，是中国生物多样性保护优先区域，是华东重要的水源地，同时为周边、全国甚至世界人民提供了一个重要的休闲旅游目的地和有机鱼来源，千岛湖已经达到每年 1 000 万游客。**根据项目地自然条件现状和鲁能集团绿色发展主题，做好界首项目地并带动整个千岛湖区域的生物多样性保护和生态修复工程，使之成为杭州市、浙江省乃至全国第一个（国际）生态保护绿色发展示范基地，其所发挥出的巨大社会、经济和生态价值将具有非常重要的意义。**
- 在当地众多旅游项目中，地域目前生态状况不占优势的情况下，鲁能必须树立自己的独特性，这样的独特性就是**"以打造国内独具特色的生态保护绿色发展综合示范基地为目标，合理分区，营造主题不同的多样化区域，结合展示和深度参与体验科学生态恢复，形成围绕生态为核心的农、林、渔、花、鸟、景观等相结合的，形式多样、内容丰富的生态旅游目的地"**。
- 全区以积极的生态恢复管理，实现全区范围天然森林的扩展和恢复，提供生态恢复培训基地和参与体验。
- 发展生态农业，为游客提供健康安全、多样化的食品；发展品种多样的林果产业，提供采摘体验、休闲体验和高品质的林果产品；保护鱼类资源，在最大的湖区培养大鱼，推动钓鱼运动发展；保留部分当地传统渔业，发展参与式捕鱼和消费；营造浅滩湿地，为鸟类、两栖类、昆虫、鱼类等提供栖息地，发展以观野生动物为主的自然教育；恢复山水景观区域小岛的植被覆盖，丰富色彩，增加山水景观之美。
- 合理分区、分主题发展，增加旅游景观和内容上的多样性，游客主要居住在生态生活区，其他区域都以高端、低矮、低密度旅游居住为主；游客到林果生产区采摘，植物园做自然教育；到自然生态区的核心保护区了解生态恢复，渔耕区体验捕鱼和农耕文化，到鸟类保护区观鸟，到乡土植物观赏区欣赏多彩植被，到山水景观区欣赏典型的千岛湖风光。这将是 3～5 天的行程或者反复到此休闲的目的地。

四、鲁能千岛湖界首项目区分区

（一）可利用开发区域

根据《淳安县城乡规划管理技术规定》，结合数字地形模型，项目可用开发区域如**图 11-4**。《淳安县城乡规划管理技术规定》的第四十三条，沿湖建筑后退和建筑高度控制：沿千岛湖湖岸新建、改建、扩建建筑物，后退到距离 108m 高程线所在的湖岸线不少于 20m，且建筑限高按其后退 108m 高程线湖岸线距离的 2/3 控制。

千岛湖正常高水位 108m，相应水面积 573km²，水库蓄水量 178.4 亿 m³，死水位线 86m，工作深度为 22m。千岛湖水位落差很大，最深处达 100m，平

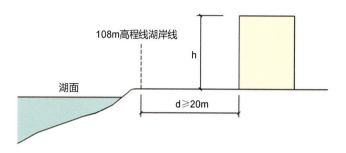

图 11-4　千岛湖界首项目建筑物建设限制
d，建筑后退到距离 108m 高程线所在的湖岸线的距离；h，临湖建筑高度；d ≥ 20m；h ≤ 2/3d

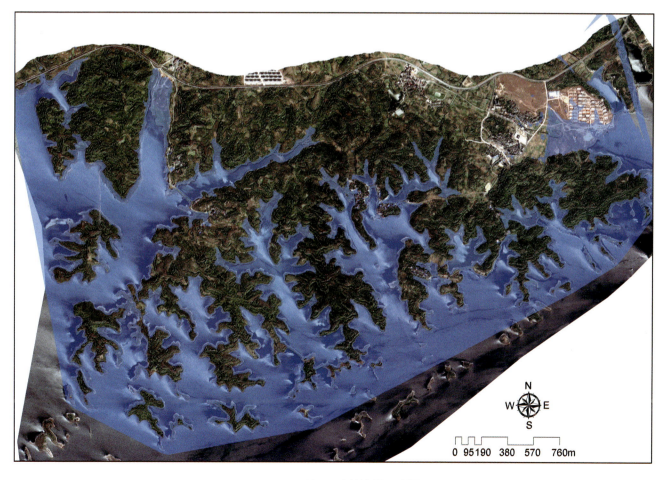

图 11-5　108m 水位淹没示意图

均水深 34m。年平均入库水量为 94.5 亿 m³，多年平均出境水量 91.70 亿 m³。20 年一遇洪水位 108.8m，100 年一遇的洪水位 109.6m，千年一遇洪水位是 111m。

基于这些数据基础，我们建议开发时沿陆域范围预留多级缓冲区，在 108m 范围内不做开发，在 108 ~ 116m 范围内以营造湿地为主，净化水源，塑造湿地景观。

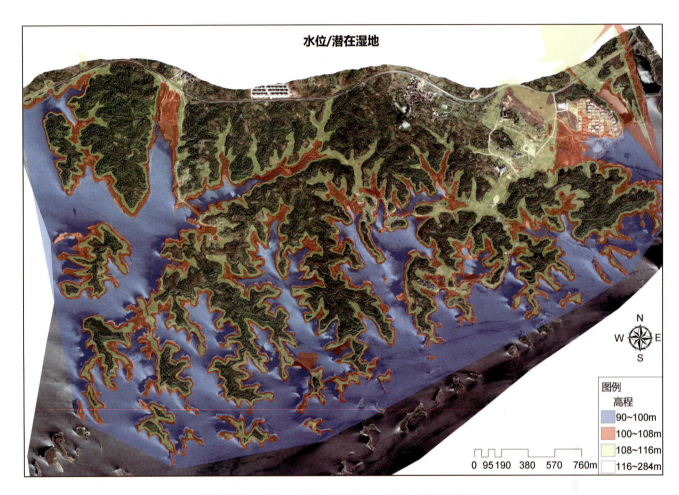

图 11-6 100 ~ 108m 和 108 ~ 116m 高程示意图

108m 以下不适合建筑，108 ~ 116m 适合恢复湿地

项目区域坡地较多，植被退化后水土流失风险较高。根据 25° 以上坡地需以植被恢复为主的原则，结合《淳安县城乡规划管理技术规定》，我们进一步得出可用开发区域（**图 11-7**）。

（二）建议分区

良好的分区有利于未来的管理，管理包括不同分区植被类型、景观、允许的开发活动和程度，各不相同，从而营造出小区域不同的旅游休闲特点，给地产多元化的旅游发展提供条件。

我们根据各个地块的红线范围规定、现有开发情况、植被状况、农业状况和景观特征等因素将项目地划分为 3 个大区，8 个亚区。项目地区划：Ⅰ. 生态生活区；Ⅱ. 生态生产区：Ⅱa. 林果生产区，Ⅱb. 本土亚热带植物园区；Ⅲ. 自然生态区：Ⅲa. 核心保护区；Ⅲb. 渔耕文化区；Ⅲc. 鸟类保护区；Ⅲd. 乡土植物观赏区；Ⅲe. 山水景观区。

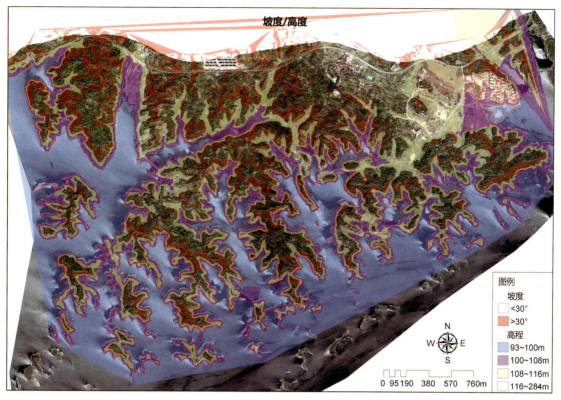

图 11-7　100～108m 和 108～116m 高程和 25° 坡度示意图，显示其他可以用于发展的区域

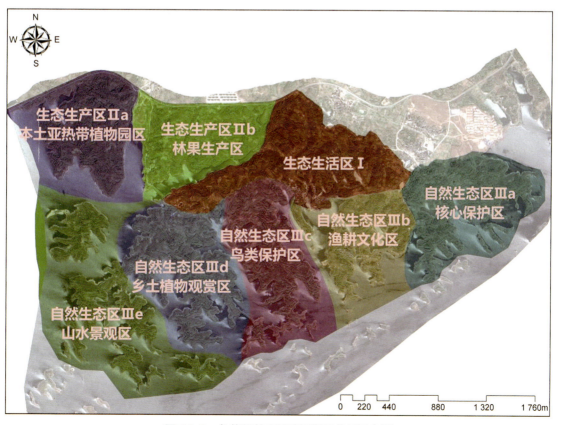

图 11-8　鲁能界首项目建议发展分区示意图

（三）详细分区描述

1. I- 生态生活区

该区的主要功能为居住。区域内平地以建设居住、休闲、运动设施为主，坡地种植有机蔬菜、瓜果，方便游客快捷的体验农业生产，并采摘瓜果蔬菜。

图 11-9 生态生活区

2. II- 生态生产区

（1）IIa. 林果生产区

该亚区以种植特色经济林果，例如杨梅、枇杷、梨、樱桃等为主，在不同的区域形成多个格局特色的水果林带。可以考虑引进一些适合本地气候的台湾水果品类。

（2）IIb. 本土亚热带植物园区

区域西侧的半岛上建设本地植物园，坡度大于 25° 的区域以重建自然植被为主，坡度小于 25° 的区域以种植本地观赏植物为主，种类选择、景观设计等可参考上海辰山植物园。这个区域目前拥有项目区域内最大的封闭水面，最大的柑橘和野板栗植被覆盖区。这里的恢复方向为补充当地植物物种，形成本地植物园，同时在水域周边的消落带营造植被恢复示范区，让游客见证植被恢复的过程。水体上游的湿地也作进一步的恢复和保持。

3. III- 自然生态区

（1）IIIa. 核心保护区

这个区域保留有目前地块最好的原生植被，一个相对不太深的鱼塘，一些农田设施。这个区域的恢复思路是扩展风水林的原生植被面积，把鱼塘中几个相对浅的区域恢复成湿地。

图 11-10 IIa 林果生产区

图 11-11 IIb 本土亚热带植物园区

图 **11-12**　IIIa 核心保护区

（2）IIIb. 渔耕文化区

该亚区以洪畈村古村落为中心，依托附近的封闭水体、果园，开展农村生活、渔业捕捞、蔬果种植与采摘等渔耕文化体验为主题的自然教育和生态体验服务项目。

图 **11-13**　IIIb 渔耕文化区

目前的植被主要是以柑橘为主。恢复思路为引入春季花果，比如桃、梅，增加村落春季映入眼帘的植物的色彩景观。柑橘保留，成为一个四季有水果采摘的区域。

(3) IIIc. 鸟类保护区

这个区域主要功能为恢复自然生态，尽可能多地营造浅滩湿地，吸引鸟类。该区域的陆地上引种本地原生树种和本土果树，逐渐取代现有的柑橘林，为鸟类营造栖息和捕食的环境。

这个区域目前是一片大型的柑橘林，它与周边的陆地相对割裂。在这样的区域建议保留目前的植被，尽可能减少人为干扰。恢复目标为形成一个生态植被好、较为封闭的生态区。为了吸引鸟类，这个区域可以增加一些鸟类喜爱的果树，比如枇杷、柿、樱桃、杨梅、梨、李、猕猴桃和枸树等。

(4) IIId. 乡土植物观赏区

这个区域的主要功能为体验自然风光。在 3 个半岛交汇的中心，建设观光平台，在 3 个不同的半岛上，选种多种不同的彩叶植物，保证每个半岛上都有一片独特的景观带。

这个区域目前拥有较好的水域面积，植被以柑橘林和次生常绿阔叶林为主。这个区域也是定位成自然生态区。但它和鸟类保护区不同，这个区域与外界的连通更加紧密，封闭性中等，游人可到达性强。所以这个区域的恢复方向为两个方面，一是次生常绿阔叶林的完善，另一是游客步道的观赏植被，后者可以在水肥到位的前提下，引入锦带花、红叶石楠、木槿、栀子、紫竹、南天竹和小檗等。同时，为了观鸟时更好的遮蔽游人，需要在靠近鱼塘的一侧引入一些掩蔽游人的灌木。

这个区域目前拥有区块内最好的山水景观，而植被状态是部分次生常绿阔叶林和部分低矮的灌木草本植物。这个区域的植被恢复主要方向是造景增色，重点在于色彩的引入。目的在于当游人观景时，近景有错落有致的植被，同时有丰富的色彩。植被选择上，可选择壳斗科植物作为乔木主干，配合锦带花、云南黄素馨、金钟花、桂花、蔷薇。

图 11-14　IIIc 鸟类保护区

图 11-15　IIId 乡土植物观赏区

图 11-16　IIIe 山水景观区

根据这样的生态建议，制定了如图 11-17 的开发策略，能够最大化地恢复和保护生态环境，同时有效地提升地产生态价值，成为地产可持续发展的动力之一。

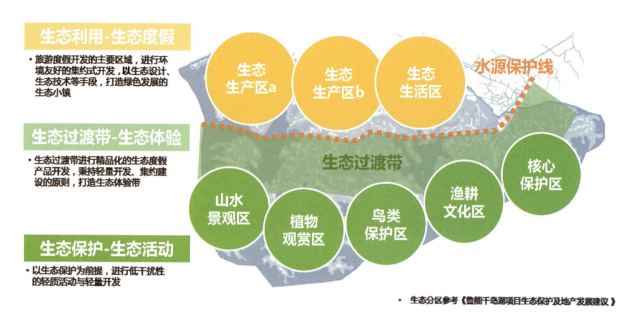

图 11-17　千岛湖界首项目生态利用与生态保护相结合的开发策略

第十二章
鲁能的生态保护和恢复

鲁能胜地和美丽乡村项目地往往都具有生物多样性重要价值的区域，拥有从热带，到亚热带，到温带；从海岸，到湖泊，到平原，到丘陵，到山区；从海龟和红树林，到迁徙候鸟，到丰富的有蹄类动物；从蝾螈、蛙类和龟类，到长江濒危鱼类；从沙滩，到草地，到灌丛，到森林；从海滩，到湖泊，到大江，到溪流……。每个项目地都拥有自己独特的生态环境和物种组成，都拥有极为重要的生态服务功能。

因此，我们计划逐步建立起鲁能自己的自然保护地，保护原生植被，针对重要生态功能区域及一些重要物种的需求实施保护管理，保护和恢复当地重要物种的栖息地和种群数量，并结合这些自然生态价值和特点，开展自然教育。

鲁能文昌地产范围已经有保护区（铜鼓岭国家级自然保护区和清澜港省级自然保护区）在其中，黄山合川、长白山、九寨沟等胜地可以建立保护地，东台可以与当地政府合作，对东台的候鸟栖息地滩涂建立保护地……逐步形成鲁能自然保护地网络。

鲁能千岛湖、龙泉驿、合川、文安等所有胜地和美丽乡村项目地在签约之前，因为过去农业发展而开发的土地，生态退化，很多地方只有经济树种，没有自然的大型乔木；有的有乔木却以外来、单一物种为主；河流干旱；红树林变成鱼塘等。签约后，我们的各个项目地都规划开展大量的以当地物种为核心的生态恢复工作，生态恢复工作将形成规模和网络，不仅为鲁能泛地产发展提供条件，同时这些地方会发展成为自然生态恢复工作的培训基地，通过生态恢复示范，带动周边地区的生态恢复工作，为社会提供改善的生态环境及生态功能。

这些鲁能的自然保护地建设管理和退化生态系统的恢复工作，都为野生动物提供了重要栖息地。每个鲁能胜地和美丽乡村都将保护当地重要和濒危的野生动植物，逐步形成一个全国性的重要和濒危物种保护网络。

鲁能保护地的重要保护物种或种群

文　　昌：红树林、海龟；

长 白 山：有蹄类（马鹿、梅花鹿、狍子、野猪）、中华秋沙鸭和鸮类等；

合川渠江：鲁能河段及周边支流的长江濒危鱼类；

黄　　山：扬子鳄、蝾螈、蛙类、龟类及黄山特有植物；

九 寨 沟：雉鸡类、盘羊和岩羊；

东　　台：滩涂勺嘴鹬、小青脚鹬等大量迁徙候鸟等。

鲁能保护地不仅保护了物种，同时结合生态旅游，开展自然教育，将为宣传这些物种保护做出重要贡献，成为企业建立民间保护地，保护濒危野生动物的典范。

以下介绍鲁能集团已经、正在和计划实施的生态保护工作的部分案例。

第一节　建立鲁能黄山麻川河水生生态系统保护地

潜在的鲁能黄山项目地有黄山市黄山区最大的河流——麻川河，从项目地的西南角沿边界一直流淌到东北角。麻川河目前状况良好，具有重要的保护黄山区域水生生物多样性的重要作用，恢复麻川河中的4种蝾螈、5种蛙类及3种龟类，将河流保护与湿地公园建设相结合，扬子鳄保护与湿地恢复结合，可以实现生态旅游发展与生态保护的和谐。

黄山风景区旅游的游客中绝大部分是一天的行程，这导致人流停留时间短，门票之外的开支有限，给当地和地产能够带来的价值非常有限，亟需发掘黄山区域的重要生态价值，吸引游客增加在黄山风景区之外的停留时间。 基于这样的考虑，我们建议鲁能以谭家桥小镇作为东大门入口人流集散地，建立一个为黄山旅游提供集散、食宿为主要功能的旅游地产。但是为了能够吸引更多人流从东大门进入黄山，需要提升这块地方的生态环境和短期住宿期间的吸引力，因此，建议围绕麻川河生态，为来此的游客住宿期间提供方便的短暂游览或晚间观赏的内容。这里生态发展的核心将是围绕麻川河建立鲁能麻川河水生生态系统保护地，维护和恢复麻川河生态，恢复和引入黄山区河流生物，重点包括如下类群。

两栖类：蝾螈类（大鲵、东方蝾螈、中国瘰螈、无斑肥螈等），蛙类（凹耳蛙、棘胸蛙、大绿臭蛙、武夷湍蛙、花臭蛙等）；

爬行类：淡水龟类（金头闭壳龟、平胸龟、中华鳖等）。可以在地产范围下游湿地公园范围的一个区域重引入扬子鳄，作为中国特有物种自然保护教育展示基地；

鱼类：中华花鳅、吻鰕虎鱼等的栖居。

麻川河河道植物以枫杨、小灌木为主，河流自净能力强，水体无富营养化，河床以鹅卵石为主，但河流贫瘠、浮游植物少。目前河岸西侧保持原生态，东侧河岸硬化，建议河岸两侧可植绿，增添景观、绿化效果，使其具有较理想的生态建设和生态恢复功能。同时，在保护枫杨的基础上，铺设离地栈道，建立亲水平台便于观察水生动植物，还可设立具有科普教育意义的湿地宣传长廊。

对河流保持水流不间断，有利于水生动物数量增加和生活。疏浚麻川河道，有利于水生生物的迁徙和活动范围，如两栖类、鱼类因河道水流间断和水量减少导致迁徙和活动范围受限，导致生物量减少。

大鲵

无斑肥螈

凹耳蛙（抱对）

棘胸蛙

大绿臭蛙（抱对）

武夷湍蛙

花臭蛙（抱对）

中华鳖

图 12-1

麻川河可以恢复和保护的代表性物种

图 12-2 麻川河良好的生境适合很多野生水生动物栖息

保护河道两边部分沙地作为龟类的晒背和繁殖场所。结合河流保护，在地产范围河流下游建立湿地公园，不仅美观，生态自然丰富，而且通过架起步道和休息亭，可以为大量人流提供临时休息场所，而且可以在一

图 12-3 可以在鲁能黄山谭家桥项目地建立湿地公园，重引入扬子鳄

个区域中引入扬子鳄。扬子鳄是我国特有的国家 I 级重点保护野生动物，被 IUCN 列为极危动物，野外数量只有约 150 只，在这个湿地恢复扬子鳄，不仅能够提升大家对扬子鳄保护重要意义的认识，还可丰富湿地公园的当地水生生物展示，增加自然教育观察内容，将极大吸引游客从东大门进入，提升地产吸引力。

第二节　鲁能文昌宝陵河红树林恢复

　　鲁能文昌项目地，宝陵河的红树林恢复是实现铜鼓岭地区生态价值的关键，只有恢复了宝陵河红树林，才能实现从铜鼓岭山到珊瑚礁十几种植被生态的连通和保护，实现生态系统完整性保护，使在中国具有唯一性重要价值的宝藏得到保护。残存的红树林是海南文昌清澜港省级红树林保护区的一部分，铜鼓岭的大部分山地属于海南铜鼓岭国家级自然保护区。地产范围包含这两个保护区，自然保护工作非常重要，特别是因为红树林区域生态退化严重，红树林的恢复工作是其中最为关键和重要的工作。

一、鲁能文昌项目地签约开发前红树林已经严重退化

图 12-4　宝陵河红树林现状

　　鲁能地产范围的红树林区域基本已经在 20 世纪 90 年代发展为一系列鱼塘（紫色）和堤坝（黄色）组成的网络。靠近南部的水塘和沼泽为淡水，有几条沟渠直接连通到海洋（蓝色）。天然森林为暗绿色，残存的红树林为绿色，淡水沼泽为淡绿色。

　　三维立体图显示了这片红树林是联系铜鼓岭山和海洋的最为关键的重要地带。淡水从铜鼓岭山上下来，从宝陵河上游下来，海水则从宝陵河海口进入，鱼塘和堤坝的存在已经完全阻隔了红树林区域的正常潮汐涨落，阻断了海水和淡水在红树林区域的正常交换，导致残存的红树林大量停止再生繁殖多年，有的正在成片死亡。

图 **12-5**　铜鼓岭区域立体模型

图 **12-6**　由于潮水无法进入这片区域，红树林正在退化

二、鲁能文昌宝陵河红树林修复关键在于建立连通性

通过宝陵河红树林的恢复，实现从铜鼓岭山到珊瑚礁十几种植被生态的连通和保护，保护了生态系统的完整性，保护了在中国具有唯一性重要价值的宝藏。

作为文昌山海天项目"大生态"核心配套项目之一，已加入 GEF 全球环境基金中国湿地保护体系项目。

湿地公园设计的核心在于恢复红树林，而恢复红树林的关键在于恢复宝陵河、红树林和铜鼓岭山脚区域的海水和淡水之间的连通性，恢复公园内正常海洋潮汐规律，迅速恢复健康自然的红树林及相关生态系统。

图 12-7 是 1987 年该区域遭到破坏以前的遥感图片，这是经过了成千上万年的生物、地理环境相互作用达到的生态平衡状况，是适应当地环境条件的自然状况，湿地公园规划应尽可能地模仿这样的状况，能够最大化生态恢复速度和最小化生态健康维持成本。

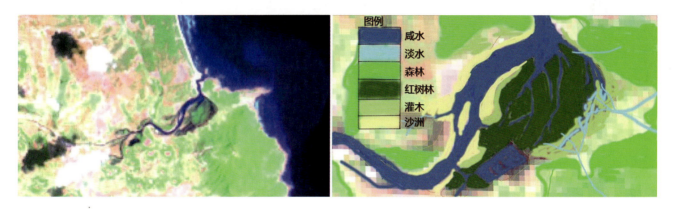

图 12-7　根据 1987 年遥感图复原的项目地图

将鱼塘回填，人工制作潮汐沟槽分支系统，重新建立起良好的潮汐进出大部分未来的红树林区域非常重要。红树林的自然恢复依赖于这样的地形。不同的海拔高度将呈现不同的盐度和水深度，这些物理环境条件将决定不同红树林物种种类的生长，潮汐将带着这些物种的种子自然地散布到这样的地形上，红树林树种会在不同的潮汐高度分层地生长；一些物种（如海桑）已经特化能够生存在高盐和长期被水淹的最邻近海洋的区域；红树则生存在中间区带；而水果楝则生存在最高的地带，只有到高潮时候偶尔被淹没地方。这样的地形形成了丰富、多样化的红树林树种的生态环境，这样的环境又将为多样化的水生动物提供多样化的生态环境。只有那些无法自然依赖于种子恢复的物种，可以采用人工种植的方法进行人工辅助性恢复。

图 12-8　红树林区植被分带示意图

图 12-9　湿地公园水土改造示意图

维持海水的连通性，图中黄色箭头代表水体的连通性

第三节　吉林长白山鲁能胜地野生动物保护和恢复工程

　　吉林长白山鲁能胜地位于长白山国家级自然保护区旁边。该保护区拥有全世界同纬度生物多样性最丰富的森林，曾经是东北虎最良好的栖息地，因为栖息地被分割减少和人类偷猎，该区域东北虎已经灭绝多年。鲁能地产可以发展成为拓展地带，为保护区多样化的物种提供更大的栖息地。因此，项目设计将为有蹄类动物（马鹿、梅花鹿、狍子、野猪）、丰富的鸟类保留部分森林，控制人工植被面积，将生态牧场发展为适合当地生态条件的自然草原，在给当地丰富的有蹄类动物提供食物为主要目标的同时，以美丽景观、自然生态发展生态旅游。有以下措施可以恢复这里的野生动物种群。

一、保留一些天然的草地给野生动物

　　在草地区域主要的野生动物包括：田鼠、雪兔，以及食种子的鸟类和野鸡。其他物种于夜晚在开放区域进食，白天藏在森林里，如鹿、狍子、野猪等。重要的是维持一定比例的景观作为开放草地、矮树和农田，以维持物种的多样性，这也同时保护了捕食小型草地动物的猛禽：鹰、隼和猫头鹰。

图 12-10 草地区域主要的野生动物

生活在草地和农田中的兔类和鼠类为猫头鹰和其他鹰类提供食物，猫头鹰和其他鹰类将控制胜地周围的鼠类的种群数量

二、保留一些天然森林区域

该区域应保持非常自然的状态，以防遭到进一步开发或干扰。一些小径允许观鸟者、山地自行车爱好者、骑马者或越野滑雪者进入。

只要采取一些管理政策，即可极大地改善这片适合野生动物的区域，游客也因此可以更加频繁地看到区域内令人愉快的野生动物。目前状况下，我们估计长白山国家级自然保护区核心区的大型哺乳动物的密度至少是这片森林的 20 倍，但是这里的森林相对完好，如果野生动物受到良好保护，免受人类干扰和猎杀，其密度肯定将以较快速度增加。

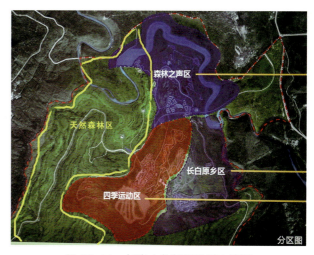

图 12-11 长白山鲁能胜地基本情况

胜地包括靠近的大面积自然森林（上图黄色边界标记的区域）、被砍伐后恢复的次生林及人工林

三、提升河流质量

项目地内有一个大坝和一段森林溪流（河流）形成的大型湖泊。这里是对翠鸟、河鸟、鹡鸰、红尾鸲等来说具有吸引力的栖息地，还可以是鹿、野猪和许多鸟类的饮水地。这里是保护几乎灭绝的鱼鸮的好地方，鱼鸮目前仅发布在我国东北部，需要捕食大型鱼类，但是对于这个物种，目前已几乎没有适合于它们的安静未受打扰的栖息地了。

湖泊本身是野鸭、鱼类和两栖动物的栖息地，对于保护濒危物种中华秋沙鸭而言，重要的是保留靠近和悬垂在水体边缘的树木。

图 12-12 清洁的河流是中华秋沙鸭的理想栖息地

四、增加适合野生动物采食的树木

大多数天然食物已经在林区生长，不过这些是经过砍伐的森林，由松树、杨树、桦树、杉树等种植林斑块组成，一些天然次生的混交林显示了更丰富的物种组成。

图 12-13   交啄鸟有一个特殊形状的鸟嘴，能够使其从松果中获取种子

如果能够更多地恢复当地阔叶物种，如橡树、枫树、榉木，加上水果和生产浆果的物种诸如花楸和山楂等，森林将更具景色上的吸引力，且能够为野生动物提供更多种类的食物。

图 12-14   如果恢复更多的阔叶树不仅增加美观也为当地野生动物提供食物

松树对于松鼠、星鸭和交啄鸟来说是重要食物来源；橡树和榉木是野猪、鸦、鹎和松鼠的重要食物来源；山楂果和醋栗果、野生玫瑰可以为许多小型鸟类物种提供食物。

第四节　鲁能东台海上风电项目的绿色行动

鲁能江苏东台 200MW 海上风电项目位于江苏省盐城市东台市，总装机容量 20 万 kW，场区中心离岸距离 36km，涉海面积 29.8km²，风电场共布置 50 台 4.0MW 风机、一座 220kV 海上升压站和一座陆上集控中心。风场所发电能通过 8 回路 35kV 海缆汇集至海上升压站，再通过 220kV 海缆送至陆上集控中心并入江苏电网。该项目是目前国内离岸距离最远、电压等级最高、单位容量最大、海域状况最复杂的海上风电项目。项目 2013 年取得江苏省发改委核准批复，2015 年开工建设，2016 年首批机组并网发电，计划 2017 年年底全部机组并网发电。

中国沿海地区是鸟类的东亚—澳大利西亚迁飞路线（East Asian-Australasian Flyway, EAAF）上的关键区段。东亚—澳大利西亚迁飞路线是全球九大水鸟迁飞路线之一，在东亚—澳大利西亚迁飞路线沿线已确定的位于东亚和东南亚国家所有沿海地区的 388 处关键水鸟（特别是鸻鹬类）栖息地中，有 60 处位于中国沿海地区。这 60 处关键水鸟栖息地主要分为 6 个对水鸟（特别是鸻鹬类）具有全球重要意义的关键滨海地区，包括：鸭绿江河口和渤海湾—渤海西北地区、莱州湾—渤海南部地区、辽东湾—渤海东北部地区、**江苏和上海沿海地区**、黄海地区、深圳湾（或米埔和后海湾）地区。每年，中国的沿海地区为数百万只迁徙水鸟提供越冬、繁育或停歇栖息地。这些迁徙水鸟约有 250 种，约占东亚—澳大利西亚迁飞路线迄今为止所发现的 349 种水鸟的 72%。事实上，中国的沿海地区对于东亚—澳大利西亚迁飞路线上 24 种受胁水鸟的生存具有至关重要的作用。这些水鸟包括极度濒危的中华凤头燕鸥、濒危物种勺嘴鹬、黑脸琵鹭和东方白鹳等。作为东亚—澳大利西亚迁飞路线沿线迁徙水鸟的重要停歇栖息地，中国湿地维持了东亚—澳大利西亚迁飞路线的完整性。东亚—澳大利西亚迁飞路线是全世界最大的迁飞路线，北到北极圈，南到澳大利亚和新西兰，西到孟加拉，从生物学意义上将北冰洋、东太平洋和西印度洋联系在了一起。

鲁能江苏东台海上风电场，正是位于江苏沿海，候鸟最重要的停歇栖息地。海上风电场团队可以考虑结合当地特殊的地理生态环境，将候鸟保护当做自己的社会企业责任，开展有利于鸟类保护的工作。以下列出了几项适合海上风电场团队开展的工作。

一、鸟类监测

鲁能的东台海上风电平台上已经安装了可进行 24 小时监测的视频设备。我们可以通过添加可缩放的专用视频，监测到访附近海滩的鸟类，这样既可提供有用的环境监测信息，又能够给监测人员提供有趣的事情做，以在相对无聊和单调

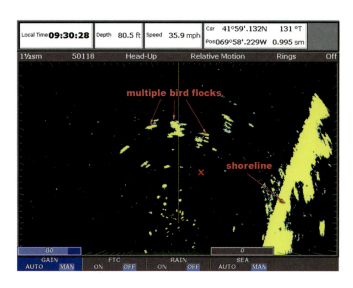

图 12-15　利用雷达技术监测风电场区域鸟群经过情况

的监测工作期间，提高他们的工作积极性。

如果允许增加一台小型雷达接收器会非常有用，可以将监测时间延长至夜晚，可以将候鸟鸟群通过的监测情况提供给鸟类保护组织。

二、黑嘴鸥繁殖地的保护

黑嘴鸥比其黑头兄弟更具有领域性。这种罕见的海鸟，仅分布在中国东部沿海地区和临近的韩国海岸。黑嘴鸥是保护动物，因其东部沿海的繁殖栖息地丧失而濒临灭绝。目前知道的这个物种仅有的几个繁殖地，其中一个就在东台。

图 12-16 保护地中的黑嘴鸥和黑头鸥
黑嘴鸥（右上）因鸟嘴更短更肥厚更黑而与普通黑头鸥（左上）不同

　　黑嘴鸥在沙滩上构建繁殖地，这些地方需要严格限制人或狗带来的干扰。这是一种相对容易保护的物种，只要保护几个安全的繁殖地即可。鲁能正在与当地鸟类保护机构合作，确定这类繁殖地的位置，然后与盐城的自然保护区员工一起针对这些场地采取特殊的保护措施。

　　东部沿海地区的其他罕见物种还包括大群吸引人的反嘴鹬、两种塍鹬、三种麻鹬、红腹滨鹬、青足鹬和非常罕见的勺嘴鹬（全球约只剩下不到 200 对）。

图 12-17 东台的成群反鹬（左）和大勺鹬（右）

　　这些物种在阿拉斯加州繁殖，在孟加拉过冬，但整个群体每年经过东台两次，依赖于那里大面积的泥滩作为补给站。这些物种是国际保护工作的重点对象，鲁能将可以发挥生态保护作用，帮助保护好周围海岸线和远海沙洲上的合适泥滩。

三、教育项目

　　鲁能集团将实施宣传海岸线的生物多样性和环境价值的项目，促进海岸线受到更好保护。这可以采用海报、图书、电视片、教育中心、学校计划等形式。

赞助观鸟"比赛"

　　鲁能可赞助涵盖盐城沼泽自然保护区东台部分的年度鸟类赛事。类似的比赛目前在洞庭湖、香格里拉、东港、东寨港和几个其他地区定期举办。

图 12-18 正在觅食的勺嘴鹬

勺嘴鹬的全球总量目前已从 20 年前的 10 000 只减少至现在的约 300 只

这会是与众不同的鸟类赛事，因为：

(1) 我们将庆祝迁徙的奇迹，分享截然不同的观鸟体验。

(2) 我们将在全球范围内运作。来自世界各个角落的数百万名观鸟者可以亲自到现场参加或者关注线上的直播赛事。

(3) 可以在活动期间募集资金，用于支持在东亚 — 澳大尼西亚候鸟迁徙路径上的鸟类直接保护行动。

四、支持当地的保护项目

当地政府和自然保护区每年都会举办其他赛事和庆祝活动，如湿地节、爱鸟周、世界环境日等，鲁能将通过大力支持这些活动来展现其绿色发展的理念。

五、采纳国际最佳实践，减少风机和电缆对鸟类的影响

科学家估计，美国每年约 1200 万～ 6400 万只鸟死于输电线，800 万～ 5700 万只鸟被碰死，90 万～ 1160 万只鸟因触电死亡。很可能中国因为类似情况被杀死的鸟类数量处于相同的数量级。但使用一些便宜的警示标志，做一些小的设计变更，就可以大大减少这种死亡率。鲁能将对此进行研究，在这些问题上采用国际最佳实践案例。

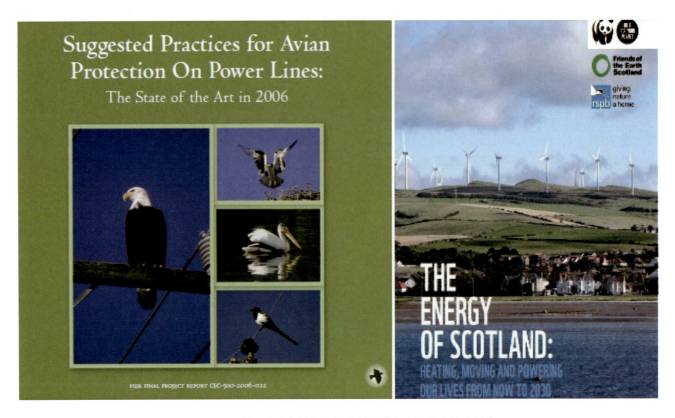

图 12-19　国际上介绍能源开发中关于避免鸟类伤害的出版物

有少数鸟死于风力涡轮机叶片的碰撞，但这些往往是大型稀有鸟类，比如鹤和猛禽。盐城对于受保护的丹顶鹤来说是全球主要的越冬区。猛禽和鹤很大程度上依赖于寻找利于高飞和省力飞行的气流。这可能把它们带到与选定用于安装风力涡轮机相同的地方。蝙蝠也被风力涡轮机杀死，但原因有所不同。气压的突然变化能使其肺部破裂。对于减少这种由风力涡轮机导致的死亡而言，建议谨慎选择风电塔的位置。

六、在电缆塔上安置安全的鸟巢

濒临灭绝的东方白鹤的巢穴向南转移几乎完全是因为这种巢穴支撑物的存在，之前那里没有高树。

喜鹊和猛禽也经常使用电缆塔筑巢，但这是冒着触电死亡的风险的，成堆的筑巢材料也可导致短路而干扰电力输送。鲁能在这方面将积极进行研究和设计，尝试给电缆塔配备安全平台以便鸟类在上面筑巢。

图 12-20　许多鸟类使用电缆塔支撑其巢穴

七、志愿照顾盐城自然保护区的一片重要滩涂

盐城国家级珍禽自然保护区对于涉禽和麋鹿来说是一个非常重要的保护区。因为港口、鱼塘、风电厂和许多其他开发沿着这条珍贵的海岸线发展，对栖息地造成了分割，对于野生动物造成了严重的威胁。该保护区成立于 1983 年，自成立以来，其在一直不断地收缩并变得片断化，起初分为 3 片，最近分为 5 片。

来自长江的沉积物被潮汐冲回岸边形成新的土地，一些发展部门也就不断地以每年 30m 的速度向海洋拓展。这些新的泥滩富含沙蚕、贝类和甲壳动物，是途经的水鸟理想的觅食地。泥滩还被一种外来入侵草类（互花米草）侵占，这种草是出于护岸固沙目的而从美国引进的，但是其扩展已经失去控制，互花米草所到之处几乎没给鸟类留下露天泥地。一旦泥滩变得相对稳定，土地就会被人类开垦，封闭在新建的海堤内，随后转变为鱼塘等人工设施。自三峡大坝竣工以来，来自长江入海口的泥沙流量大大减少。填海造陆的速度正在放慢，在盐城的北部区域，海岸实际上正在逐渐后退，同时全球变暖导致海平面上升也会导致这里的土地进一步流失。

破碎化的盐城保护区北部的两片已经没有任何天然的栖息地了，东南区域大部分是淹没在潮水中的。整个自然保护区的原有面积为 453 300hm²，现在仅有 61 200hm² 的自然栖息地，其中多数还被互花米草入侵。在鲁能东台海上风电的集控中心旁边发现有一小块良好的栖息地，向北的几千米处则有较大的栖息地。这两个部分可以通过鲁能与盐城自然保护区管理局之间建立合作，促使这些栖息地得到严格保护。

图 12-21　鲁能东台陆上集控中心可以参与保护北部和南部的两块滩涂

第五节　鲁能千岛湖鸟类和昆虫恢复计划

一、增加鸟类种类和数量的方案

鲁能千岛湖项目地位于全球东亚—澳大尼西亚候鸟迁徙路线上，潜在地大量鸟类可以在这里停歇，具有非常重要的候鸟保护价值，但是由于水库型湖泊结构导致岛屿与水域交接处植被稀疏，水生植物稀少，在此栖息的候鸟较少。通过湿地恢复、浅滩湿地的营造，可以增加候鸟的栖息地面积。

中国中南部鸟类生物区系拥有的 260 种鸟类中，仅有 190 种在千岛湖地区记录过。下列表格列出了中国中南部地区拥有的全部 260 种鸟类，其中在千岛湖地区无分布记录的物种用绿色字体显示，本次调查发现的鸟类用蓝色字体显示。本地调查尽管发现了数量众多的鸟类，但大多数属于非常常见的种类，而且种类仅有 52 种。

表 12-2　每年在中国中南部区域出现的鸟类物种

序号	中文名	学名
	鸊鷉科	**Pelecanidae**
1	小鸊鷉	*Tachybaptus ruficollis*
2	凤头鸊鷉	*Podiceps cristatus*
3	卷羽鹈鹕	*Pelecanus crispus*
	鸬鹚科	**Phalacrocoracidae**
4	普通鸬鹚	*Phalacrocorax carbo*

序号	中文名	学名
	鹭科	**Ardeidae**
5	草鹭	*Ardea purpurea*
6	绿鹭	*Butorides striata*
7	苍鹭	*Ardea cinerea*
8	池鹭	*Ardeola bacchus*
9	大白鹭	*Ardea alba*

序号	中文名	学名
10	白鹭	*Egretta garzetta*
11	中白鹭	*Egretta intermedia*
12	夜鹭	*Nycticorax nycticorax*
13	黄嘴白鹭	*Egretta eulophotes*
14	牛背鹭	*Bubulcus ibis*
15	黄斑苇鳽	*Ixobrychus sinensis*
16	大麻鳽	*Botaurus stellaris*
	鹳科	**Ciconiidae**
17	东方白鹳	*Ciconia boyciana*
18	黑鹳	*Ciconia nigra*
	鹮科	**Threskiornithidae**
19	白琵鹭	*Platalea leucorodia*
20	黑头白鹮	*Threskiornis melanocephalus*
	鸭科	**Anatidae**
21	鸿雁	*Anser cygnoides*
22	豆雁	*Anser fabalis*
23	斑头雁	*Anser indicus*
24	白额雁	*Anser albifrons*
25	小白额雁	*Anser erythropus*
26	小天鹅	*Cygnus columbianus*
27	鸳鸯	*Aix galericulata*
28	赤麻鸭	*Tadorna ferruginea*
29	翘鼻麻鸭	*Tadorna tadorna*
30	针尾鸭	*Anas acuta*
31	绿翅鸭	*Anas crecca*
32	花脸鸭	*Anas formosa*
33	罗纹鸭	*Anas falcata*
34	绿头鸭	*Anas platyrhynchos*
35	斑嘴鸭	*Anas poecilorhyncha*
36	赤膀鸭	*Anas strepera*
37	赤颈鸭	*Anas penelope*
38	白眉鸭	*Anas querquedula*
39	琵嘴鸭	*Anas clypeata*
40	红头潜鸭	*Aythya ferina*
41	青头潜鸭	*Aythya baeri*
42	凤头潜鸭	*Aythya fuligula*
43	斑头秋沙鸭	*Mergellus albellus*
44	普通秋沙鸭	*Mergus merganser*
	鹤科	**Gruidae**
45	灰鹤	*Grus grus*
46	白头鹤	*Grusmonacha*
47	白枕鹤	*Grusvipio*
48	白鹤	*Grusleu cogeranus*

序号	中文名	学名
	秧鸡科	**Rallidae**
49	普通秧鸡	*Rallus aquaticus*
50	灰胸秧鸡	*Gallirallus striatus*
51	红胸田鸡	*Porzana fusca*
52	白胸苦恶鸟	*Amaurornis phoenicurus*
53	红脚苦恶鸟	*Amaurornis akool*
54	董鸡	*Gallicrex cinerea*
55	黑水鸡	*Gallinula chloropus*
56	白骨顶	*Fulica atra*
	鸨科	**Otidae**
57	大鸨	*Otis tarda*
	水雉科	**Jacanidae**
58	水雉	*Hydrophasianus chirurgus*
	鸻科	**Charadriidae**
59	凤头麦鸡	*Vanellus vanellus*
60	金鸻	*Vanellus cinereus*
61	灰斑鸻	*Pluviallss quatarola*
62	金斑鸻	*Pluvialis fulva*
63	剑鸻	*Charadrius hiaticula*
64	金眶鸻	*Charadrius dubius*
65	环颈鸻	*Charadrius alexandrinus*
66	长嘴剑鸻	*Charadrius placidus*
	鹬科	**Scolopacidae**
67	小杓鹬	*Numenius minutus*
68	中杓鹬	*Numenius phaeopus*
69	白腰杓鹬	*Numenius arquata*
70	黑尾塍鹬	*Limosa limosa*
71	斑尾塍鹬	*Limosa lapponica*
72	鹤鹬	*Tringa erythropus*
73	红脚鹬	*Tringa totanus*
74	泽鹬	*Tringa stagnatilis*
75	青脚鹬	*Tringa nebularia*
76	白腰草鹬	*Tringa ochropus*
77	林鹬	*Tringa glareola*
78	矶鹬	*Actitis hypoleucos*
79	针尾沙锥	*Gallinago stenura*
80	大沙锥	*Gallinago megala*
81	扇尾沙锥	*Gallinago gallinago*
82	黑腹滨鹬	*Calidris alpina*
83	大滨鹬	*Calidris tenuirostris*
84	红颈滨鹬	*Calidris ruficollis*
85	黑翅长脚鹬	*Himantopus himantopus*
86	反嘴鹬	*Recurvirostra avosetta*

序号	中文名	学名
87	流苏鹬	*Philomachus pugnax*
	鸥科	**Laridae**
88	银鸥	*Larus argentatus*
89	红嘴鸥	Larusridibundus
90	灰翅浮鸥	*Chlidonias hybrida*
91	白翅浮鸥	*Chlidonias leucopterus*
92	普通海鸥	Larus canus
93	黑尾鸥	*Larus crassirostris*
94	灰背鸥	*Larus schistisagus*
95	红嘴巨燕鸥	*Hydroprogne caspia*
96	普通燕鸥	*Sterna hirundo*
97	白额燕鸥	*Sterna albifrons*
	雨燕科	**Apodidae**
98	白腰雨燕	Apus pacificus
	翠鸟科	**Alcedinidae**
99	白胸翡翠	*Halcyon smyrnensis*
100	蓝翡翠	*Halcyon pileata*
101	冠鱼狗	Megaceryle lugubris
102	斑鱼狗	Ceryle rudis
103	普通翠鸟	*Alcedo atthis*
	戴胜科	**Upupidae**
104	戴胜	Upupa epops
	鸠鸽科	**Columbidae**
105	山斑鸠	*Streptopelia orientalis*
106	珠颈斑鸠	*Streptopelia chinensis*
	杜鹃科	**Cuculidae**
107	四声杜鹃	Cuculus micropterus
108	大杜鹃	Cuculus canorus
109	大鹰鹃	*Cuculus sparverioides*
110	中杜鹃	Cuculus saturatus
111	小杜鹃	Cuculus poliocephalus
112	噪鹃	*Eudynamys scolopaceus*
113	小鸦鹃	Centropus bengalensis
	草鸮科	**Tytonidae**
114	草鸮	Tyto capensis
	鸱鸮科	**Strigidae**
115	领鸺鹠	*Glaucidium brodiei*
116	斑头鸺鹠	Glaucidium cuculoides
117	领角鸮	Otus lettia
	夜鹰科	**Caprimulgidae**
118	普通夜鹰	Caprimulgus indicus
	鹰科	**Accipitridae**
119	鹗	*Pandion haliaetus*

序号	中文名	学名
120	黑鸢	*Milvus migrans*
121	苍鹰	Accipiter gentilis
122	赤腹鹰	Accipiter soloensis
123	松雀鹰	Accipiter virgatus
124	雀鹰	Accipiter nisus
125	日本松雀鹰	Accipiter gularis
126	普通鵟	Buteo buteo
127	白肩雕	*Aquila heliaca*
128	乌雕	*Aquila clanga*
129	白尾鹞	*Circus cyaneus*
130	鹊鹞	Circus melanoleucos
131	白腹鹞	Circus spilonotus
132	白头鹞	*Circus aeruginosus*
	隼科	**Falconidae**
133	燕隼	Falco subbuteo
134	红隼	Falco tinnunculus
135	游隼	Falco peregrinus
	雉科	**Phasianidae**
136	鹌鹑	*Coturnix coturnix*
137	日本鹌鹑	Coturnix japonica
138	环颈雉	*Phasianus colchicus*
139	白鹇	Lophura nycthemera
140	白颈长尾雉	Syrmaticus ellioti
141	灰胸竹鸡	Bambusicola thoracicus
	啄木鸟科	**Picidae**
142	大拟啄木鸟	Megalaima virens
143	蚁䴕	Jynx torquilla
144	斑姬啄木鸟	Picumnus innominatus
145	大斑啄木鸟	Dendrocopos major
146	灰头绿啄木鸟	*Picus canus*
	百灵科	**Alaudidae**
147	云雀	Alauda arvensis
148	小云雀	Alauda gulgula
	鸦科	**Corvidae**
149	灰喜鹊	*Cyanopica cyanus*
150	白颈鸦	*Corvus pectoralis*
151	达乌里寒鸦	*Corvus dauuricus*
152	大嘴乌鸦	Corvus macrorhynchos
153	喜鹊	Pica pica
154	灰树鹊	Dendrocitta formosae
155	红嘴蓝鹊	*Urocissa erythrorhyncha*
156	松鸦	*Garrulus glandarius*
	鸫科	**Turdidae**

序号	中文名	学名
157	红胁蓝尾鸲	*Tarsiger cyanurus*
158	鹊鸲	*Copsychus saularis*
159	北红尾鸲	*Phoenicurus auroreus*
160	红尾水鸲	*Rhyacornis fuliginosa*
161	灰背鸫	*Turdus hortulorum*
162	乌鸫	*Turdus merula*
163	白腹鸫	*Turdus pallidus*
164	红尾鸫	*Turdus naumanni*
165	斑鸫	*Turdus eunomus*
166	虎斑地鸫	*Zoothera dauma*
167	紫啸鸫	*Myophonus caeruleus*
168	栗腹矶鸫	*Monticola rufiventris*
169	灰林䳭	*Saxicola ferreus*
170	黑喉石䳭	*Saxicola torquata*
171	白额燕尾	*Enicurus leschenaulti*
	鹟科	**Muscicapidae**
172	灰纹鹟	*Muscicapa griseisticta*
173	北灰鹟	*Muscicapa dauurica*
174	白腹蓝鹟	*Cyanoptila cyanomelana*
	王鹟科	**Monarchidae**
175	寿带	*Terpsiphone paradisi*
	画眉科	**Timaliidae**
176	画眉	*Garrulax canorus*
177	白颊噪鹛	*Garrulax sannio*
178	黑脸噪鹛	*Garrulax perspicillatus*
179	小黑领噪鹛	*Garrulax monileger*
180	黑领噪鹛	*Garrulax pectoralis*
181	灰翅噪鹛	*Garrulax cineraceus*
182	斑胸钩嘴鹛	*Pomatorhinus erythrocnemis*
183	棕颈钩嘴鹛	*Pomatorhinus ruficollis*
184	灰眶雀鹛	*Alcippe morrisonia*
185	红头穗鹛	*Stachyris ruficeps*
186	红嘴相思鸟	*Leiothrix lutea*
187	栗耳凤鹛	*Yuhina castaniceps*
	鸦雀科	**Paradoxornithidae**
188	灰头鸦雀	*Paradoxornis gularis*
189	棕头鸦雀	*Paradoxornis webbianus*
	莺科	**Sylviidae**
190	短翅树莺	*Cettia diphone*
191	强脚树莺	*Cettiafortipes*
192	棕褐短翅莺	*Bradypterus luteoventris*
193	黑眉苇莺	*Acrocephalus bistrigiceps*
194	东方大苇莺	*Acrocephalus orientalis*

序号	中文名	学名
195	黄眉柳莺	*Phylloscopus inornatus*
196	褐柳莺	*Phylloscopus fuscatus*
197	巨嘴柳莺	*Phylloscopus schwarzi*
198	黄腰柳莺	*Phylloscopus proregulus*
199	极北柳莺	*Phylloscopus borealis*
200	栗头鹟莺	*Seicercus castaniceps*
201	棕脸鹟莺	*Abroscopus albogularis*
	扇尾莺科	**Cisticolidae**
202	棕扇尾莺	*Cisticolajuncidis*
203	纯色山鹪莺	*Priniainornata*
204	黄腹山鹪莺	*Priniaflaviventris*
	山雀科	**Paridae**
205	红头长尾山雀	*Aegithalos concinnus*
206	黄腹山雀	*Parus venustulus*
207	大山雀	*Parus major*
	绣眼鸟科	**Zosteropidae**
208	暗绿绣眼鸟	*Zosterops japonica*
	雀科	**Passeridae**
209	山麻雀	*Passer rutilans*
210	麻雀	*Passer montanus*
	梅花雀科	**Estrildidae**
211	斑文鸟	*Lonchura punctulata*
212	白腰文鸟	*Lonchura striata*
	燕科	**Hirundinidae**
213	毛脚燕	*Delichon urbicum*
214	家燕	*Hirundo rustica*
215	金腰燕	*Hirundo daurica*
	鹡鸰科	**Motacillidae**
216	山鹡鸰	*Dendronanthus indicus*
217	黄鹡鸰	*Motacilla flava*
218	白鹡鸰	*Motacilla alba*
219	灰鹡鸰	*Motacilla cinerea*
220	田鹨	*Anthus richardi*
221	树鹨	*Anthus hodgsoni*
222	黄腹鹨	*Anthus rubescens*
223	水鹨	*Anthus spinoletta*
	鹎科	**Pycnonotidae**
224	黄臀鹎	*Pycnonotus xanthorrhous*
225	白头鹎	*Pycnonotus sinensis*
226	黑短脚鹎	*Hypsipetes leucocephalus*
227	绿翅短脚鹎	*Hypsipetes mcclellandii*
228	栗背短脚鹎	*Hemixos castanonotus*
229	领雀嘴鹎	*Spizixos semitorques*

序号	中文名	学名
	伯劳科	**Laniidae**
230	红尾伯劳	*Lanius cristatus*
231	棕背伯劳	*Lanius schach*
232	楔尾伯劳	*Lanius sphenocercus*
	黄鹂科	**Oriolidae**
233	黑枕黄鹂	*Oriolus chinensis*
	卷尾科	**Dicruridae**
234	黑卷尾	*Dicrurus macrocercus*
235	古铜色卷尾	*Dicrurus aeneus*
236	发冠卷尾	*Dicrurus hottentottus*
237	小盘尾	*Dicrurus remifer*
238	灰卷尾	*Dicrurus leucophaeus*
	椋鸟科	**Sturnidae**
239	丝光椋鸟	*Sturnus sericeus*
240	灰椋鸟	*Sturnus cineraceus*
241	八哥	*Acridotheres cristatellus*
242	黑领椋鸟	*Gracupica nigricollis*
	河乌科	**Cinclidae**
243	褐河乌	*Cinclus pallasii*

序号	中文名	学名
	燕雀科	**Fringillidae**
244	燕雀	*Fringilla montifringilla*
245	黄雀	*Carduelis spinus*
246	金翅雀	*Carduelis sinica*
247	黑尾蜡嘴雀	*Eophona migratoria*
248	黑头蜡嘴雀	*Eophona personata*
	鹀科	**Emberizidae**
249	凤头鹀	*Melophus lathami*
250	白眉鹀	*Emberiza tristrami*
251	栗耳鹀	*Emberiza fucata*
252	黄胸鹀	*Emberiza aureola*
253	苇鹀	*Emberiza pallasi*
254	芦鹀	*Emberiza schoeniclus*
255	灰头鹀	*Emberiza spodocephala*
256	三道眉草鹀	*Emberiza cioides*
257	黄喉鹀	*Emberiza elegans*
258	田鹀	*Emberiza rustica*
259	黄眉鹀	*Emberiza chrysophrys*
260	小鹀	*Emberiza pusilla*

尽管这个地区的大多数林鸟和陆地鸟类能在千岛湖发现，但是对于水鸟却存在着明显的缺失。

千岛湖地区尽管有一个巨大的水体，但是水鸟或者湿地鸟类却非常稀少，这一点非常让人吃惊。这里没有任何的雁与水鸡，只有非常稀少的鸭类，偶尔才能见到鹭鸟；无麻鸭、燕鸥，同时几乎也看不到其他类的海鸥与水边涉禽如鹬、鹳等，只记录到了一次不清晰的鹤类。对于湿地鸟类，没有任何的苇莺、草鹀、杜鹃（喜欢在苇莺的鸟巢里下蛋的鸟类），也没有其他喜欢在芦苇丛中生活的攀雀类鸟类。

为什么这样一个巨大的湖区，同时拥有足够浅水和深水鱼类的地区却没有什么水鸟呢？答案在于湖岸的特征。湖岸过于陡峭，著名的黄金腰式的消落带缺少湖岸植被。如果这种湖岸经过适当的工程改造，提供适当的浅水、水下缓坡和水面可以浸漫的湿地，那么至少50种水鸟很快会被吸引到这个地区。

几乎所有的中国中部的鸟类都在千岛湖有记录。少数一些猛禽、鹀、啄木鸟、卷尾现在还没有记录。但是，如果目前的森林植被被恢复成更加原生的状态，它们都会出现。真正有趣的是，通常在中国东南部最常见的喜鹊、乌鸦、八哥这些农田常见鸟类在这个地方神秘缺失。一个当地的农民告诉我们，这些鸟类曾经非常常见，但是在20世纪80年代全部消失了。我们估计这可能与农田的农药杀虫剂的使用有关。

为帮助该地区重建丰富的鸟类多样性，提出了一些主要的解决方案。

专栏20　千岛湖鸟类多样性恢复主要的解决方案

(1) 在项目区域南侧临近湖区的山林中，取消对现有柑橘园的抚育管理，引入当地的原生植物种类，逐步完成植被恢复，为鸟类提供栖息场所及食物；

(2) 杜绝杀虫剂等农药的使用，为鸟类提供昆虫食物；

(3) 在现有封闭水体及湖湾浅滩的基础上，通过修建水坝、抬高湖底、引入水生植物等途径，营造生物多样性丰富的湿地生态系统，吸引水生鸟类；

(4) 鼓励鸟类繁衍的植物种类主要是灌木种类。

鼓励鸟类繁衍的主要灌木类群和物种

杜鹃 *Rhododendron* spp.，木兰 *Magnolia* spp.，木犀（桂花）*Osmanthus fragrans*，桑 *Morus alba*，杨梅 *Myrica rubra*，花楸 *Sorbus* spp.，樱桃 *Cerasus* spp.，枸子 *Cotoneaster* spp.，火棘 *Pyracantha* spp.，蔷薇 *Rosa* spp.，枣 *Ziziphus jujuba*，中华猕猴桃 *Actinidia chinensis*，楝 *Melia azedarach*，梨 *Pyrus calleryana*，樟 *Cinnamomum camphora*，棕榈 *Trachycarpus fortunei*，无花榕 *Ficus* spp.，山楂 *Crataegus* spp.，悬钩子 *Rubus* spp.，合欢 *Albizia* spp. 等。

二、鲁能千岛湖界首项目地昆虫恢复计划

（一）蝴蝶

在园区内，以凤蝶科为主的大型蝴蝶所见并不多，主要能见的物种包括玉带凤蝶、柑桔凤蝶、大凤蝶。地块范围内有大面积的柑橘园，假如留存一片柑橘园，并停止农药的使用，玉带凤蝶和柑橘凤蝶则都可以大量繁殖。同理，只要提供寄主植物并停止一切化学药物使用，园内就可以自然饲育大量蝴蝶。但是自然条件下，因为天敌等因素的调控，蝴蝶密度并不会像昆虫馆蝴蝶大棚那样高，但也有相当的观赏价值。浙江地区蝴蝶种类非常丰富，可以考虑在植物园和昆虫园的基础上建立原生蝴蝶园，种植本地寄主植物，并对蝴蝶的毛虫到蛹和成虫的生活史进行展示。

蝴蝶喜欢的植物种类包括：悬钩子 *Rubus* spp.、接骨草 *Sambucus chinensis*、乌蔹莓 *Cayratia japonica*、小蜡 *Ligustrum sinense*、圆锥绣球 *Hydrangea paniculata*、风箱树 *Cephalanthus tetrandrus*、醉鱼草 *Buddleja* spp. 等。蝴蝶寄主的种类选取可以参考网上资料（Sunwenhao90, 2013），**表12-3** 为中国大部分蝴蝶种类的寄主列表。而针对鲁能地块内的蝴蝶，应该选取在浙江有普遍分布的物种。此处选出观赏性较强的本地蝴蝶，以供参考。

表12-3　界首项目区本地蝴蝶及其寄主植物

蝴蝶种类	寄主植物
金裳凤蝶	马兜铃
麝凤蝶	马兜铃、木防己、马利筋
红珠凤蝶	马兜铃
玉带凤蝶	柑橘、柠檬
柑橘凤蝶	柑橘、野漆树
金凤蝶	茴香、胡萝卜、芹菜、柴胡、独活
蓝凤蝶	柑橘
玉斑凤蝶	柑橘、两面针、花椒、楝叶吴茱萸
樟青凤蝶	樟树

续表

蝴蝶种类	寄主植物
黄尖襟粉蝶	油菜、萝菜
菜粉蝶	油菜、荠菜、萝菜
稻眉眼蝶	水稻
直纹稻弄蝶	水稻、玉米、甘蔗
绿弄蝶	清风藤
青豹蛱蝶	堇菜属植物
黄钩蛱蝶	榆树、梨
孔雀眼蛱蝶	爵床科水蓑衣属和马蓝属，玄参科母草属
琉璃蛱蝶	菝葜等
大红蛱蝶	苎麻、榆树、樟树
小红蛱蝶	苎麻、大豆，蒿属植物

（二）萤火虫

萤火虫属鞘翅目萤火虫科，是一类有较高观赏价值并对生态环境要求相对要高的昆虫。在动物学研究上，萤火虫是研究生物发光蛋白，两性交流的行为学等方面的热点。在民间文化中，萤火虫在黑夜中发光飞舞的场景有着浪漫的含义和乡土怀旧的情怀。在世界范围内，萤火虫在亚热带、热带森林、湿地与湖泊等湿度较高的环境有广泛的分布，并且可以很常见。在美国中西部农业密集区域的村镇里，也能看到大量的萤火虫活动。在中国，农村人口较稀少区域，还是可以比较容易观察到萤火虫，而在一二级城市周边公园和其他自然区域，由于城市化对生态的破坏，几乎无法看到萤火虫。在杭州附近，在西溪湿地、天目山、桐庐地区，都有游客发现萤火虫的记录。

土地开发对于萤火虫栖息地的影响主要有：人工光源、溪流沟渠水泥化、农药使用、农业生活、农业废水排放。近年来，以萤火虫放飞为主题的旅游活动吸引了大量的游客，而在自然保护行业内，对此类放飞活动批判较多。在杭州萧山湖曾经举办过萤火虫放飞活动，但是效果不理想，并且引发了游客与园方的冲突。如果在鲁能地块湖岸湿地区域有形成大量稳定的萤火虫种群，将成为公园的一大亮点。

千岛湖沿岸自然湿地对于萤火虫是理想的栖息地。在本书的研究考察中，区域内共发现萤火虫两次（如**图 12-22**），区域旁的湖岸发现两只。这表明界首区域自然湖岸植被和湿地退化比较严重，但是，萤火虫种群的恢复还是有来源和希望的。与其他昆虫一样，萤火虫的生产依靠于繁殖场所和食物的提供。栖息环境方面，萤火虫在湿地植物较丰富地区，只要土壤能保存一定的湿度和松软度，都能繁育。食物方面，萤火虫以软体动物（蜗牛、螺蛳）为食。在生态良好、湿度较大的区域，蜗牛和螺的数量会比较大，能为萤火虫提供食物基础。

在整体湿地恢复的工作中，当植被和其他动物群落恢复得相对完善以后（两三年后），可以考虑从附近地区引种萤火虫。只要能够提供对于萤火虫生存理想的栖息环境，其种群数量增加将可能非常迅速，因为每个雌虫可以产上百甚至上千个卵，而栖息点的选取可以参考湿地恢复板块。

如果鲁能自然公园项目将以萤火虫作为一个亮点，则需要将其种群保育得比较大，并且提供配套的生态教育、展示场所，比如小型的昆虫博物馆、展牌或者低成本的网上博物馆，以最大化自然教育的成果。武汉新落成的守望萤火虫研究保护中心通过恢复萤火虫原生环境和种群来提高种群数量，使其成为可供观赏的公园。在日本长野县和我国台湾省，以观赏萤火虫为亮点的公园和博物馆形成的昆虫主题旅游产业做得相对比较成熟，可以前往参观学习。

图 12-22　地块内考察发现的萤火虫

（三）蜂类

蜂类属昆虫纲膜翅目，蜂类多样性在昆虫中非常高，仅次于鞘翅目（甲虫）和双翅目（蝇蚊）。在农业生产中，蜜蜂、熊蜂和各种青蜂、小蜂等都具有宝贵的授粉生态价值。某些种类的植物与授粉昆虫共同进化，花朵形态奇特，有特定的蜂类物种为之传粉。目前，在全球范围内，蜜蜂的数量不断在下降，在英美国家得到生态科学界的高度重视。中国是多种蜂类（比如熊蜂）的起源地，蜂类多样性非常高。

此次调查发现，鲁能地块中熊蜂数量较多，村落里有人养蜂，可以保留或者迁移到集中的养蜂点，避免游客与蜂巢近距离接触。同时，养蜂应当跟规划的生态农业结合，有机蜂蜜产品可以作为游客品尝的项目。如果建设昆虫馆，蜜蜂作为社会性昆虫，有着非常丰富的行为模式，在沟通、酿蜜、繁殖上有着独特的趣味性，可以作为重点部分进行展示。

第六节　鲁能文昌建立海龟繁殖场计划

海南岛的许多沙滩曾经是多种海龟的产卵场，海南地区的渔民现在仍然能够捕捉到三种海龟的成体，并非法将其龟壳制作成旅游纪念品出售，在文昌地区曾经有分布的海龟有绿海龟和玳瑁两种。同时，在东南亚国家的沿海地区，许多海龟正在使用的产卵场正遭受严重的破坏，海龟卵的死亡率最高达到 100%。

鲁能文昌项目地有适合海龟繁殖的沙滩，因为过度偷猎已经没有海龟在此产卵。鲁能计划针对海龟进行恢复。可从东南亚国家海龟遭受威胁的地区，购买海龟卵，在月亮湾、淇水湾选定一定合适的沙滩进行海龟卵放归，小海龟在孵化出壳后将立即进入大海，这些海龟历经 20 年达到性成熟后，将会回到孵化的海滩进行产卵（Axtell，2012）。

参观孵化和雌龟爬上沙滩产卵可以发展成为有回报的旅游和公益项目，建立保护基金、众筹放生资金、倡导科学放生。爱心人士出钱购买海龟卵、观看海龟孵化、并亲自将小海龟放归大海。之后每年持续举办海龟放归及纪念活动，持续宣传自然保护，推动公众监督沙滩保护。20年后，爱心人士带着亲人、后代、朋友回到放归海龟的沙滩，迎接自己放归的海龟回来产卵。

每年的海龟放归、纪念及20年后海龟回家产卵活动，可开发为极具特色的旅游项目，带动周边其他旅游、运动、房地产项目的发展。作为国内第一个企业推动公众保护海龟的典型，可以充分提升鲁能地产的企业社会形象。

图 12-23 人工孵化的海龟放归

第七节　鲁能千岛湖界首地产的大部分区域逐步恢复天然森林

以鲁能千岛湖项目为例，由于农业发展已经导致的严重退化的土地，需要实施较高水平的恢复干预措施来促进天然恢复进程，实现更加有价值的生态环境。

植被恢复的目标

(1) 尽可能地恢复原始的混合常绿低地硬木森林，吸引原生的丰富特有鸟类和兽类等；

(2) 在通往湖泊或者池塘的河谷区，通过较小的工程措施创造阶梯形的手指型浅滩湿地，促进滨水植被繁衍，丰富湿地鸟类、两栖类、爬行类、蝴蝶、蜻蜓等动物物种，提供更好的淡水鱼类繁殖和育苗地，提升整个生态系统的多样性、产量和生物多样性；

(3) 积极的人为栖息地管理过程经过良好记录和展示，使千岛湖成为植被和湿地恢复为主要内容的教育基地，发展与自然教育、公众实践和体验植被恢复过程紧密结合的生态旅游目的地。

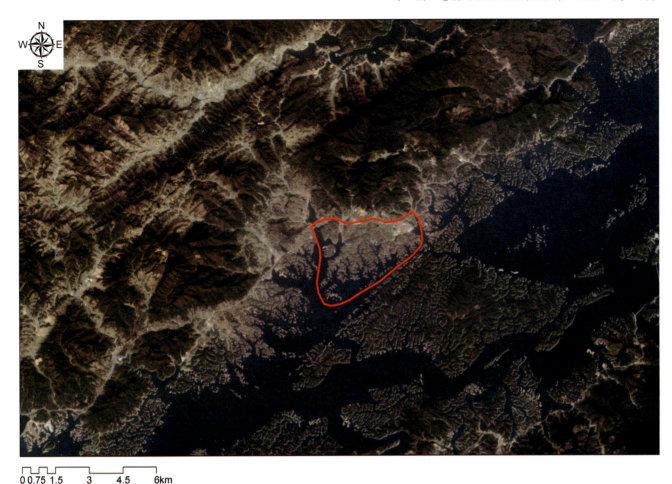

0 0.75 1.5　　3　　4.5　　6km

图 12-24 鲁能 2015 年签约时千岛湖项目区域生态已经退化严重

对比分析项目区周边影像不难看出，2015 年鲁能签约开发时候项目区域整体植被状况较差，水土流失的风险非常高，而水土流失将造成坡耕地土层变薄、土壤质地粗化、景观环境劣化、资源的开发利用价值不断下降等一系列问题。

总体上，千岛湖界首项目地块植被类型为亚热带常绿阔叶林。但是由于长期的人为活动的影响，地面原生植被零星破碎，次生林生长低矮，没有形成郁闭冠层。柑桔林面积过大单一。整个植被生境的物种多样性较为贫乏。相对于整个千岛湖，这里的生态破坏和植被退化比较严重。

目前，地块主要生境为次生常绿阔叶林、柑橘林、板栗林。由马尾松林经过自然生态恢复，阔叶树种进入而成次生常绿阔叶林。局部镶嵌有小面积的毛竹（*Phyllostachys edulis*），飞播的马尾松（*Pinus massoniana*），人工种植的杉木（*Cunninghamia lanceolata*）、日本柳杉（*Cryptomeria japonica*）和银杏（*Ginkgo biloba*），以及外来引种的水杉（*Metasequoia glyptostoboides*）。

本地的原始森林仅剩严家村的一片面积约 2hm² 的风水林（签约陆地总面积约 400hm²）以及非常陡峭不适合农业发展的地方，为密闭的常绿阔叶亚热带森林，主要由栎属、石栎属、青冈属、栲属、朴属、玉兰属、鹅掌楸属、枫香属、化香属等属的物种组成。

其他大部分区域以马尾松为主的次生林分布也非常稀少，绝大多数山地植被以柑橘园为主，缺少足够多的鸟类栖息场所。又因为大量使用杀虫剂，区域内昆虫数量稀少，导致鸟类缺少必要的食物。上述两种因素共同导致区域内林栖鸟类种类和数量均较稀少。虽然千岛湖记录有属于国家级重点保护野生动物的鸟类22种，但是在我们调查期间仅记录到为数很少的猛禽（国家Ⅱ级重点保护野生动物），最常见的是以鱼类为主要食物的黑耳鸢。在我们的野外调查中虽然发现大量鸟类，但是都是常见种，物种数也非常少，6天中，鸟类学家仅记录到52个种。

图 12-25　鲁能 2015 年签约千岛湖项目地生态评估期间见到的鸟类

评估期间见到的这些鸟类都是很常见的物种

鲁能大量新签约发展的其他项目都存在类似情况，包括长白山、合川等地项目，有大部分土地退化严重，开发中面临的首要工作就是生态恢复工作。

鲁能千岛湖项目地的天然植被恢复不要任何工程性措施，可以清除与天然植被恢复目标不相关的种植的作物和引入的植物（如人工种植的松树、柳杉等），或者让它们自然死亡。桑蚕产业的植株可以考虑保留。天然原生植物物种的再生可以用以下三种方法。

（1）找到项目地范围的天然植被区域进行严格保护，这些地点的周边每年做两次人工除草，让残余森林的种子能够自然扩展到周边地区。

（2）找到仍然有天然的演化顶级阶段的植物的次生灌木林，进行防火保护。在前3年，要有意识地每年除草2次。人工把那些阻碍原生当地常绿阔叶树生长的草、灌木和藤本植物砍掉，在我们确定为"具有重要生态价值的树种"的周边3m半径内的草、灌木、藤本植物都去掉。3年后，这些树种就能够长得超过周边的草和灌木，就能迅速成长起来，形成封闭的树冠层。之后，人工除草工作就只限于被藤本植物覆盖的树木，须清除一下覆盖的藤本植物。

（3）在农业和果园区域，以及没有演替顶级物种存在的次生灌木林区域，需要严格防火，然后让灌木林逐步自然转变为次生林。这样的灌木林已经拥有丰富的次生林物种种类，很多只需要风的传播，即可根植于弃耕或者开阔的土地，或者鸟类的粪便也可携带大量小型水果和浆果的种子而扩散。

一旦天然次生林形成后，人就可以在树冠下行走，下一步就是鼓励种植演替顶级阶段的树种了。

在居住区域可以采取一些人工促进措施来加速天然植被的恢复，不过需要坚持以下几个原则。

加速天然植被恢复须坚持的几个原则

（1）尽可能使用当地土著植物物种；

（2）禁止使用可能导致入侵的外来物种；

（3）避免使用不育的漂亮花卉（蜜蜂和蝴蝶无法采食这些物种）；

（4）使用能够融入到当地环境之中的花卉和水果灌木；

（5）选择不同季节产生果子的物种（早熟、晚熟等），以便给兽类（松鼠）和鸟类提供长期食物。

第八节　鲁能格拉斯老河湾水质治理与水生态修复

鲁能格拉斯小镇位于北京朝阳区温榆河边，而温榆河的老河湾位于地产范围内。春末夏初，格拉斯老河湾香蒲郁郁、芦苇葱葱，水中的荷花千姿百态，河湾碧波荡漾。不时有业主在河湾划船，在岸边散步、野炊，其乐融融。

然而，一年之前的老河湾与经过生态修复的老河湾比起来却是另一种景象。水体深受河道上游生活污水污染，河道杂草丛生，水体严重异味，过往的行人避而远之。

2014～2015年，鲁能对河道实施了以模拟天然生态系统为基础，利用微生物技术、水生动植物净化水质的工程。工程针对项目区景观水体的自然与人工环境条件，将水生态生物技术与水环境净化模式紧密结合，以"鱼草养水"，建立水、草、鱼动态平衡，促进人工调控与自然调控结合，营造生物多样性和景观多样性，

图 12-26 鲁能格拉斯小镇老河湾治理前的污染状况

维持水生态系统稳定、安全。最大限度地保留河岸两侧原有的水生植物,根据景观要求丰富挺水植物品种,例如增加了千屈菜、黄菖蒲等挺水植物。

鲁能格拉斯小镇老河湾治理采用的技术手段

(1) 使用 Bio-Colony®,将微生物沉淀到河底,分解去除水底含有的氨、亚硝酸盐、硝酸盐、硫化氢等成分和病原菌,去除淤泥、净化水质、水体增氧;

(2) 安装浮水曝气喷泉;

(3) 在深水区种植了沉水植物,主要有竹叶眼子菜、黑藻、金鱼藻、狐尾藻,浅水区种植了沉水植物矮生苦草;

(4) 向水体投放了滤食性鱼、螺、贝类,以及这些动物的"捕食者",形成水体完整的食物链;

(5) 投放了生物净水剂 (爱可蓝®LSC-2),其中的微生物将自然界中的动植物尸体及残骸分解,将一些有害污染物加以吸收转化为无毒无害的无机营养元素供自身和水生植物利用。

通过治理工作,使水质达到地表水标准中要求的氨氮、总磷、总氮、溶解氧相关的五类水以上标准,透明度达到 0.5m。对比治理前后,水体发生了明显改善,水体透明度从原来的不足 20cm 提高到 60cm,水体异味明显改善。经过生态修复后的老河湾恢复了生机，水质达标，水体异味、色度问题已得到改善，恢复了原来的自然景观。老河湾碧波荡漾，河岸边野鸭嬉戏，周边的水生植物生长繁茂，休闲锻炼的人也多起来了，形成了一道独有的风景。

图 **12-27**　治理后的景观

第九节　鲁能杭州萧山义桥项目生态恢复展望

杭州是一个高度发展的、人口密集的城市。鲁能杭州萧山义桥项目位于杭州南部的三江汇流区域，即富春江、钱塘江和浦阳江交汇地，特殊的区位让这块还未开发的地区，弥足珍贵。

由于项目地周边人口密集，且因受农业、渔业等人类活动的影响，特别是因为石矿开发造成的严重环境破坏，这个区域的生态严重退化，整个区域的生物多样性非常低。富春江和浦阳江虽然是重要的水生生物栖息地，但由于整条河流存在大坝修建、过度捕捞等问题，鱼类和其他水生动物繁殖场遭受破坏，鱼类资源退化也非常严重。矿坑以外的陆地基本就是养鱼塘和绿化树苗种植区域，生态单一。

虽然该区域生态严重退化，但鲁能有信心会同中科院／全球保护地友好课题组将此区域通过系统地生态修复改善其生态面貌，将其打造为一个具有示范意义的国际生态城，实现"生态优先、绿色发展"。围绕"国

图 **12-28** 杭州萧山项目地位于杭州南部的三江汇流区域，即富春江、钱塘江和浦阳江交汇地

际生态城"发展主题目标，将首先设计和实施以下生态恢复的计划，以全区域山、水、林、田、湖的整体生态修复和提升作为其他各产业落地布局的重要生态基础工程，使项目区环境质量极大改善，宜居程度稳定提升，以创造更大的经济和社会价值。

一、矿坑生态恢复

这里有两个矿坑，为采石矿，植被完全破坏，但是没有有毒有害物质的残存。采石已经停止并启动一些恢复工作，将矿坑做成了阶梯状，以利于植被恢复。

从图 **12-30** 可以看到项目地西边矿坑立体分布，有着比较好的形态，立体高程逐步升高，高程变化也比较缓和，选择适应当地环境的植物物种，配上不同的颜色、季节的变化，可以形成丰富多彩的森林、草地、花园、农田、湿地和人工建筑搭配组合成的立体生态景观系统。矿坑边缘和中间都可以增设人行观赏道，形成较好的景观视野，如果做好植被和整体生态系统规划，这个矿坑花园将给游人带来非常震撼的视觉冲击；相对封闭的区域，容易形成具有强烈影响力的音响效果，利于一些大型活动的展示。

这里生态恢复工作将投入较大的人力和物力，其中植被恢复的核心工作是选择正确的植物种类，结合湿地和灌溉措施，科学规划更大范围的整体生态修复方案，积极实施对矿坑恢复有重要促进作用的传粉和播种昆虫、鸟类及其他动物的综合生态运行系统修复工程，使这里由极度退化的生态系统转变成环境优美宜居、

图 **12-29** 萧山项目地的矿坑和陆地生态严重退化

能长期维持自我循环的生态系统。一旦按照生态规律进行设计和恢复，后期维护成本将较低。

二、中华虎凤蝶栖息地恢复

中华虎凤蝶是中国独有的一种野生蝶，被列为国家Ⅱ级重点保护野生动物，由于其独特性和珍贵性，被昆虫专家誉为"国宝"。主要分布在长江流域中下游地区，其中，南京是中华虎凤蝶数量最多的地区，是江

图 12-30 项目地西边矿坑可以生态恢复形成丰富多彩的森林、草地、花园、农田、湿地和
人工建筑搭配组合成的立体生态景观系统

图 12-31 中华虎凤蝶是中国的国宝，是江苏的生物名片

苏的生物名片。在该项目地恢复这个物种的种群具有十分重要的展现城市退化生态系统生态恢复潜力的价值，将产生很好的生态和社会价值。

原分布区人口稠密化与都市化以及大农业化，极大地破坏了中华虎凤蝶的栖息和生存条件，加之多年来的贪婪采集与捕捉，中华虎凤蝶出现了极大的生存危机。1989 年，在环保、农林部门的支持下，在南京生态环保志愿大队的全心努力下，在南京紫金山建立保护区，中华虎凤蝶有了自己的家园，人们每年又都能见中华凤蝶在保护地飞翔。2016 年，环保部门在中华虎凤蝶栖息地竖立了一块"南京生态红线区"的小标牌。但近十年间，中华虎凤蝶保护工作困难重重，其数量已经极为稀少，种群濒危，南京所有地方合起来，中华虎凤蝶的数目也不足百只。

项目所在区域属于虎凤蝶的分布范围，矿坑周边的森林对实施恢复中华虎凤蝶的恢复和保护具有许多有利条件，完全具备这个物种栖息地的条件。恢复的关键是恢复其寄主生物栖息地，中华虎凤蝶与寄主植物之间有着十分协调的关系，在分布区低海拔地区为杜衡，在高海拔地区为华细辛。落叶林是中华虎凤蝶生存所必须的生态系统。中华虎凤蝶飞翔能力不强，只在特定的狭小地域内活动，喜欢生活在光线较强而湿度不太大的林缘地带。它属于狭食性动物，经常寻访的蜜源植物主要有蒲公英、紫花地丁及其他堇菜科植物，也飞入田间吸食油菜花或蚕豆花蜜。

中华虎凤蝶幼虫每年3月上旬便从地点十分隐蔽的越冬蛹中羽化出来进行交配，雄性的寿命为17～20天，3月至4月初便全部消失。雌性的寿命为22～25天，到4月上、中旬产完卵后才死去。

项目区域的植被恢复可充分考虑中华虎凤蝶的生存需要，也可以设计成非常有吸引力的公众参与项目，让中华虎凤蝶的恢复与矿坑的恢复和展示工作相辅相成，成为大城市生态严重退化状况下重要物种保护和生态恢复的经典案例。

三、湿地生态恢复

项目北侧和东侧临江的河岸以河流鱼类栖息地营造和恢复，以打造自然宜人滨水景观为核心，将沿河湿地营造为杭州市区独特的自然生态景观。

图 12-32   河岸将恢复河流鱼类栖息地，使之成为杭州市区独特的自然生态景观

三江口区域沿河及陆地应当成为重点生态恢复区并发展成为湿地公园，大桥穿过该区域，良好的自然生态将起到极为重要的展示、引导和教育作用。

四、萧山区域生态恢复动力园建设

围绕杭州市建设国际化大都市的总体方向，以本项目区为基地，高规格、高起点导入并开展系列国际绿色发展研究项目和产业链，为当地政府国际化大都市建设提供长期的科学服务与产业支持。

矿坑生态修复景观和营造，形成矿坑公园；营造中华虎凤蝶等物种栖息地，恢复和展示大城市恢复濒危物种生态的潜力；河岸鱼类栖息地恢复和营造，展现河流生态系统恢复的生命力；陆地围绕湿地营造，为当地人群提供休闲之地等。

项目地全区域的科学综合生态修复工程必将彻底改变区域生态环境面貌，极大提升生态景观丰富度和宜居舒适度，进一步为"国际生态城"其他产业、项目的布局和落地，提供一个强大的优美生态环境和立体支撑平台。

同时，将萧山区南部6个乡镇整体纳入项目区研究视野，积极收集杭州主城区周边类似环境、地貌、产业等方面的信息。结合鲁能生态、健康、运动、娱乐、科技五大维度，以及集团的国际资源和产业优势，重点探索富春江南、浦阳江西大纵深区域内的山、水、林、田、湖多生态系统的"深度保护＋修复＋宜居＋多模式深度参与"项目集群，形成大区域协同化的轻开发型建设与长期运营格局，力争将"国际生态城"打造为鲁能集团战略性参与地方政府区域发展，新型合作开发模式的全国示范项目。让"国际生态城"成为带动杭州整个城市乃至华东地区生态恢复的示范基地，展现生态恢复的成功案例，同时为更大范围生态恢复提供示范、计划方案和实施团队。

图 12-33 三江口的沿河区域和陆地发展湿地公园，以发挥重要的展示、引导和教育的作用

第十三章
美丽乡村生态农业

所有鲁能胜地和美丽乡村项目地实施统一的生态农业发展标准，形成规模和网络，为鲁能泛地产游客和住户及社会提供丰富多彩的健康安全食品，同时减少农业面源污染，美化环境、清洁水源。

第一节　美丽乡村产品线

鲁能集团的美丽乡村系列项目旨在把乡村的美丽展现给城市，这是鲁能美丽乡村的核心理念。在乡村建设中如何提高生物多样性，维护和提升土地的生态系统服务功能，为社会提供健康安全的产品，是鲁能美丽乡村生态保护方面的重点工作。

什么是最健康的环境，这是通过生态来体现的，生物多样性丰富是健康环境的最准确的指南针。大面积农田及农药化肥的使用大大减少了生物多样性，特别是包括鸟类和昆虫等在内的动物。鲁能的美丽乡村和胜地的农业区部分将通过恢复一些以当地物种为主的天然植被，增加湿地，将天然植被连通在一起；实施多元化种植，发展当地品种，最大化产品的地方特色；适当引进观赏性植物，通过不用或极大地控制农药和化肥的使用量等措施，为当地的昆虫和鸟类提供栖息地。

在生态改善，生物多样性提高的基础上，通过发展生态农业，集国家农业公园、会员制庄园、有机农场、农业主题休闲市于一体，促进农业产业升级，为都市人群提供回归自然的微度假生活，让人们看得见山、望得见水、留得住乡愁。

而如何让参与者认识到有机健康种植带来的好处，很多时候就需要在种植场所寻找和发现那些自然界中的动物和植物。昆虫的增多反映了农残的下降或消失，蜜蜂的出现则大大提高了植物自然授粉的概率，鸟类是挑剔的美食家，它们都热爱的食物一定是健康的。更不用说夏夜里，萤火虫点亮了乡间的夜空，蛙鸣丰富了乡间的音响。这些都是乡村旅游中最能打动人的部分。而这一切来自于生态。

因此，乡村旅游有很大一部分内容就是生态旅游，这里不需要名山大川的视觉冲击，这里充满了田间塘

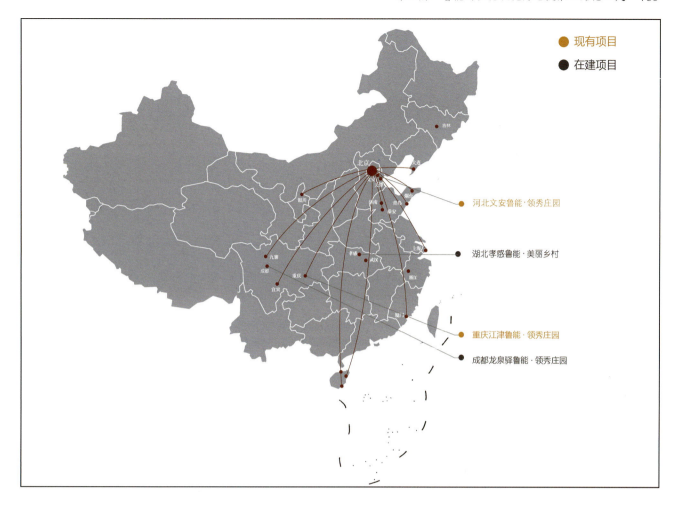

图 13-1　鲁能美丽乡村项目地图

畔的细致发现。尽量摒弃城市化的园林树种，最大化的体现乡村风情。生态旅游在鲁能的美丽乡村项目中同样发挥了不可替代的重要作用。

第二节　鲁能合川丘区单元森林生态农业

　　鲁能合川项目地位于重庆合川北部的渠江与嘉陵江之间，区域内景观以低地丘陵为主，形成了丘区单元。丘陵区域的特点是地貌变化较大、生态群落复杂、自然物产种类丰富，其生态资源优势使得这类区域特别适于发展综合性特色的森林生态农业。除双龙湖区域及渠江两岸有少部分陡坡地之外，大部分地区属于低于15°的缓坡地，适宜农业耕作。历史上，这个地区的原住民依托地形，利用"丘陵＋梯田＋水塘"的组合，发展出了一套非常生态的农耕种植方式，广泛存在于项目地中部地区，形成了连绵的传统农耕区域。

　　丘区单元将提供山、水、林、田、塘一体的，立体化的多种自然生态系统与人居共生共融的，富有特色的安宁、美丽、健康、自给自足的田园风光与和谐人居环境。丘区单元高地森林恢复和传统农业区保留，发

图 13-2　合川丘陵地形充满了漂亮的曲线
每一个褐色的枝杈都是水稻田（冬季影像），围绕着水稻田的是缓坡山地形成的各种形状和大小的丘区单元

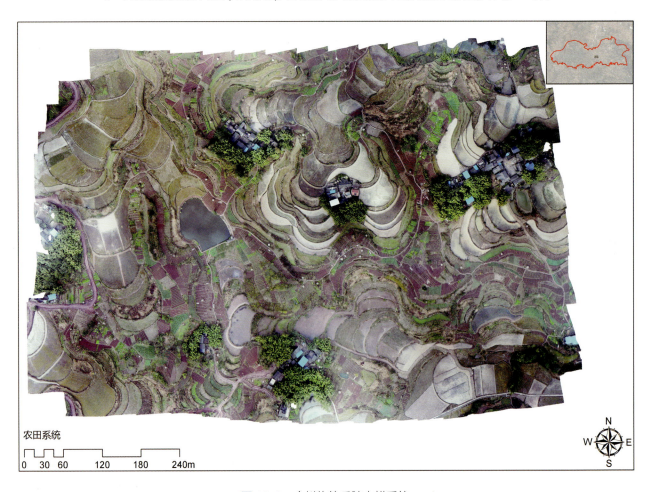

图 13-3　合川传统丘陵农耕系统
无人机拍照展示出漂亮曲线组成的美丽丘陵农耕景观

图 13-4　合川丘陵区农田区域被小山丘包围的状况

图 13-5　丘区单元群遥感图

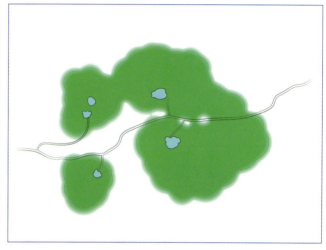

图 13-6　丘区单元群示意图

展森林生态农业，不使用农药化肥，提高土地产出率，植被和景观生态多元化，提高产品特色和品质，进行整体设计规划，实施山、水、林、田、塘、屋一体化的生态修复优化工程和房屋改造建设，将整个丘陵区打造升级为具有多样化生态系统，以及丰富产出和立体景观融为一体的宜居小区。为在项目地参观休闲的人们提供一个安宁、健康、多样化食品的生态宜居地，起到重要的展示和宣传作用。

同时，可以为到达这里的长、中、短期住户和游客提供基本满足食物所需的各类农产品，包括多样化的水果、蔬菜、谷物、肉类，及其他滋补、新鲜食品。销售、模式以当地自产自销为主，同时游客可外带销售，还可供应重庆市区及鲁能全国地产。

鲁能计划在合川项目做好生态优先，在双龙湖核心半岛进行天然植被恢复和湿地保护，与丘陵区高地森林带连接形成生态网络；以丘区单元为单位发展森林生态农业，服务于养老、养生休闲、亲子教育、农业体验和参与、运动休息地、禅文化修习地等多种功能销售型或深度参与类地产；通过建立与渠江的连通性来保护长江鱼类。一旦形成这种生态优先格局，将让合川拥有能够走向世界的独特品牌特征（安宁、健康、运动主题），实现生态保护、生态农业与休闲、养老居住的融合发展，为地产发展提供新的发展途径。

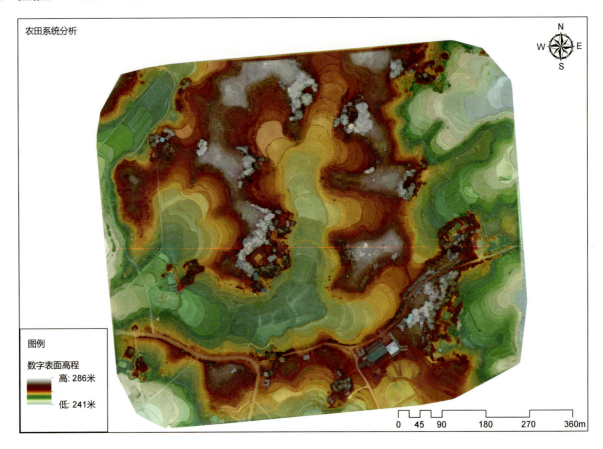

图 **13-7** 典型丘区单元地形充满了优美曲线

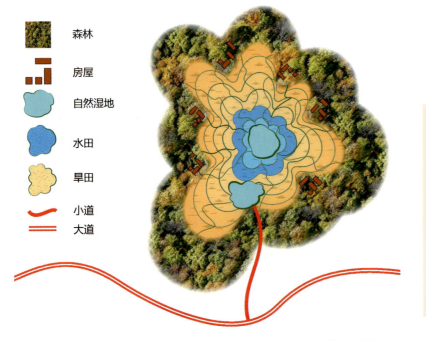

森林

房屋

自然湿地

水田

旱田

小道

大道

　　利用独特的丘区单元特征，打造一个个世外桃源。

　　1. 高地的森林和低地的池塘可以逐步拓展和恢复天然状态，提高植物、鸟类、蛙类、蝴蝶、萤火虫等的多样性

　　2. 单元内通过设计最小化外来噪音和光源，成为不受外界干扰的空间

　　3. 丘区单元之间以森林相连，将极大地提高整个项目地的生物多样性和景观多样化程度

图 **13-8** 丘区单元模式化结构示意图

地势从高到低分别为森林、旱地（蔬菜）、水田（水稻）、池塘（养鸭养鱼）。房屋在地势略高的树林（或竹林）下，

形成了一个相对独立的空间，能够屏蔽外界的声音、视觉的干扰

图 13-9　森林环抱的农耕系统

每一个水塘都是丘区单元的最低点，森林为最高点，高地区域恢复树林（包括各类果树）形成蜿蜒的林带，

把地产连成整体，充满各种鸟类和昆虫等的丰富的生物多样性

第十四章
鲁能的生态旅游

所有鲁能胜地和美丽乡村项目构成了为游客提供生态旅游的网络，形成各个点特征分明、重点不同的生态旅游区域，而内涵质量却同等丰富。除了常规的自然风光、娱乐设施之外，这些生态旅游点更是结合生态恢复工作、濒危物种保护工作、生态农业参与体验、形式多样的休闲健康运动与各地不同生态类型相结合的物种及其生态观察等，让这些地方不仅仅成为生态保护的现场、濒危物种和当地物种的家园，同时又成为生态保护、生态恢复、自然教育的国际化培训、交流及实践基地。

生态旅游已然深入鲁能集团的文旅产业当中。这对中国的生态旅游事业而言是大型企业为主导运行生态旅游的一次创新和突破。而对鲁能集团而言，又是实现与国际接轨，提供国际顶级地产和综合服务的战略尝试。

第一节　长白山鲁能胜地滑雪场，不砍一棵树的发展案例

冰天雪地是长白山冬天最吸引人的地方，选择在这样冰雪资源优势明显的区域进行地产开发，建设滑雪场总是必不可少的。过去众多滑雪场在建设过程中会砍掉很多树，平整出滑道场地，对森林破坏非常严重，这逐渐引起大家对滑雪场建设的担忧。长白山鲁能胜地项目范围内，森林覆盖率高达 80% 以上，其中很多非林地区域是 19 世纪 "闯关东" 的人们到达这里后，将森林砍掉后形成的农田。

项目设计过程中，根据实际地形条件多次调整了设计方案，充分利用农田坡地，在不破坏山体林地的同时，把握环境保护和滑雪体验的平衡点，真正做到不砍一棵树的同时，另外拓展开发思路，成功将长白山鲁能胜地滑雪场设计成为国内首个专业为初中级滑雪者和度假游客提供完善教学体系的滑雪场地。雪道面积 30hm²，共 9 条雪道，其中初级雪道 6 条，中级雪道 3 条；配备 2 条索道和 3 条魔毯。雪场配套有五星级滑雪服务大厅和国内首个单体滑雪学校，为滑雪爱好者提供国际化滑雪体验和专业教学体验服务。滑雪场同时拥有国内领先的地形公园，由国际顶尖地形设计师亲自操刀设计，设置 30 余种不同难度的地形障碍道具，是展示滑雪技巧、释放运动极限的绝佳场地。

图 14-1　长白山鲁能胜地森林覆盖率高

图 14-2　雪地下的农田（滑雪场主要利用农田地建立起来，其他季节将主要恢复成为天然草地）

　　在运营全过程中，注重强化景区生态环境管理，通过引导、教育游客行为，自觉保护景区环境。具体表现在对于基地内环境敏感性相对较低的区域，不进行大规模改造，而是开展森林探险、定向穿越等低扰性项目，与自然环境相结合，减少人为开发对环境的破坏。强调游客参与性，利用基地特有野生花卉，建构木板栈道、观察平台与展示区，开展近距离接触大自然的活动。

图 14-3　滑雪场索道

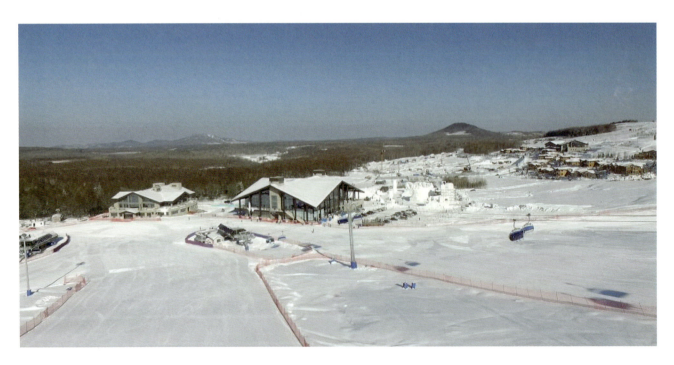

图 14-4　滑雪场滑道是曾经的农田

长白山鲁能胜地越野滑雪场总长度 12km，包括 2km 休闲雪道和 10km 竞技雪道，完全达到国际 FIS（Fédération Internationale de Ski, FIS，即国际滑雪联合会）认证标准及国家越野滑雪项目专业训练条件。2016 年 12 月 26 日，国家越野滑雪队在此进行了首滑；2017 年 1 月 1 日，这里举办了国际雪联越野滑雪中国巡回赛；未来还将在此打造国家队、省队越野滑雪专业训练基地。

2016 年 12 月 24 日，鲁能胜地滑雪场试运营投用，同步开放的还有娱雪公园、冰雪嘉年华、雪圈公园等区域。雪季运营期间，配合当地政府举办"玩冰踏雪"学生冬令营及"全民上冰雪"活动，多次为群众提供免费滑雪体验，累计接待游客 2 万人次。

在设计、建设和运营过程中坚持"不砍一棵树"的发展原则，酒店、配套服务设施均是在原有村寨点上发展起来的，顺应自然地形，建设过程尽量减少地表破坏，完整地保存了现有植被。

图 14-5　酒店、配套服务设施选址均在原有村寨

第二节　鲁能文昌宝陵河湿地公园自然教育计划

鲁能集团位于全国各地的地产项目，为开展生态旅游提供了国际级的平台。而通过生态旅游项目的系统规划和逐步运营，鲁能也正在发生着从旅游地产开发者，到旅游项目的提供者，再到生态旅游潮流的引领者的角色变换。这些变化具体体现在鲁能胜地和美丽乡村的项目运营当中。

鲁能文昌宝陵河湿地公园是其中的一个典型代表。铜鼓岭区域保留着完整的从山地到红树林，再到海洋的完整植被带，在中国极其少见，在海南省独一无二，具有极其重要的保护和展示价值。这个区域面海的一面，拥有山地植被到海滩植被的各种区带的植被变化；而西北侧的背海处，则是干燥森林，是淡水沼泽到红树林沼泽的过渡。这些地理植被特征给了铜鼓岭地区巨大的生物多样性价值。通过组织良好的生态旅游，可以让游客体会到这里宝贵的生物多样性和物种独特性，丰富的观赏和体验会让这里充满魅力。

一、生态展示

（1）淡水和海水通过高潮和暴雨等，形成了极好的淡水与海水交汇的区域。在这里，水的咸度的变化决定了非常不同类型的植被生长，野生动物也随之而变化。

图 14-6 淡水、海水交汇区多样化的植被
同一条沟渠的上游，植被以淡水禾草为主；中游禾草和红树植物共生；下游则全部为喜盐水的红树植物

（2）选择合适的观察点，使用介绍牌等方式，给游客介绍山脉与海洋系统之间通过微妙的交互作用形成的不同类型的生态系统的过程与原理，展示了从山脉到近海海域逐步过渡的整体生态景观的显著变化。

（3）不同海拔，被潮汐淹没的不同程度，将孕育不同类型的红树林树种（**图 12-8**）。多样性的植物可以充分展示红树林不同区带和物种的生存特点，展示潮汐与红树林的关系，以及红树林伴生物种和底栖物种的独特之处和生态特征，将成为观赏的亮点。

（4）湿地公园底质都是沙子，未来的步行道、淡水海水隔离坝等也都是沙子组成的。这些地方将用适合沙滩生长的植被进行恢复，这些树种如何适应完全是沙子的生存状况，也是可以展示给游客的。

二、物种展示

1. 红树生存策略展示

红树是一种特殊的生长在高盐分、高蒸发量环境下的植物，长期的潮水浸泡使得红树在生存中面临着一些其他植物不会遇到的问题，一是如何克服生理性干旱，二是如何避免离子毒害。

在与恶劣环境对抗的漫长岁月里，红树演化出了以下几个特殊本领。

（1）奇特的根系

红树具有植物界最特别也最复杂的根系，它们包括支柱根、膝装根、表面根，板根和呼吸根。这些复杂的根系最主要的功能，就是在松软的淤泥滩涂上，建立强健的支撑系统，同时又能在长期的浸泡中吸收足够的氧气。

（2）特殊的皮孔

红树的树干上长满了皮孔，这些皮孔就像是人的鼻孔，起到吸收氧气、排出废物的作用。这是植物呼吸作用所必需的，这不同于植物光合作用需要的二氧化碳的机制。

图 14-7 红树的两个特殊之处

红树的呼吸根从空气中呼吸（左）；红树林的胎生现象（右）

（3）特殊的树叶

红树的树叶也是经过特殊改造的，由于热带地区高温的环境加速了水分的蒸发，几乎所有的红树都有一个特殊的本领，那就是在最大程度的吸收水分的同时节约用水。红树的叶片通常厚、革质或者肉质，气孔只藏在叶片背面。

（4）"胎生"繁殖

红树另外的奇特之处在于它们的繁殖是"胎生"的。这些胎生植物的"胎生"并非空穴来风，但也和哺乳动物的胎生不同。红树的"胎生"是指种子成熟后直接在母体上萌发，幼苗从母体吸收能量与营养，渐渐的生长成筷子或者笔状的"胎生苗"。这可以使得胚芽在离开母体前获得足够的能量，当它们脱离母树后，可以抵御最恶劣的海上旅行，在潮间带找到新的适合生长的热土。在湿地公园，我们可以观察到从根系到茎干、叶片到"胚胎"的红树全套的神奇"装备"。

2. 舞动着大螯的招潮蟹

招潮蟹（*Uca* spp.）是 101 种蟹类动物的统称。湿地公园内的潮间带泥滩上遍布着两种招潮蟹 —— 环纹招潮蟹和北方呼唤招潮蟹。招潮蟹的最显著特征是大小悬殊的一对螯，摆在前胸的大螯像是武士的盾牌，兼具求偶和攻击的功能，可开发为湿地公园的一个观赏项目。

图 14-8　挥舞着大螯的招潮蟹

招潮蟹具有促进土壤氧化的作用，对红树林健康生长十分重要

招潮蟹的头胸甲前宽后窄，额窄，眼眶宽，有一对火柴棒般突出的眼睛，眼柄细长。在觅食时，两只眼睛高高竖起，观察周围动静。一旦发现情况，就迅速撤离。

雄蟹大小悬殊的一对螯中大的那只称交配螯，颜色鲜艳，有特别的饰纹，重量几乎为身体的一半，长度为该蟹甲壳直径的三倍以上；小螯极小，用以取食，称取食螯，用以刮取淤泥表面富含藻类和其他有机物的小颗粒送进口器。如果雄体不幸失去大螯，原处会长出一个小螯，原来的小螯则取而代之长成大螯，发挥相同的功能。雌蟹的大小和形状跟雄蟹差不多，但两螯均相当小且对称，指节匙形，均为取食螯。雄蟹的颜色较雌蟹鲜明，颜色有珊瑚红、艳绿、金黄、淡蓝色等。

招潮蟹栖居在高盐和具有苦咸水的海滩，在泥泞的领域生存，营穴居生活，并常有专一的洞穴，但常每隔几天即会更换。掘穴的深度与地下水位有关，穴深可达30cm，一般洞底需抵达潮湿的泥土处。许多雄蟹还建造一个半圆伞形的盖，盖于洞口。招潮蟹的活动随潮水的涨落有一定的规律，高潮时停于洞底，退潮后则到海滩上活动、取食和修补洞穴，最后则占领洞穴，准备交配。

交配前，雄蟹能挥舞大螯作各种炫耀表演，招引雌蟹，在潮间带活动时似在召唤潮水，故名招潮。随之，雌蟹则追随雄蟹进入洞穴进行交配。在夜间，雄蟹常用大螯有节奏的轻叩地面，以招引雌蟹。

同时，大螯还是雄性招潮蟹的战斗工具，如果一只雄蟹走近别家地盘，"地主"便会摇动大螯，作为警告信号；或者也会用大螯在自己的甲壳或淤泥地面上拍打，通过声音发出警告。

3. 喜欢走路、爬树的弹涂鱼

弹涂鱼有鳃，属于鱼类。弹涂鱼喜欢在烈日下跑来跑去，所以需要随时使身体保持湿润，否则就会死亡。

图 14-9　两只弹涂鱼在争夺配偶

仅仅在嘴里含口水来吸取氧气是不够的，弹涂鱼要经常保持身体的湿润以防止危险的脱水现象，因此，弹涂鱼的所有活动都是在水塘周围进行的。

弹涂鱼是鱼类中的天才，它们一生有很多时间都不在水里度过。它们居住的地方长满了红树林，它们很高兴爬到树干或树枝上去。它们把腹鳍用作吸盘，用来抓住树木，用胸鳍向上爬行。它们爬上树，所以能在涨潮时留在水域外。弹涂鱼的鳃的周边长有小口袋，可以盛住呼吸用的水。

洞的形状就像一个"J"字（有时它也会挖一个有两个进口的"Y"形洞），洞内上面较低的那一层是它的产卵室，用来储存它们的卵。挖好洞后，雄鱼就开始四处寻找配偶。退潮后，雄鱼开始在雌鱼面前跳求偶舞，以此来引诱雌鱼。为了增加诱惑力，雄鱼的身体常常从土褐色变成较浅的灰棕色，以此与黑黝黝的泥土形成反差。每条雄鱼都试图将怀卵的雌鱼引入自己的领土范围，进而再将其引诱进它的洞穴。雄鱼为了引起雌鱼的注意，通过往嘴、腮腔充气而使其头部膨胀起来，同时它还通过将背弯成拱形，竖起尾鳍，不断扭动身体这些挑逗性动作来引诱雌鱼。如果另一条雄鱼来到跟前，它会更加卖力地表演，以免它的"意中人"被别人抢去。在此期间，它每隔一段时间就要停下来，看看对方是否已对它失去了兴趣或落入它的竞争对手的魔力中。然后这位"求婚者"钻入它的洞中，很快再钻出来，以此来引诱雌鱼，它似乎在向雌鱼传达这样一个信息：进来吧，这里是你温暖的家。如果雌鱼还是犹豫不决，它会不断地进进出出，直到雌鱼禁不住诱惑而钻入它的巢中。雌鱼一旦进入它的巢穴，雄鱼会以极快的速度回到洞口，用一块泥巴堵住洞口。

4. 黄金蚁、蝴蝶和蜻蜓展示

生态一旦恢复，停止使用农药化肥，淡水水域将为蜻蜓提供重要的繁殖栖息环境，通过种植当地吸引蝴蝶的物种，蝴蝶种类和数量都会大大增加。可以将蝴蝶的整个生活史展示给游客，它们会成为吸引游客的观赏点之一。

图 14-10　黄金蚁使用树叶筑巢

图 14-11 以艺术方式展现生态系统和生物多样性

三、渔家生活文化展示

日常生活的习惯和节奏支撑着消费者的体验。放牧、捕鱼、祈祷、贩售、生产……，人们睡在哪里？吃些什么？如何取暖？对于消费者来说，能够体验当地人基本的生活方式，才是一个深刻的旅程。

在文化体验之中，也包括充分展现与绿色、可持续的关系。

（一）渔家生产方式展示

1. 海洋渔文化体验

从海洋捕鱼文化发展看，文昌拥有海南最长的海岸线，经历了海南海洋渔业发展的全过程，形成了丰富的传统渔业文化积淀：多种多样的渔船、应对各种条件和捕捞对象的渔具、多种海洋捕捞作业方式、历史积累的捕鱼技巧等方面，通过渔人码头展示性和体验性的作业展示和解说，引领客户体验以上原生态渔文化内涵。同时通过促进渔家生活体验成为生态旅游的一部分，可以推动渔业资源特别是珊瑚礁的保护。

2. 渔业美食体验

在渔人码头，体验现捕现做的海产美食。

图 14-12　再现渔人码头图

（二）渔家生活方式展示

1. 海南黎族传统特色船屋体验

　　船屋是海南黎族的民居建筑，又称为"船形屋"，是黎族最典型的民居样式。黎族船型屋营造技艺，已入选第二批国家级非物质文化遗产名录，这也是海南省首个建筑类古遗址成功申报国家级的非物质文化遗产。

　　黎族村寨大多建在山谷中的小平原、河谷台地或平缓的坡地上，被形容为山包围村、村包围田、田包围水。随着汉族迁徙海南和生产力的提高，黎族的船形屋逐渐发生了变化，由高架变为低架，屋盖斜伸到地。文献记载："黎人住民，一栋两檐。邻汉人处，则于檐下开门，且编木为墙，涂以泥，如船篷。"随后屋盖起了变化，采用人字顶，茅屋升高。因为海南天气热，人们都喜户外活动，所以在房屋前后爱建廊子。它既是副业生产场所，又可作为晚间乘凉的地方。茅草屋为落地船型屋，长而阔，茅檐低矮，这样的风格有利于防风防雨。

2. 文昌本地渔家传统民居体验

　　文昌民居具有海南汉族民居中十分典型的特征，这不仅反映在它普遍采用了具有浓郁海南特色的类四合院式平面布局，而且体现在它选用材料的考究上，20 世纪二三十年代，当海南民众还普遍处在较为贫困的时候，文昌人借助海外华侨眼光，已开始追崇时称"红毛灰"的进口水泥及坤甸木等建房材料，在木雕、彩绘等房屋的局部处理上则更为精致。在文昌的自然村落里可以普遍看到多进院落中和睦相处的邻里关系，门相对、屋相连，前后一条线、高低有次序，以示同心不欺、平等相待。从外观来看，多进院落中的这几户人家更像是一个密不可分的大家族，而在内里他们又都有各自的生活秩序和空间，海南民居外封闭内开敞的特点在这里体现得淋漓尽致。

　　除了鲁能胜地项目以外，鲁能集团的美丽乡村系列项目也为生态旅游提供了一个独特的运营机会。将最好的带给乡村，同时把乡村的美丽展现给城市，这是鲁能美丽乡村的核心理念。最健康的环境是通过生态来体现的，生物多样性丰富是健康环境的最准确的指南针。而如何让参与者认识到有机健康种植带来的好处，

图 14-13　海南黎族传统特色船屋

很多时候就需要在种植场所寻找和发现那些自然界中的动物和植物。这些都是乡村旅游中最能打动人的部分。而这一切来自于生态。

因此，乡村旅游有很大一部分内容就是生态旅游，这里不需要名山大川的视觉冲击，这里充满了田间塘畔的细致发现。生态旅游在鲁能的美丽乡村项目中同样发挥了不可替代的重要作用。

第三节　九寨鲁能胜地中查沟生态及藏族文化保护工程

九寨沟项目地拥有丰富、深厚的藏族文化，这些文化与当地生态完美融合在一起。中查沟建设规划中极其重视保护藏族村寨、文化及其依存的多样化生态环境的保护。

项目总规划用地面积约 6 000 亩，其中建设用地 1 148 亩。总体定位为"以世界遗产观光、原乡藏寨文化体验为特色的国际度假旅游目的地"。项目地拥有丰富、深厚的藏族文化，这些文化与当地生态完美融合在一起。中查沟建设规划中极其重视保护藏族村寨、文化及其依存的多样化生态环境。这里有格下古寨、波日俄寨、郎寨等五个藏寨，基本都原样保存下来。坚持"以人为本、生态为根、文化为魂、藏民共生、参与互动、高端度假、科技支撑"理念，将其打造为与九寨沟景区相辅相成、更具文化底蕴和活力的国际生态旅游度假示范区。以格下古寨为例，发展定位为：打造原汁原味的功能复合型的藏式风情活态博物馆式的超精品民宿酒店。

原汁原味主要针对建筑外观设计。建筑外观尺寸延续原建筑体量进行打造，暂不进行外观尺寸上的突破性改变；沿用原建筑材料（旧木板、泥巴、石头、藤编、彩绘木构件等），原夯土墙作为典型历史符号尽量保留并进行安全加固。

图 **14-14** 格下古寨改造鸟瞰图

图 14-15　格下古寨实景图

图 14-16 格下古寨实景

　　同时，这里将成为功能复合型的藏式风情活态博物馆。原始藏族榻板房建筑主要为居住建筑，兼有部分生产功能。其建筑首层作为饲养牛马羊使用，二层作为居住使用，三层作为杂物（草料、谷物）储藏间。在这个设计中，旨将这些老房子**打造成有居住活动氛围的，具有一定演绎或展示功能的，活态博物馆性质的，旅、居、展三位一体的酒店建筑**。建筑内部首先满足居住功能，水、电、污等基础设施完备，需注意设备及管线的隐藏。在提供舒适居住环境的同时再考虑其他功能的融合。

　　中查沟中有一些非常漂亮的风景，从中查沟入口的藏族村庄、农田和林地，中部是之前被砍伐但目前恢复良好的亚高山森林，到中查沟顶部周围则是高山草地、杜鹃花灌丛和锯齿状的山脉。

　　鲁能九寨沟项目地地理区位好，可方便地到达附近的各个景点，包括其中最重要的世界著名九寨沟风景区，该景区拥有壮观的瀑布、蓝色的水池、巨大的湖泊和山谷。九寨沟是世界自然遗产地，每年游客量约200万。

　　从九寨黄龙机场过来的道路穿过黄龙世界遗产地的入口，黄龙景区拥有独特的彩色阶梯状水池，勿角省级大熊猫自然保护区和一处靠近鲁能度假村的小型景观湿地。藏族朝圣者前往该道路西侧安北村之上的圣山朝拜。在鲁能入口之外的小镇达吉寺是一座著名的藏族寺庙。

　　这些附近的景点提供了非常美丽的景色和相关的藏族文化。来到鲁能度假村的游客可以很方便地参观所有这些景点，也有机会在这个迷人的景观内在度假村中经历一次更长且更加亲密的体验。游客可在野生森林

图 14-17　鲁能九寨项目地模型和遥感图

中享受散步和徒步、观看野生动物、骑马、居住在藏族家庭、体验藏族人的生活方式，如转经筒、参加仪式、品尝当地食物、种植水果、饲养畜牧动物与蜜蜂等（**图 14-18**）。

当地野生动物多样（**图 14-20**），包括岩羊、麝、貂、豹猫、松鼠、野鸡、鹰、秃鹫、朱雀、噪鹛、交啄鸟，以及两种稀有鹀。以前，该山谷还有大熊猫、小熊猫、羚牛、狼、黑熊、豹和金猫等。该项目地在九寨沟国际"重要鸟区"范围内。

图 14-18　藏族村寨的生活景观：编织、转经筒、蜂箱、寺庙

图 **14-19**　项目地的高山草甸景观

图 **14-20**　环颈雉、灰雀、钩嘴鹛

第四节　鲁能千岛湖界首项目地垂钓运动发展计划

　　20 世纪 90 年代，美、欧、日等发达国家和地区的休闲渔业迅速发展，至 21 世纪初已达到相当规模，其中垂钓渔业尤以美国发达，它将海洋渔业分成商业渔业和垂钓渔业，而淡水渔业主要是垂钓渔业，垂钓渔业产品是美国食用鱼重要来源之一。从事垂钓的人数可占全美总人口的 15%，美国游钓爱好者从 2001 年的 3 407.1 万人猛增到 2005 年的 5 690.3 万人；游钓收入从 1984 年的 180 亿美元增至 2005 年的 1 160 亿美元；为美国创造了可观的渔业收入，并提供了 120 万人的就业岗位。澳大利亚的游钓休闲人数高达 100 万；日本、韩国则大力发展人工鱼礁、人工渔场、海洋牧场和栽培渔业等休闲渔业。

　　杭州的"玉泉"和"花港观鱼"是我国从宋代以来的观鱼胜地，现在又扩展了大面积的垂钓业；千岛湖的巨网捕鱼是最令人惊叹的旅游项目，很多游客慕名而来。休闲渔业的发展有效地促进了第一、第三产业的融合，延长了产业链，丰富了旅游内涵，提高了渔民收入。

　　千岛湖的巨网捕鱼、垂钓休闲、渔家乐、渔业文化展示中心等渔业休闲项目同时带动了钓鱼、淡水鱼烹饪比赛活动。

　　项目区的一些现有隔离水域（**图 14-21**），特别是位于鸟类保护区的最大水域，可以成为保护丰富、多样化的鱼类资源的地方，并能够通过保护，提供多种鱼类的大型个体，以提升垂钓运动体验。

图 14-21　项目中现有的隔离水域

红圈中相对独立的水域适合抚育当地多样化的鱼类，提升垂钓吸引力

　　在人工建设的封闭水域可开展游客钓鱼活动，并在周围构造好配套设施，如休息的凉亭、钓鱼的渔具、项目地鱼类资源的展示厅等，在游客钓鱼的同时，向他们展示鱼类资源保护的意义和重要性，此外，还可定期组织垂钓比赛（比赛指标可以是多样的，如比量多、比种类多、比个体大等）等活动吸引游客。钓得的鱼可根据游客的意愿选择是否烹饪，愿意的话可让游客享受自己的劳动成果，在愉悦身心的同时还可享受千岛湖的美味，让其流连忘返、久久回味。同时还可以举办烹饪比赛，这也将成为重要的旅游亮点。

　　了解项目区鱼类春夏洄游繁殖情况，可以把人工繁殖、孵化胚胎、鱼种培育、库湾养殖的全过程展示出来，鱼类洄游繁殖的季节也正是渔业休闲活动的最佳季节；增加鱼类人工繁殖或小型渔具捕捞技术项目，鱼类人工孵化鱼苗、施网捕鱼等参与式体验项目。

　　冬季是鱼类越冬、休养生息的季节，是冬捕、垂钓、加工和销售旺季之一，项目可以发展鱼类钓、捕、加工、品尝等方面的渔业休闲活动。

　　当地渔民仍然沿袭传统的家庭捕鱼方法，项目可以引导结合游客参与式捕鱼体验，增加渔民收入，减少捕鱼量，增强鱼类保护力度。

第十五章
鲁能的绿色能源

　　鲁能集团作为国家电网公司全资子公司，秉承国家电网公司绿色发展的理念，坚定执行和实施国家电网公司的绿色发展战略，坚持绿色能源规划，服从国家电网公司全球能源互联网战略和特高压电网规划。国家电网公司将充分发挥坚强智能电网的战略支点功能及公司对产业和社会的带动力和影响力，制定实施绿色发展的战略，大力推进自身、产业和社会的绿色发展，服务经济社会可持续发展。鲁能集团绿色能源版块的发展，将聚焦于国家电网公司的整体战略和中长期发展规划，为国家电网公司和我国的绿色发展提供助力。

　　早在 2010 年，国家电网就发布了我国企业首个绿色发展白皮书，承诺未来十年推动二氧化碳累计减排 105 亿 t。鲁能集团认真研究国家产业政策，紧紧抓住全球能源互联网发展带来的历史性机遇，优化清洁能源发展布局，加快落实优质风电和光伏发电资源。清洁能源发展迈出新步伐。以全球能源互联网战略为指引，加大清洁能源产业培育力度，截至 2016 年，公司清洁能源总装机规模 117.5 万 kW，累积发电 80 亿 kW·h。

图 15-1 国家电网公司

第一节　鲁能绿色能源的探索和实践

　　"十三五"期间，鲁能集团将全力实现清洁能源总装机进入全国前十的目标。能源板块将聚焦于华北、东北、西北"三北地区"，特别是密切结合全球能源互联网战略，加强在新疆、青海、甘肃等地的风电和光伏发电布局，使区域资源优势转化为经济优势，以"生态资源"带动地区相关产业的发展，形成共建"一带一路"的合力。

一、鲁能风电项目综述

鲁能清洁能源业务以风力发电与光伏发电为核心。在风力发电业务版块，鲁能集团通过全资、控股和参股等形式投资建设布局全国的风力发电项目。截至 2016 年年度，鲁能集团实现并网发电的风力项目总装机容量达到 105.5 万 kW，基本位于内蒙古、甘肃、新疆、河北和陕西五省（自治区），由五家分公司开发建设运营。在建项目装机容量 5 万 kW，核准待建项目装机容量 29.8 万 kW。

从地区布局来看，并网风电项目主要集中在甘肃、新疆、蒙西、河北和陕西；在建项目分布在陕西；核准待建项目主要在江苏、河北和内蒙古；前期规划项目集中在青海、内蒙古、河北和江苏。

鲁能集团已并网的风电项目包括：①河北康保风电场；②内蒙古新锦风电场；③陕西靖边风电场；④甘肃干河口第三风电场；⑤甘肃干河口南北风电场；⑥新疆达坂城风电场；⑦新疆吐鲁番小草湖风电场；⑧新疆哈密十三间房风电场；⑨青海诺门洪风电场。

图 15-2 河北康保二期风电场

河北康保风电场于 2012 年 8 月投产发电

除了陆上风力发电项目，鲁能集团在海上风力发电领域同样在努力探索。目前，鲁能集团投资的海上风电场有江苏如东海上风电场（前期）和江苏东台海上风电场。

鲁能集团江苏东台 200MW 海上风电场，位于江苏省东台市东沙沙洲东南部，场区中心离岸距离约 36km，涉海面积为 29.8km²。风场共布置 50 台 4MW 海上风机，配套建设一座 220kW 海上升压站和一座陆上集控中心。首批机组于 2016 年 12 月 20 日并网发电，将于 2017 年年底全部实现机组投产发电。

图 15-3 江苏东台 20 万 kW 海上风电项目

该风电项目是目前国内装机容量最大的海上风电项目，于 2016 年 12 月并网发电

二、鲁能光伏发电项目综述

光伏发电是鲁能清洁能源业务的两大支柱之一。截至 2016 年年底，鲁能集团实现并网的光伏发电装机容量为 12 万 kW，6 万 kW 来自内蒙古包头特许光伏电站项目，2 万 kW 来自鲁能格尔木一期 2 万 kW 光伏发电项目，4 万 kW 来自甘肃敦煌光伏项目。鲁能集团光伏发电项目主要布局青海、宁夏、内蒙古西部和河北地区。

从地区布局来看，并网光伏电站项目主要集中在甘肃和青海；核准待建项目主要在蒙西和青海；前期规划项目集中在青海、宁夏、蒙西、河北。

图 15-4 甘肃敦煌光伏电站

敦煌光伏电站于 2015 年 1 月投产，产业首个投产光伏电站

图 15-5　青海格尔木 2 万 kW
光伏项目

青海格尔木的光伏项目是国家电网公司的首个光伏扶贫项目，于 2016 年 5 月投产发电

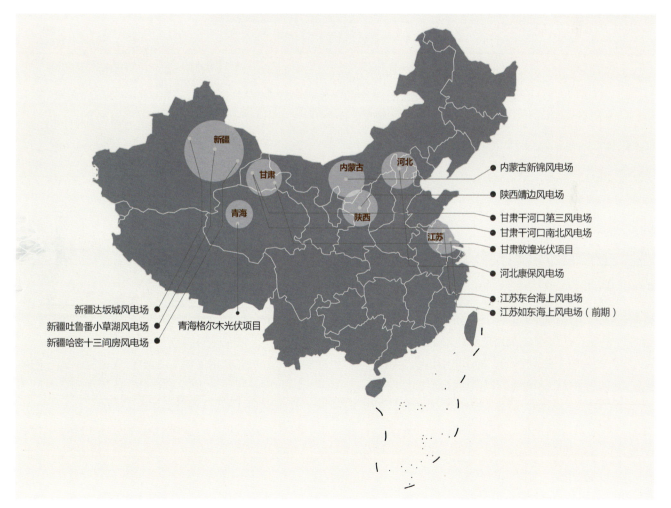

图 15-6　鲁能光伏发电项目布局图

三、温室气体排放交易机制与可再生能源绿色证书交易机制对鲁能集团的影响

作为一家以风电和光伏发电业务为主的大型能源集团，鲁能集团将受益于即将启动的中国温室气体排放交易机制和可再生能源绿色证书交易机制。

在中国温室气体排放交易机制下，风电项目和光伏发电项目产生的温室气体减排量将被视作优质的温室气体减排量，在碳市场上享受到溢价。鲁能集团旗下风电项目和光伏发电项目参与中国温室气体排放交易机制的途径是：将旗下项目注册为中国自愿减排项目。注册成功的项目所产生的上网电量将被折算成相应的温室气体减排量（单位为吨二氧化碳当量），这些经过核证并签发的温室气体减排量可以在碳市场交易，用于抵扣控排企业的排放限额。

鲁能集团对碳市场非常关注，集团的碳能力建设在可再生能源发电领域居于全国前列，已成功注册四个《联合国气候变化框架公约》清洁发展机制项目，并积极参与中国温室气体自愿减排机制。未来鲁能集团将对风电和光伏发电项目的碳资产开发和管理统筹安排，对新规划和新建项目，碳资产开发和管理应在新项目筹备初期就考虑进去，充分利用新型的碳市场金融工具，探索碳资产的产生、保值、增值，减排量交付保险与保理，碳融资及碳资产证券化。

表 15-1　鲁能集团温室气体减排项目一览

项目注册名称	注册时间	设计年温室气体减排量	签发温室气体减排量
《联合国气候变化框架公约》清洁发展机制			
川井风电场鲁能二期项目	2010 年 3 月 21 日	72 916t CO_2 当量 /a	129 021t CO_2 当量
陕西鲁能靖边风电项目	2011 年 5 月 6 日	83 072t CO_2 当量 /a	72 234t CO_2 当量
白云鄂博风电厂鲁能二期项目	2011 年 6 月 14 日	128 142t CO_2 当量 /a	尚未签发
新疆吐鲁番鲁能小草湖风电场一期项目	2012 年 9 月 20 日	96 725t CO_2 当量 /a	207 840t CO_2 当量
中国温室气体自愿减排机制			
陕西鲁能靖边烟墩山大功率机组示范风电项目	尚未注册	74 928t CO_2 当量 /a	尚未签发

在可再生能源绿色证书交易机制下，中国政府目前仅为陆上风电和光伏发电企业所产生的可再生能源发电量发放绿色电力证书。这就为鲁能集团参与我国绿证交易提供了先机。鲁能集团将从总部层面集中管理协调各发电项目在国家能源局可再生能源发电项目信息管理平台的登记和绿证的核发。

由于获得绿证的发电量部分将不再享受国家可再生能源电价附加资金的补贴，发电企业面临二选一的境地。在绿证售价既不明确又无参照价格的情况下，发电企业进行决策时应考虑多方因素。鲁能集团将对欧盟强制绿证的定价原则、价格行程机制和价格波动原因进行专题研究，从而为鲁能集团参与中国绿证交易的广度和深度提供决策依据。从中长期的视角来观察，绿证机制将在一定程度上逐步取代国家可再生能源电价补贴机制，鲁能集团将在绿证交易市场进行一定的知识和人力储备。

第二节　鲁能绿色能源发展目标、标准和措施

一、鲁能绿色能源的规划目标

"十三五"期间（2016 年～ 2020 年），鲁能集团将积极参与青海海西、内蒙古乌兰察布、赤峰，河北张家口和西藏昌都等大型清洁能源基地开发，申报内蒙古包头、山东济宁和新泰、山西阳泉和大同、安徽两淮等国家光伏发电"领跑者"示范项目。到 2020 年，鲁能集团将实现清洁能源新增装机 870 万 kW，其中陆上风电 350 万 kW、海上风电 70 万 kW、光伏发电 450 万 kW。届时，公司清洁能源累计装机规模将达到 970 万 kW，储备装机规模将达到 1000 万 kW 以上。

作为国家电网公司旗下从事风电、太阳能等清洁能源开发的专业平台，鲁能集团绿色能源业务将快速发展，迎头赶超，做好优质风、光资源储备，完善产业布局，壮大发展规模。要依托特高压电网打造千万千瓦级清洁能源基地，积极践行"两个替代"行动计划，着力落实河北张家口大型可再生能源示范区项目资源，跟踪推动青海千万千瓦级清洁能源基地规划报批，积极研究推进内蒙古锡林浩特、乌兰察布等清洁能源基地项目合作。

鲁能集团将聚焦西北部清洁能源基地、东部海上风电、重点区域光电"三个发展极"，打造陆上风电、海上风电、光伏发电"三个支撑点"，风光均衡发展，适当发展水电（抽蓄），坚持自主开发为主、并购为辅，稳步发展国内市场，积极拓展海外项目，建立融资租赁、合作开发等多种渠道，推动产业快速健康发展，建成一流管理和一流效益的清洁能源企业。到 2020 年，鲁能集团将跻身于国内清洁能源开发运营企业前十名。

二、鲁能绿色能源的未来之路

鲁能集团未来将在综合性存储技术，风光热综合新能源技术，太阳能热发电技术，和利用弃电制绿色氢气技术等方面探索应用。

（一）综合性储能技术

根据国家发改委印发的《可再生能源发展"十三五"规划》，中国要推动可再生能源领域储能示范应用，要结合可再生能源发电、分布式能源、新能源微电网等项目开发和建设，开展综合性储能技术应用示范，通过各种类型的储能技术与风力发电和光伏发电等间歇性可再生能源的系统集成和互补利用，提高可再生能源系统的稳定性和电网友好性。国家能源局于 2016 年 3 月发布的"关于推动电储能参与'三北'地区调峰辅助服务工作的通知"明确指出，鼓励发电企业等投资建设电储能设施，充电功率在 10MW 以上，持续充电时间 4 小时以上的电储能设施可参与发电侧调峰辅助服务市场。对于集中式新能源发电基地，国家鼓励配置适当规模的电储能设施，实现电站储能设施与可再生能源、电网的协同优化运行。目前，中国商业化运行的储能电站的设计连续放电时间通常为 8 小时。

从全球范围来看，业界对大型储能电池项目的兴趣，正在随着风电、光伏发电和微型电网的开发而水涨船高。根据中关村储能产业技术联盟发布的《储能产业研究白皮书 2016》，截至 2015 年，全球投入运行的储能项目（不含抽水蓄能、压缩空气和储热项目）达到 327 个，总容量达到 946.8MW，自 2010 年起保持

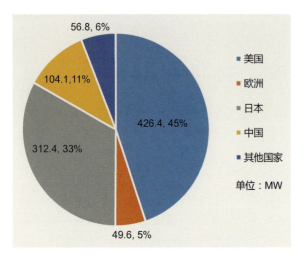

图 15-7 全球储能市场装机容量分布
根据中关村储能产业技术联盟
《储能产业研究白皮书 2016》制图

18% 的年均增长率。2015 年，全球共宣布储能项目建设计划 1 220MW，其中锂离子电池技术占 79%，钠硫电池技术占 7%。

目前，大型储能技术面对的核心问题是：①安全性和稳定性；②储能效率；③建设成本和全生命周期的运行成本；④智慧储放电和智能调峰。

建议： 鲁能集团作为中国领先的可再生能源发电企业，投资的重点在风力发电和光伏发电领域。大型储能技术恰恰可以平衡和补充风力发电和光伏发电的波动性和间歇性。建议鲁能集团重点关注大型锂离子电池和铅炭电池储能技术的发展，关注智慧储能技术的发展，与拥有领先、成熟大型储能技术的中国公司保持联系，条件适宜的情况下，以参股的形式参与若干大型储能项目。

（二）风光热综合新能源技术

《可再生能源发展"十三五"规划》中，要求在风能、太阳能资源富集地区，论证风、光、热综合新能源技术，考虑送电端地区风电、光伏、光热等各类资源互补调节能力，研究探索风、光、热综合新能源基地的建设。通过统筹送端资源和受端市场，充分发挥受端调节作用，实现高品质新能源资源在更大范围内的优化配置。具体为：内蒙古阿拉善盟和青海海西州将推进风电、光伏、光热、抽蓄联合运行机制和方式的研究，探索启动联合外送方案。

目前，送电端风、光、热联合发电互补调节的技术模式主要为：在发电端，将风电和光伏等发电技术产生的电能存储起来，补偿风力发电和光伏发电固有的间歇性和不稳定性，并利用智慧能源技术进行调峰配置、互补调节、智慧上网。电能存储技术可以利用热工质，也可以利用大型储能电池，条件具备的情况下，也可以利用抽水蓄能技术。

建议： 鲁能集团在青海海西州的产业布局合理，建议利用当地的优势条件，积极参与海西州将推进风电、光伏、光热、抽蓄联合运行机制的研究，将旗下风电项目纳入联合外送方案。

（三）太阳能热发电技术

国家在"十三五"期间，将积极推进太阳能热发电产业进程，通过首批太阳能热发电示范工程建设，促进技术进步和规模化发展，带动设备国产化，逐步培育形成产业集成能力，形成我国自主化的太阳能热发电技术和产业体系。充分发挥太阳能热发电的调峰作用，实现与风电、光伏的互补运行。到 2020 年，力争建成太阳能热发电项目 500 万 kW，并在"十三五"前半期，积极推动 150 万 kW 左右的太阳能热发电示范项目建设，总结积累建设运行经验，完善管理办法和政策环境，验证国产化设备及材料的可靠性。未来，我国将利用太阳能热发电的蓄热储能、出力可控可调等优势，在青海、新疆、甘肃等地，提前做好太阳能热发电布局。

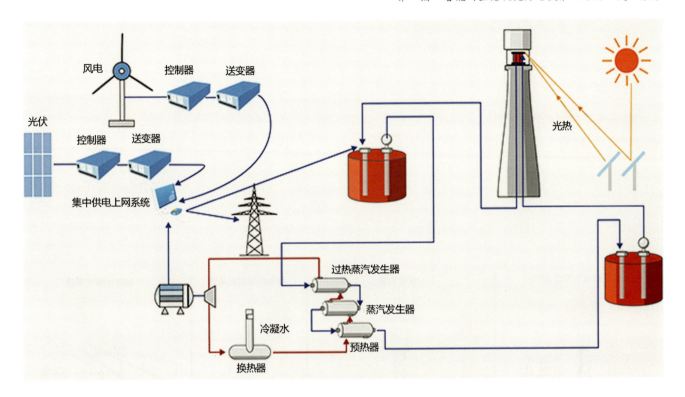

图 15-8　送电端风光热联合发电互补调节技术示范

资料来源：Enesoon, 2016

从全球的角度，太阳能热发电行业从 2009 年起进入快速发展阶段，西班牙和美国成为行业领跑者。截至 2014 年，西班牙共装机太阳能热发电机组 2 304MW，太阳能热发电占全国总发电量的 2%；美国共装机太阳能热发电机组 750MW，并有超过 20 座大型太阳能热发电场进入筹备阶段。

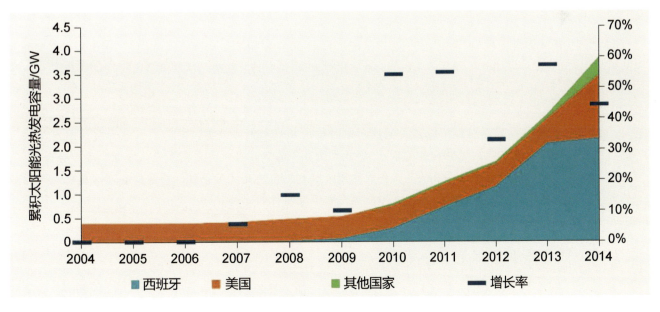

图 15-9　全球太阳能热发电装机一览

资料来源：International Energy Agency, 2014

表 15-2　全球太阳能热发电行业发展

项目	2009 年年底	2013 年年底
总装机功率 /MW	600	3600
年均装机功率 /MW	100	882
装机功率超过 50 兆瓦的国家数量 / 个	2	5
太阳能热发电量 /MW·h	0.9	5.5

太阳能热发电的原理是利用大规模阵列的太阳能收集系统，将太阳能收集至储热装置中，收集的热能通过加热热工质而存储。热工质通过换热装置产生蒸汽，然后蒸汽推动汽轮机发电。储热装置常用的热工质为熔融盐、直供蒸汽（GSG）以及其他物质。由于潜在的环境风险，一些国家已经开始避免使用导热油。

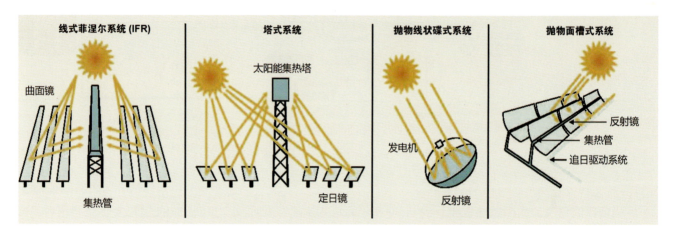

图 15-10　太阳能光热收集系统四大主流类型
资料来源：International Energy Agency, 2014

目前，我国太阳能热发电行业尚处于起步阶段。首批 20 个示范项目由国家能源局在 2016 年 9 月批准，总装机约 1 350MW，包括 9 个塔式电站、7 个槽式电站和 4 个菲涅尔电站。这些项目所使用的技术和系统装备以本土为主，并积极与国际领先的技术服务商和装备厂家合作。

建议：建议鲁能集团在太阳能热发电技术方面进行知识和人才储备，安排技术骨干前往国内及欧洲已经成熟运行的太阳能热发电场参观学习。鲁能集团在青海和甘肃风力发电和光伏发电业务布局合理。太阳能热发电项目对场地面积要求较高，鲁能集团可以利用当地的优势条件，提前储备可以安装太阳能热发电项目的优良场地，积极参加我国太阳能热发电示范项目的建设。

（四）利用弃电制绿色氢气技术

风电项目和光伏发电项目的弃电现象，在全球范围内都是难题。在风电发展"十三五"规划中，首要的重点任务就是有效解决风电消纳的问题。

除了储能技术之外，利用弃电进行绿色氢气生产，也是在技术上和商业上非常可行的利用弃电的方式。

以坐落于德国美因茨的能源公园为例，它是世界上最大的利用可再生电力生产氢气的项目。该项目由德国美因茨市公用局、林德集团、西门子和鲁尔-美因茨应用技术大学共同开发，由德国经济事务与能源部资助。

美因茨能源公园利用周围风电场的弃风驱动水电解装置，水在电解的作用下，生产氢气和氧气。产生的氢气一部分混入市政天然气，提高市政天然气的燃烧热值，另一部分通过专用运输车运往加氢气站，为美因茨地区运营的氢气公交车提供燃料。

图 15-11 利用弃电制绿色氢气的商业生态示意图

资料来源：EnergiePark Mainz, 2016

在水电解单元，通常采用质子交换膜（proton exchange membrane, PEM）水电解制氢技术。质子交换膜水电解制氢技术的优势在于，它允许间隙性波动性运行，正好可以解决风场弃电的间歇性和波动性问题。高活性、低载量的析氧电解剂的电解催化特性将直接影响 PEM 水电解系统的性能和寿命。

美因茨能源公园共安装 3 套 PEM 水电解系统，每套功率为 2MW，最大产氢量为 1 000m³/h。这是世界上第一套质子交换膜水电解制氢大型系统，而其他同类技术通常都用于小规模制氢。除水电解单元之外，该系统的其他核心组件包括一套二级离子压缩机、输气系统、注气系统和转换装置等。离子压缩机由德国林德集团提供，它将水电解产生的氢气压缩，并便于氢气的输送注入到储气罐、天然气官网或者专用运输车辆。质子交换膜水电解制氢技术与风场弃电在运行间歇性和波动性方面无缝对接，这样的系统为美因茨能源公园带来了显著的运行优势和灵活的商业模式。美因茨能源公园的基建工程于 2015 年 7 月启动，预计一期工程将于 2017 年投产。

目前，我国还没有商业化运行的利用弃电进行水电解制氢气的项目。在科研领域，北京科技大学的王新东课题组等国内科研团队在水电解制氢方面积累了一定的技术和实验室小试数据。

> **建议：** 利用弃电进行水电解制氢气的关键在于氢气的出路。只有为所产生的氢气找到稳定的使用用途，项目才具备商业化运作的潜力。建议鲁能集团与风电和光伏发电项目所在地政府进行初步接触，探讨将氢气引入当地市政天然气官网的可行性，争取政府的产学研资金支持。在技术方面，建议鲁能集团与国内高校的水电解制氢团队建立交流机制，为将来可能的技术合作打下基础。

第十六章
鲁能的绿色建筑

　　鲁能已经在 11 个城市尝试了绿色建筑的实践。计划将所有的项目地都实施绿色建筑的标准。以下介绍了鲁能正在推广采用的绿色建筑的标准及相关案例。

第一节　鲁能采用的绿色建筑认证

图 16-1　绿色三星在鲁能集团项目的推广应用

绿色三星已经在集团 11 个城市实践，并将在所有项目地推广

表 16-1　鲁能集团绿色建筑项目情况

序号	城市	项目名称	建筑面积 / 万 m²	绿色星级
1	海口	长流 2402 地块鲁能中心	5.5	设计绿色三星
2	三亚	山海天三期万豪五星级酒店	5	设计绿色三星
3	上海	世博写字楼	16	设计绿色三星、LEED 金奖
4	济南	济南领秀城 P-2 地块住宅	19	设计运营绿色三星
5	南京	南京鲁能公馆	18	设计运营绿色三星
6	成都	26 号地一期	20	设计绿色二星
7	福州	福州鲁能公馆	27	设计绿色一星
8	重庆	鲁能九龙花园住宅	30	设计运营绿色二星
9	天津	绿荫里（写字楼＋商场）	12.5	设计运营绿色二星、LEED 金奖
10	北京	西塔办公楼	12.8	LEED 金奖
11	宜宾	南岸西区 D-04 项目住宅	45	设计绿色一星

一、国家绿色三星认证

　　国家绿色三星认证是指依据《绿色建筑评价标准》和《绿色建筑评价技术细则（试行）》，按照《绿色建筑评价标识管理办法（试行）》，确认绿色建筑等级并进行信息性标识的一种评价活动。绿色建筑划分为三个星级等级，三星级标准最高。

　　新版《绿色建筑评价标准》比 2006 年的版本"要求更严、内容更广泛"。该标准在修订过程中，总结了近年来我国绿色建筑评价的实践经验和研究成果，开展了多项专题研究和试评，借鉴了有关的国外先进标准经验，广泛征求了有关方面意见。修订后的标准评价对象范围得到扩展，评价阶段更加明确，评价方法更加科学合理，评价指标体系更加完善，整体具有创新性。

图 16-2　新版绿色建筑七大标准

绿建之窗，新版《绿色建筑评价标准》(GB/T 50378-2014) 自 2015 年 1 月 1 日起实施
(http://www.gbwindows.cn/news/201410/7380.html)

在过去，绿色建筑评价标准有六大指标。每个指标下，满足一定的项数即可被评为一星级、二星级或三星级绿色建筑。而新的标准则是采用打分机制，总分达到 45 ～ 50 分为一星级，60 分以上为二星级，80 分以上为三星级。评审专家认为重要的就打 8 分、10 分，有的虽然需要，但实施容易，花费较少，就 4 分。这样一来，不少过去被评为一星级的项目现在可能评不上，二星级可能降为一星级，三星级则降为二星级或者一星级。新版《绿色建筑评价标准》让三星绿色建筑评价标识更具价值。

新版国标主要修订内容

(1) 将标准适用范围由住宅建筑和公共建筑中的办公建筑、商场建筑和旅馆建筑扩展至各类民用建筑；

(2) 将评价分为设计评价和运行评价；

(3) 绿色建筑评价指标体系在节地与室外环境、节能与能源利用、节水与水资源利用、节材与材料资源利用、室内环境质量和运行管理六类指标的基础上，增加"施工管理"类评价指标；

(4) 调整评价方法，对各评价指标评分，并以总得分率确定绿色建筑等级。相应地，将旧版标准中的一般项改为评分项，取消优选项；

(5) 增设加分项，鼓励绿色建筑技术、管理的创新和提高；

(6) 明确单体多功能综合性建筑的评价方式与等级确定方法；

(7) 修改部分评价条文，并为所有评分项和加分项条文分配评价分值。

新标准更强调水资源的利用与保护。新版《绿色建筑评价标准》中的给排水要求方面相关规范条文包含 3 大点：①应制定水资源利用方案，统筹利用各种水资源；②给排水系统设置应合理、完善、安全；③应采用节水器具。"新标准"控制项保留了"原标准"中对水资源利用规划的要求，仅在表述上将原"水系统规划方案"改为"水资源利用方案"，以更明确节约和保护水资源的目的。

"非传统水源利用"一节主要由涉及建筑非传统水源利用相关要求的条文组成，与"原标准"相比，该节条文变化尤为突出，"新标准"在"节水与水资源利用"方面更注重水资源利用的实际效果，追求节水在经济、社会和环境方面的综合效益。章节和条文的设置总体上提高了"节流"要求的权重，整合了"开源"要求；在条文设置框架方面丰富了技术路线，扩大了适用范围；在条文内部则细化了措施要求，提出了更多量化指标，增加了评价的依据，减少了主观因素对评价的影响，给申报项目更多的引导，使技术实施更加落地。

二、WELL 认证

绿色建筑认证协会（Green Building Certification Institute,GBCI）和国际 WELL 建筑研究所（The International WELL Building Institute, IWBI）正式将 WELL 建筑标准引入中国。WELL 在考量人类健康问题与建筑环境之间的关系时能够做到更具有针对性，它是一套注重建筑环境中人的健康和福祉的系统。

人们 90% 的时间在室内，建筑对人们的健康、快乐、生产力和福祉具有深远的影响。WELL 标准首次关注人与建筑环境的互动，是一个基于性能的系统，它测量、认证和监测空气、水、营养、照明、健身、舒适和精神等影响人民健康和福祉的建筑环境特征。WELL 提供整体的健康解决方案。方案涉及无污染室内空气、安全用水、健康饮食、温馨采光、室内外健身、舒适室温、安静空间、良好心理感受和专业的建筑住宅物业管理体系。

WELL 认证立足于医学研究机构，探索建筑与其居住者的健康和福祉之间的关系，让业主和雇主了解到他们的建筑空间设计有利于提高健康和福祉，并且如他们所预期的那样在运行。

IWBI 是一家公益性公司（B-公司），它的使命是通过建筑环境改善人类的健康和福祉。类似 IWBI 的 B-公司是美国新兴的公司结构，公司致力于公众利益与盈利之间的平衡——将私人资本的力量用于更好的目的。IWBI 目前提供 WELL 建筑认证，在 2015 年初将开展专业教育、出版和 WELL 专业人士鉴定计划。为了实现创始人保罗·夏拉（Paul Scialla）的愿景，IWBI 拥有一个开创性的利他资本模式，这种模式将解决社会责任问题，同时展现一种慈善的可持续特征。IWBI 将 WELL 建筑项目认证费中所获得的 51% 的净利润，用于慈善捐助和影响注重健康、福祉及建筑环境的投资。IWBI 是由 Delos 公司所创立，遵从保罗·夏拉所倡导的"克林顿全球倡议"；通过在全世界分享 WELL 建筑标准，发展提高用户健康和生活质量的空间，从而改善全球人类的生活方式。

WELL 有 105 个条款：共有 100 个条款和 5 个创新条款。100 个条款包含以下 7 大方面：空气 29 章节、水 8 章节、营养 15 章节、光线 11 章节、健身 8 章节、舒适性 12 章节和精神 17 章节。

三、LEED 认证

LEED（Leadership in Energy and Environmental Design）是一个评价绿色建筑的评估体系。LEED 的宗旨是：在设计中有效地减少对环境和住户的负面影响。LEED 由美国绿色建筑协会建立并于 2003 年开始推行，在美国部分州和一些国家已被列为法定强制标准。

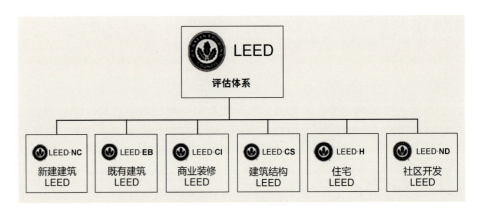

图 16-3 LEED 评估体系

LEED 是自愿采用的评估体系标准，主要目的是规范一个完整、准确的绿色建筑概念，防止建筑的滥绿色化，推动建筑的绿色集成技术发展，为建造绿色建筑提供一套可实施的技术路线。LEED 是性能性标准，主要强调建筑在整体、综合性能方面达到"绿化"要求。该标准很少设置硬性指标，各指标间可通过相关调整形成相互补充，以方便使用者根据本地区的技术经济条件建造绿色建筑。

LEED 评估体系由五大方面、若干指标构成其技术框架，主要从可持续建筑场址、水资源利用、建筑节能与大气、资源与材料、室内空气质量几个方面对建筑进行综合考察，评判其对环境的影响，并根据每个方面的指标进行打分，综合得分结果，将通过评估的建筑分为白金、金、银和认证级别，以反映建筑的绿色水平。LEED 根据每个方面的指标打分：①可持续的场地规划；②保护和节约水资源；③高效的能源利用和可更新能源的利用；④材料和资源问题；⑤室内环境质量。总得分是 110 分，分四个认证等级：认证级 40～50；银级 50～60；金级 60～80；铂金级 80 以上。

虽然 LEED 为自愿采用的标准，但自其发布以来，已被美国 48 个州和其他 7 个国家所采用，美国俄勒冈州、加利福尼亚州和西雅图市已将该标准列为法定强制标准加以实行，美国国务院、环境保护局、能源部、空军、海军等部门也已将其列为所属部门建筑的标准，如美国驻中国大使馆新馆就采用了该标准。国际方面，加拿大政府正在讨论将 LEED 作为政府建筑的法定标准。中国、澳大利亚、日本、西班牙、法国、印度等国都在对 LEED 进行深入研究，并在此基础上制定本国绿色建筑的相关标准。

中国住房和城乡建设部也在借鉴 LEED 认证标准，现行的《绿色奥运建筑评估体系》《中国生态住宅技术评估手册》和上海通过的《绿色生态小区导则》也在一定程度上借鉴了 LEED 认证标准的内容。

四、国家绿色三星认证、WELL 认证和 LEED 认证的主要区别

国家绿色三星认证对建筑进行全周期评价，涵盖施工管理和运行管理。绿色三星不仅关注建筑本体，同时关注建筑的室外环境；而且绿色三星对建筑的节地、节能与能源利用、节水与水资源利用、节约用材与材料资源利用的评估要求较高。

WELL 标准测量、认证和监测空气、水、营养、照明、健身、舒适和精神等影响人民健康和福祉的建筑环境特征。WELL 保护人员的健康，提高人员工作效率、满意度、佣期，降低医疗成本、缺勤，并吸引人才。

LEED 认证通过选择可持续地点，实施节水、节能、节材和节约资源，提升室内环境质量等来降低对环境的影响。

国家绿色三星与 LEED 认证的不同标准分类、运营管理、申请程序和执行实践

1. 标准分类

两国的标准都分了六大类指标，前五类指标内容基本接近，只在第六类不同。

LEED 认证为创新与设计；绿色三星级认证为运营管理。

2. 运营管理

在节能系统运营管理中，LEED 是打分法，星级认证则侧重项目达到和满足的数目。

LEED 认证分项比例和权重：①能源与大气 25%；②室内环境品质 22%；③可持续发展场地选址 20%；④材料与资源 19%；⑤水源利用率 7%；⑥创新与设计 7%。

绿色三星认证分项比例和权重排列：①节能与能源利用 23%；②节材与材料资源利用 19%；③运营管理 16%；④节水与水资源利用与室内环境质量、节地与室外环境 42%。

3. 申请程序

LEED 认证申请程序要求在建筑全寿命初期提出申请，并在全过程中进行跟踪和沟通了解，直到一些必要的测定和运行调试，在这期间是一个连续的跟踪和调整过程。

星级认证申请评价标识的住宅建筑和公共建筑应通过工程质量验收并投入使用 1 年以上，未发生重大安全事故，无拖欠工资和工程款。指出了建筑全寿命周期中的过程控制。

4. 执行实践

在执行和实践《绿色建筑评价标准》过程中，4.3.12 条、5.3.12 条的执行较为困难。两条都提到非传统水源利用率的问题，对商业、住宅、公建等不同建筑类型提出不低于 25%、30%、40% 的要求。由于"中水-再生水"的利用对一个单体建筑来讲是很难完成的，这两个条款在设计执行中成为难点。

LEED 认证的标准在这方面的要求则相对宽松。

第二节 鲁能正在进行的绿色建筑创新研究方向

鲁能在多个项目地尝试引入了绿色建筑概念并实施绿色建筑策略，如上海世博园办公楼、北京西塔办公楼等项目，开展了众多创新型的研究。

一、热激活式建筑系统

热激活式建筑系统又可称为建筑蓄能系统，是一种特殊的室内温度调节形式，其核心思想是充分利用建筑物热容控制室内的温度。工作原理：混凝土楼板通过预埋其中的塑料水管，直接与室内物体进行热量交换。在夏季，水流经盘管，把一天内楼板吸收的热量带走，而在冬季，水携带足够的热量蓄积到结构楼板内，供给一天的采暖所需。

图 16-4 热激活式建筑系统的盘管网结构

大热容特性使得混凝土楼板具有"能量蓄水池"的作用。在整个能量循环的过程中，能量的供给与使用不再同步。通过合理的系统设计可以把系统运行时间调整到有利的时段，如在夏季利用晚间的低温时段进行蓄能，这样既能大大提高制冷设备的运行效率，提高低品位"免费"能源的利用效率和供能占比，又可以充分利用"峰谷电价差"的有利政策大幅降低运行费用。这是该系统最本质的特性之一，为系统的经济运行创造了极佳的条件。

二、置换新风系统（泉吸式新风系统）

置换新风系统工作原理：低速、温度略低于室内温度的新风送入房间下部空间，由于密度差的原因，新鲜空气沿地面均匀铺满整个房间，在房间底部形成一层清新的新风层，其静如湖水，所以被形象地称之为"新

图 16-5　夏季蓄能过程　　　　　　　　　　　　图 16-6　夏季释冷过程

风湖"。当有人或其他热源进入到"新风湖"之内，在热升华的作用下，底部的新鲜空气就沿着人体缓慢上升，并把其排出的 CO_2、VOC 等空气中的有害物质带到房间顶部，通过顶部的排风口及时带走。在这个过程中，置身于"新风湖"中的人体等热源就像**插入水中的水泵一样，源源不断地吸取底部的新鲜空气。**

三、完善的住宅检测系统

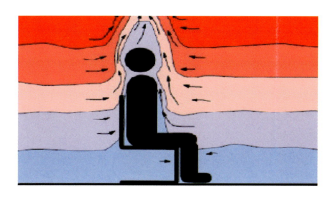

图 16-7　人体吸取新风示意图

　　通过对室内污染物 $PM_{2.5}$，甲醛，TVOC，氡和 CO_2 含量检测，保证室内无污染物，并形成室内生态氧吧；通过对居住室内光环境、噪声和温湿度检测，保证室内拥有舒适的声、光、热环境；通过对居住房间进行气密性检验和围护结构冷热桥检测，保证建筑高品质和低能耗运行。

图 16-8　检测室内污染物的部分仪器

第三节   鲁能的绿色建筑案例

一、济南鲁能领秀城海绵城市

"海绵城市"是指城市能够像海绵一样，在适应环境变化和应对自然灾害等方面具有良好的"弹性"，下雨时吸水、蓄水、渗水、净水，需要时将蓄存的水"释放"并加以利用。海绵城市建设应遵循生态优先等原则，将自然途径与人工措施相结合，在确保城市排水防涝安全的前提下，最大限度地实现雨水在城市区域的积存、渗透和净化，促进雨水资源的利用和生态环境保护。2015年10月，国务院办公厅发布了《关于推进海绵城市建设的指导意见》（国办发〔2015〕75号），要求通过"海绵城市"建设将70%的降雨就地消纳和利用；到2020年，城市建成区20%以上的面积达到目标要求；到2030年，城市建成区80%以上的面积达到目标要求；并鼓励有实力的科研设计单位、施工企业、制造企业与金融资本相结合，组建具备综合业务能力的企业集团或联合体，采用总承包等方法统筹组织实施"海绵城市"建设相关项目，发挥整体效益。

济南领秀城位于山东济南南部山区，南起山脊线，北至二环南路，西起省道103线，东至望花楼山，处于济南泉城渗漏带内。济南市作为首批全国试点单位，相关政府部门大力推动"海绵城市"在济南在建小区实施落地。基于此，济南鲁能领秀城项目积极申报试点项目，并率先实施落地，建成效果得到初步认可。

在政府政策出台后，鲁能济南公司与北京建筑大学、山东海绵城环保科技有限公司，节约用水办公室等多个机构展开多项研究工作，全力将领秀城打造成生态"海绵体"，力求给业主呈现一个富有更深层次自然活力的新城。

领秀城项目多为山体、待开发区和新建小区，山前区域具有拦蓄空间，地形地势条件优越，区域绿化率较高，根据海绵城市建设要求，领秀城项目年径流总量控制率需达到85%。

为打造生态社区，建设生态"海绵体"，领秀城项目主要采取了三个有效措施，分别是：海绵水体、海绵建筑、海绵景观。

（一）海绵水体

(1) 利用领秀城生态资源优势，将贯穿于社区的两条长度共计4.8km的河道打造成水敏型生态长廊。

(2) 通过在河道中增设拦河坝将雨水进行拦截，形成蓄水池，不但在景观上能够形成跌水水面，同时能实现雨水下渗。

(3) 在自然河道两岸坡度较缓的区域设置植被缓冲带，雨水经植被拦截及土壤下渗的作用减缓地表径流流速。并通过渗透塘的沉砂池、前置塘等预处理设施，去除大颗粒的污染物的同时实现减缓径流流速。

(4) 对于现状已经硬质的河岸通过非铺底河床及生态驳岸，提高雨水下渗能力，并在河道两侧绿化带增建下沉式绿地等生物滞留设施。同时，河道内建设拦水坝等景观蓄水设施，在河道两侧合适位置建设雨水调蓄池等措施。通过以上手法实现泄洪沟对雨水"渗、滞、蓄"效果，提升领秀城地下水蓄水容量。

图 16-9　生态型泄洪沟及拦河坝建成效果

海绵水体成果分析

渗：建设非铺底河床及生态驳岸，提高雨水下渗能力；

滞：河道两侧绿化带可建设下沉式绿地等生物滞留设施；

蓄：河道内建设拦水坝等景观蓄水设施，在河道两侧合适位置建设雨水调蓄池等措施。

初步估算，河道的调蓄容积约 6 000m³。

（二）海绵景观

充分利用领秀城内的集中绿地渗蓄雨水，集中于绿地下，不进行地下开发。

领秀城内集中绿地约 18hm²，规划新建或改建下沉式绿地面积 10hm²，下沉式绿地应低于周边雨水通过的高度，以便流入下沉式绿地中植被进行过滤净化，雨水径流更多地以下渗的形势补充地下水，极大地减少了径流的外排量。

1. 公园内广场及园路均采用透水铺装路面

透水铺装不是通过地表径流将大部分雨水留排走，而是最大限度地实现雨水在城市区域的积存、渗透和净化，促进雨水资源的利用和生态环境保护。有望将原来大量排至管渠末端的水提前通过吸收、存蓄、渗透等环节消化掉，成为破解'逢雨必涝'的有效途径。

2. 公园内局部场地内设置下凹式绿地

下沉式绿地可有效汇集雨水径流、缓解地面沉降，雨水通过这些"海绵体"下渗、滞蓄、净化、回用，最后剩余部分通过管网、泵站外排，从而有效提高城市排水系统标准，缓减城市内涝压力。绿地内雨水通过地下排水沟渠渗入各滤水层，过滤后流入设置的渗水井池内；当井池内水超过标准水位到达溢流位置时，可排出再次循环利用。下凹式绿地内配置特色湿生植物，形成特色景观。

图 16-10 下凹式绿地

3. 公园内图示区域设置塑料模块渗透池

模块渗透池（图 16-11）是雨水蓄滞系统的重要补充，能有效地将雨水进行下渗、收集、存储。

4. 公园内图示区域内地形下端设置植草沟

植草沟地表草坪将吸收部分雨量，减少雨水流量，有效缓冲雨水冲刷，以期实现最宜雨水流量控制。植草沟为横切面呈三角形或梯形的带状下凹绿地，适用于道路两旁的绿化隔离带等狭长地带；由于水流速度相对较快，在植草沟内应以石头铺于底部防止土壤侵蚀。

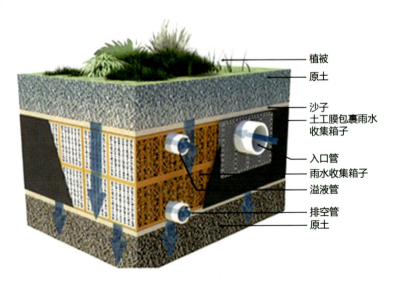

图 16-11 模块渗透池

经估算，领秀城内整体绿地系统的调蓄容积约 10 000m³。目前，领秀公园已完成海绵城市工程建设。

（三）海绵建筑

海绵建筑通过设置屋顶绿化、车库顶板滤水系统来提高雨水滞留量。通过节能减排、雨水回收利用等系统实现雨水循环。针对已开发地块，通过增加屋顶绿化、雨水收集管线、车库顶板导流系统等措施加大雨水利用及收集。

领秀城目前已作为济南市海绵城市试点项目，进行工程建设，通过以上主要措施，可以确保场地整体径流系数达到85%，总调蓄容积可达到24 000m³。下一步济南公司将进一步与相关政府单位进行沟通，以争取相关政策补助以进一步推动生态领秀城的建设工作。

图 16-12　雨水循环设施

二、上海世博园办公楼

鲁能的国家电网世博写字楼项目（1号楼、2号楼、3号楼、4号楼），位于上海世博园，定位为商务办公。2014年荣获LEED CS 2009金奖和住建部颁发的"三星级绿色建筑设计标识证书"授牌。

上海世博园项目在设计上充分利用被动式设计和主动式设计，采用屋顶绿化、室外透水地面、集中能源中心、太阳能热水系统、雨水回用、高效节水器具、地下采光和智能化设备监控等专项技术，充分体现高效、节能、环保、可持续发展的理念，建筑节能率在四栋办公楼均达到65%以上，可再生能源利用达到1%以上，在提供环保舒适办公环境的同时可节约大量的运营成本。世博园项目采用的绿色技术成熟可靠、投入相对较低，项目注重建筑功能使用，具有很好的可复制性。此外，项目在环境保护、室内环境优化、节水、节能、节材等方面实施的多项可持续策略。

（1）环境保护方面的可持续策略

A. 增加绿化面积：通过设置屋面绿化及场地绿化，增加场地绿化率，达到20%以上，美化项目环境及空气质量。

B. 增大开放空间，优化场地环境：设有大面积的人行广场，并配有多样的复层植物，景观设计与建筑及周边环境相协调、环境优美，为建筑用户及周围居民提供了良好的休闲场所。

C. 鼓励低碳节能出行：为使用自行车的建筑用户设置了充足的自行车车位，并提供淋浴及更衣室，鼓励建筑用户选择自行车出行；选址位于交通便利区域，拥有丰富的轨道交通、公交交通资源，减少建筑用户对私家车使用的依赖。并通过减少机动车位的设置数量，限制私家车的使用；为低排放汽车设置了专用车位，鼓励使用私家车的建筑用户尽量使用低排放的汽车，降低交通运输过程中的碳排放。

D. 降低热岛效应：通过在屋面设置屋面绿化或使用高反射涂料进行涂装，有效地减少屋面区域的热岛效应，减少对周围气候的影响；不设置地上停车位，从最大程度上降低场地内的热岛效应。

E. 选用环保冷媒及灭火剂：分体机、VRV 变频空调的冷媒全部选用 R410A，灭火剂选用不含哈龙的产品，有效降低制冷剂、灭火剂对臭氧层及全球气候的影响。

F. 选用低汞灯具：选用 LED 等低汞含量的灯具来替代传统灯具，降低整个项目在生命周期内的汞排放，减少对环境的污染，项目 90% 以上的灯具的汞含量不超过 90 皮克 / 流明小时。

G. 施工过程中的侵蚀与沉积控制：在施工过程中严格执行满足 LEED 要求的侵蚀与沉积控制计划，根据不同的施工阶段，采取具有针对性的侵蚀与沉积控制措施，最大程度上降低项目施工对周边环境及市政系统的负面影响。

（2）室内环境优化方面的可持续策略

A. 吸烟控制：室内严禁吸烟，为吸烟者提供了指定的室外吸烟点。室外吸烟点距离建筑入口、外窗、新风口的距离皆在 8m 以上，最大程度上减弱吸烟对其他建筑用户的影响。

B. 增大新风设计：在暖通新风系统设计时，各区域新风量较 ASHRAE 62.1 的要求提高 30%，为建筑用户提供良好的办公环境。

C. 优化室内热舒适设计：所有功能区的室内环境参数设计均满足 ASHRAE 55 的相应要求。为各个功能区不同的用户提供理想的室内热环境。

D. 室内污染物控制：所有新风空调箱均设置过滤等级 MERV13 以上的中效过滤器，有效降低室外空气污染物对空调送风的影响；为清洁间、垃圾房等含有有害气体的房间提供楼板到楼板的隔断，防止有害气体通过吊顶传导至其他功能房间。同时，这些房间均设有独立排风系统，有效防止有害气体通过排风管传导至其他功能房间。

E. 二氧化碳浓度监控系统：在人员密集区域（超过 25 人每 100m²）设置具有本地报警功能的二氧化碳感应器，同时此传感器的测量结果接入楼宇自控系统，在监控区域二氧化碳浓度超过限定值（930ppm）±10% 时，通过声、光及 BA 报警提醒建筑用户及操作人员，及时采取措施确保室内空气质量。

F. 建筑自然通风设计：幕墙可开启，建筑平面布局合理，为建筑用户提供优质的自然通风条件，优化项目的空气品质。

G. 优化建筑用户视野及采光设计：建筑布局合理，较大的楼距保证了建筑用户拥有开敞的对外视野以及优秀的采光效果，提升办公环境质量；设有下沉式广场以及采光天井，优化地下室的自然采光，为建筑用户提供优良的建筑光环境。

H. 选用低排放材料：所有暴露在室内的油漆、涂料、黏结剂、密封剂、复合木材及纤维制品全部采用符合 LEED 要求的低有毒气体排放材料。大幅降低甲醛、挥发性有机物对建筑用户健康的负面影响。

I. 施工期间的室内空气质量管理：在施工期间严格执行符合 LEED 要求的室内空气质量管理计划，对暖通设备、系统、精装材料进行保护，采取有效的通风措施减少室内有毒、有害气体的积聚，提高建筑交付使用后的室内空气质量。

（3）节水方面可持续策略

A. 非传统水源回用系统：设有雨水及冷凝水收集回用系统，将收集到的雨水和冷凝水用于绿化浇灌，减少市政用水的消耗量。

B. 选用高效灌溉系统：在灌溉系统选择方面，项目使用滴灌系统，大幅提升灌溉系统的用水效率。配合雨水回用系统，实现了无市政水灌溉。

C. 选用高效节水器具：用水器具全部采用满足 LEED 要求的高效节水器具，项目的全年用水量较 LEED 基准工况节约 20% 以上。

（4）节能方面可持续策略

A. 围护结构热工性能优化设计：采用高性能围护结构设计，玻璃幕墙各朝向传热系数均低于 2.3kW/$(m^2 \cdot K)$，遮阳系数不超过 0.35；外墙传热系数不超过 0.5kW/$(m^2 \cdot K)$。热工性能优异，降低暖通空调系统的容量及能耗。

B. 建筑外遮阳设计：各朝向的外立面均设有固定外遮阳，在保证建筑用户开敞视野及采光效果的同时，降低建筑围护结构得热。外挑的铝合金窗框设计与外立面设计相融合，风格协调统一。

C. 选用高效机电设备：机电系统选用满足 ASHRAE 90.1 要求的高效风机、水泵、分体空调，并配备变频控制，有效降低机电设备运行过程中的能耗。

D. 选用节能灯具：选用节能灯具，在保证不同功能区照度要求的前提下，降低照明能耗。各功能区的照明功率密度均满足 ASHRAE 90.1 的要求。

E. 可再生能源利用：设有太阳能热水系统，利用可再生能源提供生活热水，降低能耗。

F. 暖通系统热回收：通过新排风温差或焓差控制热回收系统的启停，在转轮热回收装置两端设置温湿度监测点，当焓差超过设定值时（新排风温差 8℃，焓差 23.26kJ/kg）开启热回收装置，通过热回收系统运行逻辑的优化，提高热回收系统的节能效果。

G. 暖通系统空气侧免费制冷（商业部分）：在过渡季节，当 BA 系统监测到室外空气温度满足免费制冷要求时（20℃），增大暖通系统新风比，尽量使用室外新风处理室内负荷，降低暖通空调系统能耗。

H. 按需新风控制系统（办公塔楼部分）：办公区域全空气系统在回风管道内设置 CO_2 传感器，根据设置在回风管及人员密集区的二氧化碳浓度控制新风量，当 CO_2 浓度等于室外预设值 400ppm[①] 时，系统以最小新风量运行；当 CO_2 浓度达到预设最大值时，系统以最大新风量运行；当室内 CO_2 浓度在 400ppm 和最大设定值之间变化时，系统新风量在最大值及最小值之间按比例线性调节。实现在舒适性可以满足的前提下尽量降低新风机组风机运行能耗。

I. 新风监测报警系统：在所有的新风机组上安装新风监测设备（风速、风量）并与 BA 连接提供报警功能；当监测到的新风量较设定值变化超过设定值的 ±10% 时，由中央监控系统直接向物业管理人员发出报警信号，确保所有新风机组运转正确并提供足够的新风量以保证室内空气质量。

J. 公共区域的照明控制：在公共区域大空间以及非人员长期停留的空间（电梯厅、走道、楼梯间等），安装定时控制装置及动静感应器控制照明。降低无照明需求时的照明能耗。

---

① ppm，浓度单位。1ppm=1×10^{-6}。

　　K. 能源监控及自动抄表系统：设置电表对照明、小动力、暖通空调及生活热水用电进行分项计量；采用远程能源管理系统，系统记录每栋楼每小时的各项能耗数据并保存一整年的能耗数据记录。在项目运行后进行能耗校准，进一步提升建筑能耗表现。

　　L. 调试活动过程控制：机电系统调试过程严格按照 LEED 相关要求执行，提高调试活动的过程控制，确保机电系统能够以设计要求合理运行。

　　(5) 节材方面可持续策略

　　A. 施工废弃物管理：在施工过程中执行满足 LEED 要求的施工废弃物管理计划，合理处置施工过程中产生的废弃物。对可再生或可再利用的施工废弃物进行回收再利用，降低建筑施工过程中的废弃物产量，同时减少新材料的使用量。

　　B. 选用区域性材料：30% 以上的建筑材料选用距离施工场地 800km 范围内的区域性材料，降低材料在运输过程中的能耗及碳排放。

　　C. 选用具有可持续性的木材：50% 以上的木材选用经森林管理委员会 (Forest Stewardship Council, FSC) 认证的原材料或产品。FSC 认证木材全部都在管理有序的森林中进行具有可持续性的开采，选择 FSC 认证的木材，从一定程度上可以减少森林的过度砍伐。

　　D. 运营阶段废弃物管理：在地下一层设有可回收废弃物收集房间，鼓励建筑用户回收可再循环的废弃物，减少废弃物的填埋量。

第十七章
鲁能绿色社区

　　鲁能集团以"绿色家园系列行动"全国社区绿色联动为抓手，旗下各社区在统一主题下开展系列绿色活动，积极响应国家号召，大力宣传鲁能集团践行绿色战略的发展理念。鲁能集团以社区为着眼点，将绿色事业落在实处，提高业主参与度与满意度，通过社区绿色活动切实改变业主居住环境。2016年4月18日至5月2日，鲁能会（鲁能集团的会员系统）在全国12个城市同时开展"绿色家园系列行动"，数千户业主参与了此次活动，其中不少业主在入会后成为了鲁能会绿色志愿者。

图 **17-1**　鲁能大连优山美地小区充电桩，鼓励大家使用清洁能源汽车

活动期间各城市鲁能会分别开展了各具特色的绿色活动，如：绿色知识竞猜、公益植树、环保地球体验日、室内绿植种植、旧衣物回收、环保袋彩绘、公益骑行、旧物改造学堂、节能减排妙招征集、熄灯一小时、低碳生活图片展等，真正做到了以社区为着眼点，将节能减排、环保事业落在实处，通过社区绿色活动切实改变业主居住环境。

鲁能会绿色志愿者积分计划——会员可参与鲁能会不定期组织的各类"绿色志愿者活动"，如植树节、垃圾回收、旧物交换等绿色主题的活动，在参与活动投身环保的同时还可以按活动规

图 17-2　绿色家园植树活动

则获得鲁能会积分。鲁能会创行业先河，为全国的鲁能社区设立"鲁能会社区绿色基金"，该基金作为社区业主公共资金用于社区节能减排、环保等事宜，并以鲁能会积分形式体现，使用方式及时机需征求大部分业主或业主代表投票表决。

2017 年 4 月 22 日世界地球日，鲁能集团"关爱地球、绿动中国"绿色环保系列行动又在全国范围同时开展，并推出七大绿色发展计划，建立完整的企业绿色产品发展体系。七大绿色发展计划包括绿色建筑计划、绿色旅游计划、绿色运动计划、绿色智造计划、绿色能源计划、绿色农业计划、绿色物业计划。鲁能集团承诺自当日起，鲁能对外销售的每一套房子均符合绿色建筑标准，100% 取得绿色认证；优化清洁能源产业布局，打造陆上风电、海上风电、光伏发电三大支撑点；打造绿色生态的文旅、乡村及景区产品，倡导绿色出行，建立生态教育基地；打造新型田园综合体，成为"绿色农业生活方式"的领潮者和开创者；开展绿色运动，打造体育社区和体育公园，举办体育赛事；营造绿色环境、采用绿色生产方式，以"精科技、全互联、新生态"的理念实现从"制造"到"智造"；鲁能物业首创金牌服务体系，建设绿色宜居社区。鲁能集团在此绿色产品发展计划之下，正由城市空间构建者，向生活方式提供者转变，为生态文明建设充分发挥出央企的责任与担当。

可回收资源是极具想象力的材料，**成都鲁能城**倡导发挥自己的想象，邀请业主参与**环保艺术品的 DIY**，不仅强化了**环保**的概念，更培养了亲子之间的互动。大家以**叶片签到**的形式，用一枚一枚小小的叶片，很快就凝聚成枝繁叶茂的大树。

苏州鲁能在月季公园组织大家手领绿色环保涂鸦工具，在现场老师的指导下，在巨型喷绘布上描绘出一幅幅壮观的环保主题画。

鲁能新疆分公司参加了乌鲁木齐市组织的"植团结树，结一家亲"第十二届百姓义务植树节活动。分公司共产党员服务队、青年志愿者服务队共 44 人参加，共同走完了 5 公里既定路线，植树 64 棵，还为乌鲁木齐市 20 名少数民族群众送去了大米、面粉和食用油，关爱贫困群众，促进民族团结。

4 月 22 日，鲁能宜宾公司在宜宾市翠屏山景区举行"关爱地球 绿动宜宾"2017 世界地球日全民健康跑活动。活动旨在倡导广大市民关注生态、保护地球，建设美丽家园。宜宾公司全体员工、小区业主及市民等共计千余人参加本次活动。

图 17-3 成都鲁能城绿叶签名和环保艺术品 DIY

图 17-4　苏州鲁能组织的环保涂鸦活动

图 17-5 鲁能新疆分公司义务植树和资助少数民族群众

图 17-6 鲁能宜宾公司举办全民健康跑活动，上千人参加活动

图 17-7　鲁能南京公司在地铁绿博园站的宣传活动，美国湿地专家 Kevin Erwin 博士
介绍讲解了湿地及其恢复的重要意义

　　鲁能南京公司以"美丽长江看鲁能"为主题，自 3 月 25 日长江骑行活动开始，开展了一系列内容丰富、参与广泛的绿色环保活动。4 月 22 日当天，"鲁能集团践行长江经济带战略暨《绿色公约》发布盛典"于国际青年文化中心隆重启动，同时，"相约环保车站"和"江苏青年龙袍湿地生态行"活动也相继展开。美国生态学家、首届世界地球日参与者 Kevin Erwin 在位于长江之滨的环保地铁站 —— 绿博园站，与前来参加此次活动的环保社团大学生、热心生态环境的市民们、绿博园站的乘客等，进行了一场别开生面的环保主题宣传活动。

　　鲁能集团地球日的宣传活动带动了鲁能业主及更广泛的群众积极参与到绿色环保，共建美丽家园行动中来。

参 考 文 献

艾琳, 卢欣石. 2009. 中国草原生态旅游资源及可持续开发利用. 中国草地学报, 31(02): 96-101

比尔·里德. 2016. 绿色建筑一体化设计指南——可持续性建筑实践新解. 北京: 中国建筑工业出版社

卜一德. 2008. 绿色建筑技术指南. 北京: 中国建筑工业出版社

仇保兴. 2014. 绿色建筑发展十年回顾. 住宅产业, (4): 10-13

丹尼尔·D·希拉. 2016. 新生态住宅绿色建筑完全指南. 北京: 中国建筑工业出版社

高峻. 2016. 提升生态旅游发展效率, 建设美丽中国. 旅游学刊, 31(9): 3-5

高升. 2010. 绿色建筑的兴起及其内涵的延伸. 陕西行政学报, 24(2): 15-17

贺建伟. 2009. 生态文化视域中的森林生态旅游. 林业经济, (12): 60-63

胡善风. 2003. 生态旅游研究进展综述. 中国矿业大学学报(社会科学版), 5(4): 105-111

互动百科. 2015. 自然教育. http://www.baike.com/wiki/自然教育 [2017-3-18]

蓝羊羊. 2016. 现代生态循环农业及几种模式. http://mt.sohu.com/20160630/n457186361.shtml. [2017-03-18]

李飞. 2007. 浅论旅游对环境的影响. 内江科技, 28(12): 95-99

李晓晨. 2014. 绿色建筑的特征及发展概况. 城市问题, (4): 45-47

李哲敏, 信丽媛. 2007. 国外生态农业发展及现状分析. 浙江, 1(3): 241-244

梁慧, 张立明. 2004. 国外生态旅游实践对发展我国生态旅游的启示. 北京第二外国语学院学报, (1): 76-82

林宪德. 2007. 绿色建筑. 北京: 中国建筑工业出版社: 2-5

林祥全. 2003. 世界生态农业的发展趋势. 中国农村经济, (7): 76-79

刘国, 许模, 于静. 2007. 可持续发展评价指标体系研究评述. 成都理工大学学报(社会科学版), 15(3): 29-33

刘青元, 马生祥. 2004. 澳大利亚可持续生态农业的启示与思考. 青海农林科技, (1): 68-70

刘汀, 鲁波涛. 2015. 基于生态文明视角的生态旅游经济发展研究. 生态经济, 31(4): 99-102

卢宏升, 卢云亭, 吴殿廷. 2004. 中国生态旅游的类型. 桂林旅游高等专科学校学报, 15(2): 82-85

骆世明. 2009. 论生态农业模式的基本类型. 中国生态农业学报, 17(3): 405-409

马建章, 程鲲. 2008. 自然保护区生态旅游对野生动物的影响. 生态学报, 28(6): 2818-2827

毛志兵, 于震平. 2014. 关于推进我国绿色建造发展若干问题的思考. 施工技术, 43(1): 14-16

邱云美. 2011. 生态旅游发展的理论与实践. 北京: 科学出版社: 8-9

石头. 2017a. 自然教育之——户外教育. http://dwz.cn/5AV2Ik. [2017-3-18]

石头. 2017b. 自然教育之——户外运动. http://dwz.cn/5AUXlm. [2017-3-18]

石头. 2017c. 自然教育之——环境教育. http://dwz.cn/5AUZtV. [2017-3-18]

石头. 2017d. 自然教育之——土地伦理. http://dwz.cn/5AV47j. [2017-3-18]

四川省政府新闻办. 2015. 四川首届生态旅游博览会新闻发布会. http://dwz.cn/5BoWWy [2017-3-18]

覃春. 2016. 美国是如何搞自然教育的? http://dwz.cn/5BoVUd. [2017-3-18]

佟敏. 2005a. 基于社区参与的我国生态旅游研究. 哈尔滨: 东北林业大学研究生博士学位论文

佟敏. 2005b. 浅谈国外生态旅游的发展现状. 美中经济评论, 5(3): 48-55

汪松, 解焱. 2004. 中国物种红色名录第一卷——红色名录. 北京: 高教出版社

王丢兜. 2015. 生态旅游反而会害了野生动物. http://dwz.cn/5BoXIi. [2017-3-18]

乌兰. 2010. 海洋生态旅游与环境保护关系研究. 山东社会科学, (10): 90-92

吴楚材, 吴章文, 郑群明, 等. 2007. 生态旅游概念的研究. 旅游学刊, 22(1): 67-71

小井官. 2016. 森林公园: 自然环境教育体系的植入. http: //dwz. cn/5AV519. [2017-3-18]

解焱, 汪松, Schei P J. 2004. 中国的保护地. 北京: 清华大学出版社

新浪科技. 2010. 大未来派绿色建筑: 日本摩天巨塔可住百万人. http: //tech. sina. com. cn/d/2010-02-08/08423843650. shtml [2017-3-20]

姚润明. 2008. 面向未来的绿色建筑. 重庆: 重庆大学出版社

张建春. 2007. 国外生态旅游细分市场分析. 商业研究, (10): 13-17

张建萍. 2003. 生态旅游与当地居民利益——肯尼亚生态旅游成功经验分析. 旅游学刊, 18(1): 60-63

赵喆. 2010. 基于全寿命周期的绿色建筑经济评价体系. 北京: 北京交通大学硕士研究生学位论文

郑红霞, 王毅, 黄宝荣. 2013. 绿色发展评价指标体系研究综述. 工业技术经济, 2(232): 142-152

中华人民共和国住房和城乡建设部, 中华人民共和国国家质量监督检验检疫总局. 2014. 绿色建筑评价标准(GB/T 50378-2014). 中华人民共和国国家标准

周波. 2011. 澳大利亚生态旅游经济的可持续发展. 经济导刊, (1): 16-17

朱颖心. 2015. 热舒适的"度", 多少算合适? 世界建筑, (7): 26-29

庄大昌, 丁登山, 任湘沙. 2003. 我国湿地生态旅游资源保护与开发利用研究. 经济地理, 23(4): 554-557

Axtell D D. 2012. 海龟孵化指南. http: //www. seaturtlehatchery. com/ [2017-4-7]

Balmford A, Green J M, Anderson M. *et al*. 2015. Walk on the wild side: Estimating the global magnitude of visits to protected areas. *PLoS Biology*, 13(2): e1002074

Bardgett R D, Usher M B, Hopkins D W. *et al*. 2005. Biological Diversity and Function in Soils. Cambridge: Cambridge University Press

Bennett M T. 2009. Markets for Ecosystem Services in China. Washington: Forest Trends

Berkes F. 2007. Community-based conservation in a globalized world. *Proceedings of the National Academy of Science*, 104(39): 15188-15193

Bhagwat S A, Willis K, Birks U S. *et al*. 2008. Agroforestry: a refuge for tropical biodiversity? *Trends in Ecology and Evolution*, 23(5): 261-267

Bommarco R, Kleijn D, Potts S G. *et al*. 2012. Ecological intensification: harnessing ecosystem services for food security. *Trends in Ecology and Evolution*, 28(4): 230-238

Bruinsma J. 2009. The Resource Outlook to 2050. Expert Meeting on How to Feed the World. Rome: United Nations Food and Agriculture Organization

Carberry P S, Liang W L, Twomlow S. *et al*. 2013. Scope for improving eco-efficiency varies among cropping systems. *PNAS*, 110(21): 8381-8386

Carroll N, Jenkins M. 2008. Payments for Ecosystem Services (PES) Markets. http: //ecosystemmarketplace. com/pages/article. news. php?component_id=5917&component_versionid=9762&language_id=12 [2017-3-20]

CBD, WHO. 2015. Connecting Global Priorities: Biodiversity and Human Health. Montreal: Convention on Biological Diversity and World Health Organization

Chambers E. 1994. Thailand's tourism paradox: Identify and nationalism as factors in tourism development. *In*: Mary H. Conserving Culture: A New Discourse on Heritage. Illinois: University of Illinois Press

Chen X, Cui Z, Fan M. *et al*. 2014. Producing more grain with lower environmental costs. *Nature*, 514(7523): 486-489

China Energy Storage Alliance. 2016. A White Paper of the Energy Storage Industry of China

Chivian E, Bernstein A. 2008. Sustaining Life: How Human Health Depends on Biodiversity. Oxford: Oxford University Press

Costanza R, de Groot R, Sutton P. *et al*. 2014. Changes in the global value of ecosystem services. *Global Environmental Change*, 26(1): 152-158

Costanza R, Mageau M. 1999. What is a healthy ecosystem? *Ecology*, 33(1): 105-115

Costanza R, R d'Arge, R de Groot, *et al*. 1997. The value of the world's ecosystem services and natural capital. *Nature*, 25(1): 3-15

Dai S B, Lu X X. 2014. Sediment load change in the Yangtze River (Changjiang): A review. *Geomorphology*, 215(12): 60-73

Daszak P, Berger L, Cumningham A A. *et al.* 1999. Emerging infectious diseases and amphibian population declines. *Emerging Infectious Diseases*, 5(6): 735-748

de Poorter. 2007. Invasive Species and Protected Areas-A Scoping Report. Washington: Produced for the World Bank as a contribution to the Global Invasive Species Programme (GISP)

De Wit C T. 1992. Resource use efficiency in agriculture. *Agricultural Systems*, 40(1-2): 125-141

DoNews. 2012. 香港："零碳天地"三部曲. http: //www. donews. com/dzh/201208/1528486. html [2017-4-6]

Dudley N, Stolton S. 2003. Running Pure: The Importance of Forest Protected Areas to Drinking Water. Washington: World Bank

Dudley N. 2013. IUCN WCPA Best Practice Guidance on Recognizing Protected Areas and Assigning Management Categories and Governance Type. Gland: IUCN

EnergiePark Mainz. 2016. http: //www. energiepark-mainz. de/en [2017-3-19]

Enesoon. 2016. http: //www. enesoon. com/fangan. asp?id=70 [2017-3-19]

Enger D, Smith B F. 1995. Environmental Science, 5th edition. Dubuque: WCB Publishers

Evans, J R, Caemmerer V S. 2011. Enhancing Photosynthesis. *Plant Physiology*, 155(1): 1-614

Field C B, Barros V R, Mach K J. *et al.* 2014. Technical summary // Climate Change 2014: Impacts, Adaptation, and Vulnerability. Part A: Global and Sectoral Aspects. Contribution of Working Group II to the Fifth Assessment Report of the Intergovernmental Panel on Climate Change. Cambridge: Cambridge University Press: 35-94

Frauhofer ISE. 2017. https: //www. energy-charts. de/power_inst.htm [2017-3-20]

GEF. 2014. Taking tropical deforestation out of commodity supply chains. Washington: Global Environment Facility

Gilmour B, Kwieciński A. 2007. Environment, Water resources and Agricultural Policies: Lessons from China and OECD Countries. Paris: OECD

Grassini P, Eskridge K M, Cassman K G. *et al.* 2013. Distinguishing between yield advances and yield plateaus in historical crop production trend. *Nature Communications*, 4(2918): 2918

Gray J M, Frolking S, Kort E A. *et al.* 2014. Direct human influence on atmospheric CO_2 seasonality from increased cropland productivity. *Nature*, 515(7527): 398-401

Harvell C D, Mitchell C E, Ward J R. *et al.* 2002. Climate warming and disease risk for terrestrial and marine biota. *Science*, 296(5576): 2158-2162

Heimlich J. 2016. 环境教育到底指什么. http: //dwz. cn/5AUZtV [2017-3-18]

Hole D G, Perkins A J, Wilson J D. *et al.* 2005. Does organic farming benefit biodiversity? *Biological Conservation*, 122(1): 113-130

Howell T A. 2001. Enhancing water use efficiency in irrigated agriculture. *Agronomy Journal*, 93(2): 281-289

Huntington T G. 2006. Evidence for intensification of the global water cycle: Review and synthesis. *Journal of Hydrology*, 319(1-4): 83-95

International Energy Agency. 2014. Technology Roadmap-Solar Thermal Electricity. http: //www.oecd.org/publications/technology-roadmap-solar-thermal-electricity-9789264238824-en.htm. [2017-4-9]

International Energy Agency. 2016. World Energy Outlook 2016–Long-term projections of the global energy sector. http: //www.iea.org/newsroom/news/2016/november/world-energy-outlook-2016.html. [2017-4-9]

IUCN SSC(Species Survival Commission). 2013. Guidelines for Reintroductions and Other Conservation Translocations. Version 1. 0. Gland: Switzerland

IUCN. 1994. Guidelines for Protected Area Management Categories. Gland and Cambridge: IUCN and the World Conservation Monitoring Centre

IUCN. 2006. 2006 IUCN Red List of Threatened Species. http: //www.iucnredlist.org [2017-4-6]

Kadlec R H, Wallace S. 2008. Treatment Wetlands (2nd edition). Boca Raton: CRC Press

Krajick K. 2004. Climate change. All downhill from here? *Science*, 303(5664): 1600-1602

Krausmann F, Gingrich S, Eisenmenger N. 2009. Growth in Global Materials use, GDP, and population during the 20th century. *Ecological Economics*, 68(10): 2696-2705

Laporta G Z, Lopez P I, Kraenkel R A, *et al*. 2013. Biodiversity can help prevent malaria outbreaks in tropical forests. *PLoS Neglected Tropical Diseases*, 7(3): e2139

Laurence W F, Sayer J, Cassman K G. 2014. Agriculture expansion and its impacts on tropical nature. *Trends in Ecology and Evolution*, 29(2): 107-116

Lavy L, Ebenstein A, Roth S. 2014. The Long Run Human Capital and Economic Consequences of High-Stakes Examinations. The National Bureau of Economic Research 20647. http: //www. nber. org/papers/w20647#fromrss. [2017-4-7]

Liang J J, Crowther T W, Picard N. *et al*. 2016. Positive biodiversity-productivity relationship predominant in global forests. *Science*, 354(6309): 196

Lin J. 2012. Study on Green Economy Transformation in Developing Countries. *Proceedings of the 2nd International Conference on Green Communications and Networks* (GCN 2012), 315-323

Lindgren E, Tälleklint L, Polfeldt T. 2000. Impact of Climatic Change on the Northern Latitude Limit and Population Density of the Disease-Transmitting European Tick Ixodes ricinus Environ. *Health Perspect*, 108(2): 119

Linthicum K J, Anyamba A, Tucker C J. *et al*. 1999. Climate and satellite indicators to forecast rift valley fever epidemics in Kenya. *Science*, 285(5426): 397-400

Liu H, Xu Z F, Xu Y K, Wang J X. 2002. Practice of conserving plant diversity through traditional beliefs: a case study in Xishuangbanna, southwest China. *Biodiversity and Conservation*, 11(4): 705-713

Louv R. 2005. The Last Child in the Woods: Saving Our Children from Nature Deficit Disorder. New York: Algonquin Books

Luyssaert S, Schulze E D, Börner A. *et al*. 2008. Old-growth forests as global carbon sinks. *Nature*, 455(7210): 213-215

Maller C, Townsend M, St legerl. *et al*. 2009. Healthy Parks, Healthy People: The health benefits of contact with nature in a park context. *George Wright Forum*, 26(2): 51-83

Masters G, Norgrove L. 2010. Climate Change and Invasive Species. Wallingford, Oxon: CAB International

McNeely J A, Scherr S J. 2003. Ecoagriculture: Strategies for Feeding the World and Conserving Wild Biodiversity. Washington DC: Island Press

Millennium Ecosystem Assessment. 2005. Ecosystems and Human Well-being: Biodiversity Synthesis. Washington: World Resources Institute

Miller J R, Morton L W, Engle D M. *et al*. 2012. Nature reserves as catalysts for landscape change. *Frontiers in Ecology and Environment*, 10(3): 144-152

Moreira F, Huising E J, Bignell D E. 2008. A Handbook of Tropical Soil Biology. London: Earthscan

Nakicenovic N, Rockström J, Gaffney O. *et al*. 2016. Global Commons in the Anthropocene: World Development on a Stable and Resilient Planet. http: //pure.iiasa.ac.at/14003/ [2017-4-20]

Nichols W J. 2014. Blue Mind: How Water Makes You Happier, More Connected and Better at What You do. New York: Little, Brown

Pan Y, Birdsey R A, Fang J. *et al*. 2011. A large and persistent carbon sink in the world's forests. *Science*, 333(6045): 988-993

Patz J A, Strzepek K, Lele S. *et al*. 1998. Predicting Key Malaria Transmission Factors, Biting and Entomological Inoculation Rates, Using Modelled Soil Moisture in Kenya. *Trop Med Int Health*, 3(10): 818-827

Pearce F. 2002. Grief on the reef. *New Scientist*, 174(2339): 11

Pouzols F M, Toironen T, Di Minin E. *et al*. 2014. Global protected area expansion is compromised by projected land-use and parochialism. *Nature*, 516(7531): 383-386

Power A L G. 2010. Ecosystem services and agriculture: tradeoffs and synergies. *Philosophical Transactions of the Royal Society B*, 365(1554): 2959-2971

Sandwith T, Shine C, Hamilton L. *et al*. 2001. Transboundary Protected Areas for Peace and Cooperation. Gland: IUCN

SCBD. 2004. The Ecosystem Approach. Montreal: Secretariat of the Convention on Biological Diversity

Schroth G, McNeely J A. 2011. Biodiversity conservation, ecosystem services and livelihoods in tropical landscapes: Toward a common agenda. *Environmental Management*, 48(2): 229-236

Stephenson N L, Das A J, Condit R. *et al.* 2014. Rate of tree carbon accumulation increases continuously with tree size. *Nature*, 507(7490): 90-93

Sunwenhao90. 2013. 中国蝶类寄主名录. https: //www. douban. com/group/topic/37990099/?qq-pf-to=pcqq. group [2017-4-7]

The International Ecotourism Society. 2016. TIES & Ecotourism (Chinese). http: //www. ecotourism. org/ties-ecotourism-%E4%B8%AD%E6%96%87 [2017-3-18]

Tuanmu M N. Viña A, Yang W. *et al.* 2016. Effects of payments for ecosystem services on wildlife habitat recovery. *Conservation Biology*, 30(4): 827-835

UN Millennium Project. 2005. Investing in Development: A Practical Guide to Achieve the Millennium Development Goals. New York: United Nations Development Programmer

UNCED. 1992. Agenda 21. Rio de Janeiro: United Nations Conference on Environment and Development

UNEP. 2011. Decoupling: Natural Resource Use and Environmental Impacts from Economic Growth. Nairobi: United Nations Environment Programmer

van Ittersum M K, Cassman K G, Grassini P. *et al.* 2013. Yield gap analysis with local to global relevance: a review. *Field Crops Research*, 143(1): 4-17

van Kleunen M V, Dawson W, Essl F. *et al.* 2015. Global exchange and accumulation of non-native plants. *Nature*, 525(7567): 100-103

van Liere W, McNeely J A. 2005. Agriculture in the Lower Mekong Basin: Experience from the Critical Decade of 1966-1976. Gland: IUCN

Vianna G M S, Meeuwig J J, Pannell D, *et al.* 2011. The socio-economic value of the shark-diving industry in Fiji. Australian Institute of Marine Science. Perth: University of Western Australia

von Weizsacker E U, Hargraves K, Smith M H. *et al.* 2009. Factor Five: Transforming the Global Economy through 80% Improvements in Resource Productivity. London: Earthscan

Watson J E M, Dudley N, Segan D B, *et al.* 2014. The performance and potential of protected areas. *Nature*, 515(7525): 67-73

Wei F W, Lou Z P. 2011. Wildlife conservation and research in China. *BCAS*, 24(4): 222-227